Ronny Kaufmann und
Stefan Rechsteiner (Hrsg.)

Governance der Energiewende
Verantwortung und Führung in öffentlichen Unternehmen

Ronny Kaufmann und
Stefan Rechsteiner (Hrsg.)

Governance der Energiewende

Verantwortung und Führung
in öffentlichen Unternehmen

Stämpfli Verlag

Impressum

Bibliografische Information der Deutschen Nationalbibliothek: www.dnb.de.

© Stämpfli Verlag AG, Bern · 2019

Verlag · Stämpfli Verlag AG, Bern, www.staempfliverlag.com
Lektorat · Benita Schnidrig, Stämpfli Verlag AG, Bern
Korrektorat · Kösel Media GmbH, Krugzell
Umschlagbild · © psdesign1 – stock.adobe.com
Umschlaggestaltung · Michi Nussbaumer, Basel
Bilder · Béatrice Devènes, Bern
Gestaltung Inhalt · Stephan Cuber, diaphan gestaltung, Liebefeld BE

ISBN 978-3-7272-6020-9

Printed in Germany

Inhaltsverzeichnis

Vorwort Benoît Revaz 9

Mit offenem Visier Ronny Kaufmann und Stefan Rechsteiner 13

Verändertes Marktumfeld und die Rolle der Eigentümer 17

Die Raison d'être eines öffentlichen Unternehmens
Ronny Kaufmann 19

Eignerstrategien zwischen Monopol und Markt:
Mut zum «Denken des Undenkbaren» Daniela Decurtins 31

Das Dilemma von Stadtwerken in Deutschland bei der
Strategiefindung Michael Gassner 43

Interview mit Andreas Meyer 53

Führungsvakuum 59

Die Energiewirtschaft als Enabler der smarten Transformation
Chirine Etezadzadeh 61

Hochglanzprospekt versus Beamtenmief: die fünf Säulen
erfolgreicher Kommunikation für öffentliche Dienstleister
Andreas Hugi 77

Interview mit Marco Letta und David Thiel 85

Geteilte Verantwortung 93

Nicht so Good Governance in den Schweizer Netzwerk-
industrien Matthias Finger 95

Verantwortung tragen und einfordern Stefan Rechsteiner 103

Mit Kooperationen erfolgreich in die Energiezukunft
Hans-Kaspar Scherrer 113

Interview mit Hans-Ruedi Hottiger und Daniel Schafer 125

Staatliche Beherrschung und Unternehmenskleid ... **131**

Zielkonflikte bei den Stadtwerken
Matthias Finger und Susan Mühlemeier 133

Governance von Stromnetzen Yves Zumwald 143

Mit der neuen Energiepolitik zu glücklicheren Städten?
Martin Tschirren 153

Interview mit Stefan Kessler und Gianni Operto 163

Anforderungen an Führungspersonen **169**

Im Spannungsfeld zwischen Leistungsauftrag und Unternehmertum Guido Schilling und Malte Müller 171

Der «Clash of Values» in hybriden Energieunternehmen
Johannes Schimmel 181

Die Zukunft der Energiebranche **193**

Megatrends der Energiewirtschaft von morgen
Christian Opitz 195

Energieversorgungsunternehmen 2035 – agil, zukunftsorientiert und lokal verankert Claudia Wohlfahrtstätter 207

Kein Patentrezept für eine vielschichtige Branche
Michael Frank 217

Interview mit Mario Cavigelli 229

Ausblick **237**
Ronny Kaufmann und Stefan Rechsteiner

Vorwort

Wir stehen im zweiten Geltungsjahr des neuen Energiegesetzes, eines wichtigen Elements der Energiestrategie 2050 des Bundes. An der bewährten Aufgabenteilung bei der Energieversorgung der Schweiz wird dabei in keiner Weise gerüttelt: Sie ist und bleibt Sache der Energiewirtschaft. Es ist wie seit jeher an den Energieversorgungsunternehmen, die Versorgungssicherheit zu gewährleisten. Bund und Kantone beschränken sich auf eine subsidiäre Rolle, nämlich die Setzung der Rahmenbedingungen, die der Branche eine optimale Erfüllung ihrer Aufgabe ermöglichen. Das Parlament soll auch weiterhin nur wenn nötig Bestimmungen in Bereichen erlassen, in denen der Markt nicht spielt.

Daher kann, was die Schweizer Energie*politik* betrifft, von einer «Wende» nicht die Rede sein. Trotzdem trägt die vorliegende Publikation diesen Begriff nicht zu Unrecht im Titel. Denn was die Energie*wirtschaft* – und um diese geht es hier – anbelangt, ist tatsächlich ein Umbruch im Gange. Dieser ist weniger von der Politik als vielmehr von Veränderungen auf den Energiemärkten und technologischen Entwicklungen getrieben. Im Strombereich erfolgt eine Verschiebung von Grosskraftwerken hin zu einer dezentralen Produktionsstruktur, der Anteil der am Ort der Produktion verbrauchten Elektrizität (Eigenverbrauch) nimmt zu. Die Digitalisierung ist in vollem Gang und trägt zu mehr Effizienz und Wirtschaftlichkeit bei. Produktion und Absatz sind weniger planbar, Komplexität und Geschwindigkeit von Entwicklungen nehmen zu. Im Wärmebereich sind Wärmedämmung, die Umstellung auf erneuerbare Energien und moderne Gebäudetechnik die entscheidenden Stichworte, der Stellenwert fossiler Energien nimmt im Gegenzug progressiv ab. Die Elektromobilität ist auf dem Vormarsch, neue Schnittstellen mit Gebäuden, Stromversorgung und Speicherlösungen sind die Folge. Aber nicht nur Veränderungen innerhalb der einzelnen Bereiche fordern die Energiewirtschaft, sondern auch die zunehmenden Wechselwirkungen zwischen den Energiesektoren, die sogenannte Sektorkopplung. Das zeigt, dass wir künftig immer mehr das gesamte Energiesystem betrachten müssen.

Die klassischen Aufgaben wie der Bau und zuverlässige Betrieb von Kraftwerken, die Aufrechterhaltung eines stabilen Stromnetzes, der Unterhalt der Infrastrukturen im Öl- und Gasbereich sind ohne Zweifel weiterhin wichtig. Das Stromnetz gewinnt sogar an Bedeutung, indem es an die neuen dezentralen Produktionsstrukturen und die fluktuierende Einspeisung in Richtung eines Smart Grids angepasst werden muss. Nichtsdestotrotz hat die neue Dynamik weitreichende Folgen für die Energieunternehmen. Das reine Produzieren und Verteilen von Kilowattstunden verliert an Bedeutung, traditionelle Geschäftsmodelle verschwinden. Die Entwicklungen auf den Märkten eröffnen dafür neuartige Geschäftsfelder und rufen neue Akteure mit innovativen Produkten auf den Plan. Innovations- und Anpassungsfähigkeit werden wichtiger. Die Vorhersehbarkeit nimmt ab, mehr Flexibilität ist notwendig. Um im Markt bestehen zu können, müssen sich auch die Unternehmen und ihre Produkte wandeln. Von Versorgern werden sie immer mehr zu Dienstleistern.

Diese Veränderungen haben zwangsläufig Auswirkungen auf die Governance-Anforderungen der Unternehmen. Energieversorger waren in der bisherigen Energiewelt lange – zumindest faktisch und «kulturell» – Teil der öffentlichen Verwaltung beziehungsweise Staatsbetriebe und beschränkten sich als solche auf die zuverlässige Umsetzung des öffentlichen Auftrags. Das Umfeld war relativ stabil, die Ziele waren vorgegeben, der Handlungsspielraum gering. Indem sich die Versorger nun vermehrt dem Wettbewerb aussetzen und damit als Unternehmer funktionieren müssen, stellen sich ihren Führungsgremien vermehrt Fragen strategischer Dimension. Verwaltungsräte und Geschäftsleitungen müssen unternehmerischer denken, sich mit Visionen befassen und sich unter Abwägung der Risiken und Opportunitäten des Marktes strategisch positionieren. Entscheidender Faktor sowohl für die strategische Positionierung der Unternehmen als auch für die Versorgungssicherheit der Schweiz ist die Einbindung in die europäischen Strommärkte.

Als Direktor eines Bundesamtes kann ich mit einer gewissen Distanz und Unabhängigkeit auf die Organisation des Energiesektors blicken. Sie ist Sache der Energiebranche, der Bund ist an keinen Unternehmen beteiligt. Anders die Kantone und Gemeinden: Seit jeher stehen die Energieproduzenten und -versorger grossmehrheitlich in deren Eigentum, teils direkt, teils indirekt über ein – zuweilen kompliziertes – Geflecht von Beteiligungen. Parallel zu den Marktentwicklungen hat in der jüngeren Vergangenheit eine gewisse Entfernung der Versorgungsunternehmen von ihren Eigentümern stattgefunden. Viele Unternehmen wurden als Aktiengesellschaften oder öffentlich-rechtliche Anstalten verselbständigt und in die unternehmerische Freiheit «entlassen». Aufgrund der Eigentumsverhältnisse besteht aber weiterhin und unabhängig von der Rechtsform der Unternehmen eine enge Vernetzung mit der öffentlichen Hand. Eigentümerin ist weiterhin mehrheitlich die öffentliche Hand und damit indirekt die Schweizer Bevölkerung, vertreten durch politisch gewählte Behörden. Geblieben ist damit auch die Verantwortung, welche die Kantone und Gemeinden als Eigentümer trifft. Ihnen obliegt es, im Rahmen einer angemessenen Eignerstrategie die Ausrichtung ihrer

Unternehmen zu definieren und von ihnen die entsprechende Umsetzung einzufordern.

Mit Fragen der Governance befassen sich Unternehmen aller Branchen. Im Fall der Energiebranche sind diese allerdings von besonderer Bedeutung und hoher Komplexität. Grund dafür ist erstens die Nähe zur Politik, bedingt durch die Eigentumsverhältnisse. Führungskräfte müssen stets die politische Dimension ihres Handelns im Hinterkopf behalten und sich an politische Richtungsentscheide halten. Daraus können Strategien und operative Beschlüsse resultieren, die allenfalls von einer rein betriebswirtschaftlichen Logik abweichen, unter den gegebenen Voraussetzungen aber durchaus rational sein können. Zweitens bewegen sich die Unternehmen heute und auch zukünftig in einem stark regulierten Umfeld. Von einer totalen Liberalisierung kann in einem geöffneten Markt nicht die Rede sein. Dieser Umstand muss in die Entscheidfindung einbezogen werden. Wer in der Energiebranche aktiv sein will, hat zu berücksichtigen, dass er sich eben nicht in einem total freien Markt bewegt, sondern in einem staatlich stark regulierten. Drittens erfolgt in vielen Unternehmen der Energiebranche eine Diversifizierung. Im Bereich der Dienstleistungen werden neue Geschäftsfelder erschlossen, um auf die Bedürfnisse der heutigen Konsumenten zu reagieren und die Unternehmen unabhängiger von den klassischen Bereichen wie der Energieerzeugung zu machen. Vielfach geschieht dies durch die Entwicklung neuer Produkte oder den Zukauf von Unternehmen etwa im Bereich der Gebäudetechnik. Die Integration neuer Produkte mit entsprechenden Mitarbeitenden sowie neuer Betriebskulturen stellt operativ oft eine Herausforderung dar. Eine noch grössere Herausforderung in Bezug auf die Governance ist die Kombinierung von regulierten Aktivitäten mit Produkten und Dienstleistungen im reinen Wettbewerb.

Damit die Unternehmen den zukünftigen Herausforderungen in einem dynamischeren Markt gewachsen sind, werden sie auch neue Fragen auf Ebene der Governance zu beantworten haben. Aber was muss konkret angepackt werden? In welchen Bereichen besteht Handlungsbedarf? Die vorliegende Publikation nimmt sich dieser Fragen an und versucht, praxistaugliche Antworten zu liefern. Ihre positive Grundhaltung ist erfreulich: Der Umbau des Energiesystems bringt Vorteile für breite Kreise. Es geht darum, die sich ergebenden Opportunitäten zu erkennen und zu packen. Die Energieversorgungsunternehmen spielen dabei eine zentrale Rolle.

Benoît Revaz, Direktor des Bundesamtes für Energie

Mit offenem Visier

Der Bau des Energiesystems der Zukunft erfordert neue Geschäftsmodelle. Neue Geschäftsmodelle erfordern eine neue Public Corporate Governance.

Die Energieunternehmen sind mit einer rasanten Veränderung der Märkte konfrontiert: neue Kundenbedürfnisse, Digitalisierung, Dekarbonisierung, tiefste Strompreise, neue Technologien, Liberalisierungsschritte der gesamten Energiemärkte.

Wir sind überzeugt, dass der Umbau hin zu einem Energiesystem der Zukunft, das sicher, effizient und erneuerbar ist, gelingen kann. Das ist nicht nur wünschenswert, sondern auch technisch machbar und nach unternehmerischen Grundsätzen finanzierbar. Um in Zukunft wettbewerbsfähig zu sein, müssen Energieunternehmen ihre Geschäftsfeldaktivitäten anpassen. Für den Erfolg ist es zentral, dass Chancen, Risiken sowie deren Kontrolle im Lot bleiben. Der Schlüssel dazu ist die Public Corporate Governance dieser öffentlichen Unternehmen. Sie setzt eine klare Strategie der Eigentümer voraus. Die unternehmerische Ausrichtung, von den Risikoinvestitionen in neue Geschäftsfelder bis hin zur Unternehmenskultur und zur Mitwirkung von Mitarbeitenden, leitet sich davon ab und ist eng damit verzahnt.

Wir wollen gemeinsam mit unseren Kolleginnen und Kollegen in dieser Publikation zeigen, dass der erfolgreiche Umbau im Energiesektor einer Anpassung der Organisation des Energiesektors selbst bedarf. Die Energiewende gelingt dann, wenn die Public Corporate Governance darauf ausgerichtet wird.

Mit der Digitalisierung und Liberalisierung der Energiesektoren nimmt der Druck auf die öffentlichen Unternehmen zu, sich weiter zu öffnen und marktfähiger zu werden. Im Lichte dieser Entwicklungen ist davon auszugehen, dass sich Kundinnen und Kunden vermehrt in den Mittelpunkt rücken. Sie werden entscheiden, durch wen sie wann und in welcher Form ihre Bedürfnisse decken lassen. Die Kundensouveränität wird rasant wachsen. Auf der Seite der öffentlichen Unternehmen wird die unmittelbare politische Einflussnahme auf die Unternehmenstätigkeit damit sinken.

Das Management von Energieunternehmen spürt den Handlungsdruck aus dem veränderten Marktumfeld bereits, erhält aber erst wenig strategische

Steuerung durch die Eigentümer. Auf der Ebene der Eigentümerschaft öffentlicher Unternehmen fehlt bisweilen die Einsicht, dass die Zwecksetzung des Unternehmens neu gedacht werden muss, wenn der Monopolbereich als bisherige Einnahmequelle erodiert und Chancen nur noch in den wettbewerblichen Marktsegmenten mit eigenen Gesetzen und Risiken zu finden sind. Eine gewisse Zurückhaltung erscheint den politisch Verantwortlichen oftmals bequem. Warum auch sollten sie den operativen Leiterinnen und Leitern von Energieversorgern reinreden? Oftmals werden damit Eigentümerinteressen zu wenig wahrgenommen oder zu diffus kommuniziert. Dieses Vakuum gibt dem Management einerseits Spielraum. Wenn es die Lücke fehlender strategischer Vorgaben jedoch selbst ausfüllt, läuft es andererseits Gefahr, später an plötzlich veränderten politischen Vorgaben zerrieben zu werden. Umgekehrt ist auch eine Zunahme politischer Einflussnahme auf die Geschäftstätigkeit der Unternehmen festzustellen. Die wirtschaftlichen Folgen solcher Eingriffe für das Unternehmen bleiben oft unbeachtet. Erst im Nachhinein, wenn ein Schaden eingetreten ist, werden Sinn und Zweck und die Rahmenbedingungen von Geschäftspraktiken und neuen Geschäftsfeldern diskutiert. Dann mit negativen Folgen sowohl für die politische als auch für die unternehmerische Führungsebene.

Tatsache ist, dass Energieversorger als öffentliche Dienstleistungsunternehmen im Spannungsfeld von Kapitalrenditenerwartung, Kundenbedürfnissen und dem Beitrag zum öffentlichen Gemeinwohl ihre unternehmensstrategischen Entscheide treffen müssen. Die Anforderungen an das Management, in diesen Spannungsfeldern gut zu navigieren, werden im Energiemarkt der Zukunft weiter steigen. Agilität, Innovationsgeist und Verantwortung gegenüber der Unternehmensumwelt werden deshalb zu Schlüsselfaktoren für den Erfolg.

Wir wollen mit dieser Publikation Erkenntnisse für Praktiker vermitteln und verfolgen keinen wissenschaftlichen Anspruch. Wir richten uns an Verwaltungsrätinnen und -räte, Unternehmensleitende und spezialisierte Kader im Energiesektor sowie an Politikerinnen und Politiker mit Eigner- oder Aufsichtsfunktionen für öffentliche Dienstleistungsunternehmen. Wir wollen einen Beitrag zur Public-Corporate-Governance Debatte leisten. Diese muss im Lichte der sich öffnenden Energiemärkte und der rasanten Digitalisierung mit offenem Visier geführt werden.

Wir danken allen Kolleginnen und Kollegen, die mit ihrem Beitrag diese Publikation möglich gemacht haben, herzlich. Ihre Bereitschaft, trotz hoher Arbeitsbelastung bei diesem Fachbuch mitzuwirken, hat uns gefreut. Uns hat die grosse Expertise der Autorinnen und Autoren beeindruckt. Wir danken auch unseren Kolleginnen und Kollegen bei Swisspower und Vischer, die uns in unserem Engagement für dieses Buchprojekt unterstützt haben. Schliesslich danken wir dem Stämpfli Verlag. Ohne zu zögern, hat der Verlag grosses Interesse für unsere Buchidee gezeigt.

Wir wünschen Ihnen eine gute Lektüre.
Ronny Kaufmann und Stefan Rechsteiner

Verändertes Markt-
umfeld und die Rolle
der Eigentümer

Die Raison d'être eines öffentlichen Unternehmens

Ronny Kaufmann ist CEO der Swisspower AG, der strategischen Allianz der Schweizer Stadtwerke. Zuvor war der studierte Politikwissenschaftler HSG als Leiter Public Affairs and Corporate Responsibility bei der Schweizerischen Post tätig.

Öffentliche Unternehmen werden von der öffentlichen Hand beherrscht und leisten einen Beitrag zum Gemeinwohl eines Landes oder einer Region. Ohne Service-public-Auftrag fehlt einem öffentlichen Unternehmen die Raison d'être, und es gehört privatisiert. Private Unternehmen können ebenfalls gemeinwohlorientierte Ziele verfolgen und erfolgreich bleiben. Auch sie sind Corporate Citizens. Allerdings entpuppt sich der Glaube, dass die öffentliche Hand in ihrer Eignerrolle die öffentlichen Grossunternehmen der heutigen Versorgungs- und Infrastruktursektoren mit deren zunehmend komplexeren Marktaktivitäten einer direkten demokratischen Kontrolle gänzlich unterstellen kann, als Illusion. Umso mehr gilt es, eine Public Corporate Governance zu installieren, die einerseits die korrekte Erfüllung des Service-public-Auftrags garantiert und es andererseits den öffentlichen Unternehmen ermöglicht, sich im Markt erfolgreich zu entwickeln.

Das Leistungsversprechen

Öffentliche Unternehmen erbringen Leistungen für unsere Gesellschaft, die grosse Teile der Bevölkerung täglich nutzen. Öffentliche Unternehmen sind im Verkehrs- und Kommunikationssektor, in der Gas-, Wasser-, Wärme- und in der Elektrizitätsversorgung, in der Müllabfuhr, der Abwasserreinigung, in den Bildungs- und Kultureinrichtungen oder in Krankenhäusern tätig.

Daraus entsteht eine besondere Verantwortung, die umso grösser wird, desto weniger der Markt diese Leistungen bereitstellen kann. Häufig geben öffentliche Unternehmen Impulse für nachhaltige Lösungen gesellschaftlicher Herausforderungen. Manchmal verursachen deren Aktivitäten aber auch Probleme. Das Funktionieren der komplexen Infrastruktursysteme wie die Energieversorgung sind in unseren vernetzten Gesellschaften mehr denn je auf die korrekte Leistung öffentlicher Unternehmen angewiesen. Und auch wenn das Programm im Schweizer Fernsehen zurecht als wichtige Service-public-Aufgabe verstanden wird, so muss den öffentlichen Unternehmen im Energiesektor doch ganz besondere Aufmerksamkeit geschenkt werden; man stelle sich nur einmal ein Land ohne verlässliche Energieversorgung vor. Historisch betrachtet waren öffentliche Unternehmen mitunter die eigentlichen Entwicklungsagenturen des Nationalstaates. Irgendjemand musste die Infrastrukturen eines Landes ja aufbauen und betreiben. Dafür waren häufig Unternehmen unter direkter, demokratischer Kontrolle die beste Lösung, da es für einige Aufgabenstellungen noch gar keinen Markt gab. Inzwischen ist unsere Welt viel komplexer. Versorgungs- und Infrastrukturmärkte sehen sich zunehmend dem internationalen Wettbewerb ausgesetzt, und die öffentlichen Unternehmen der Schweiz sind in unterschiedlichen Wettbewerbsmärkten und global vernetzt tätig. Der Glaube, dass sie gänzlich einer direkten demokratischen Kontrolle unterzogen werden können, entpuppt sich aufgrund der zunehmenden Komplexität ihrer Marktaktivitäten aber immer mehr als Illusion. Umso wichtiger wird es, eine Public Corporate Governance zu installieren, die einerseits die korrekte Erfüllung des Service-public-Auftrags garantiert und es den Unternehmen andererseits ermöglicht, sich im Markt erfolgreich zu entwickeln. Die Eigentümer, de facto die Bevölkerung eines Landes, eines Kantons oder einer Gemeinde, haben einerseits ein legitimes Interesse, ihren Unternehmen verbindliche Eignerziele vorzugeben. Deren Managerinnen und Manager haben im Sinne der umsichtigen Unternehmensführung andererseits die Pflicht, möglichst präzise Zielvorgaben im Kontext einer möglichst widerspruchsfreien Eignerstrategie einzufordern. Sie haben als Führungspersonen eine besondere Verantwortung, da sie in den meisten Fällen eine sichere, nachhaltige und erschwingliche (Grund-)Versorgung der Gesellschaft mit öffentlichen Leistungen sicherstellen müssen.

Als öffentliches Unternehmen ist ein jedes Unternehmen zu verstehen, auf das die öffentliche Hand aufgrund ihres Eigentums, ihrer finanziellen Beteiligung, ihrer Satzung oder sonstiger Bestimmungen, welche die Tätigkeit des Unternehmens regeln, unmittelbar oder mittelbar einen beherrschenden Einfluss ausüben kann; die öffentliche Hand, das sind in der Schweiz der Bund, die Kantone, die Städte oder die Gemeinden. So sind beispielsweise die Kantons- und Stadtwerke im Energiesektor, die Post im Bereich des Brief-, Paket- und Zahlungsverkehrs, die SBB im Mobilitätssektor und die Swisscom in der Telekommunikation, aber auch öffentliche Spitäler im Gesundheitsmarkt oder Schulen im Bildungssektor öffentliche Unternehmen. Die Kantone alleine halten zurzeit mehr als 1000 Beteiligungen an über 600 Unternehmen mit einem Buchwert von rund sieben Milliarden Franken. Im Energiesektor besitzt die öffentliche Hand Beteiligungen an der grossen Mehrheit der rund 700 Energieversorger und Verteilnetzbetreiber.

Öffentliche Unternehmen sollen ihren Service-public-Auftrag sicher, demokratisch kontrollierbar und in einem besseren Preis-Leistungs-Verhältnis erbringen, als das die reinen Marktkräfte können. So lautet ihr Leistungsversprechen. Sie sollen konkret den Kundenbedürfnissen gerecht werden, effizient arbeiten, sozialverantwortlich handeln, innovative und nachhaltige Produkte zu erschwinglichen Preisen anbieten, eine transparente und ehrliche Kommunikationspolitik verfolgen, regionale Besonderheiten berücksichtigen, eine angemessene Rendite erwirtschaften, dem Eigner sein eingesetztes Kapital angemessen verzinsen und sich an den Standards der Privatwirtschaft orientieren, deren Akteure sich bemühen, sich als «Good Corporate Citizens» bei ihren Kundinnen und Kunden zu positionieren. Im Energiesektor im Speziellen sollen öffentliche Unternehmen den nachhaltigen Umgang mit Energie für ihre Kundinnen und Kunden einfacher machen und sich für eine sichere, effiziente und umweltfreundliche Energiezukunft engagieren. Der Strauss an Eignerzielen ist bunt und die Liste der Erwartungen des gesellschaftlichen Umfelds lang. Beide stehen nicht selten im Widerspruch zueinander. Führungskräfte in öffentlichen Unternehmen stehen damit vor der Doppelaufgabe, ihre der demokratischen Kontrolle unterliegenden Unternehmensziele zu erreichen und gleichzeitig den Unternehmenswert zu steigern.

Wer nichts tut, wird wiedergewählt

Dieser Spagat findet häufig im nationalen oder sogar internationalen Wettbewerb statt. Das führt regelmässig zu Zielkonflikten und zur Überforderung des Managements. Die strategische und operative Führung sowie die Strukturen und Prozesse öffentlicher Unternehmen sind vor diesem Hintergrund derart festzulegen, dass sie den Service-public-Auftrag besser erfüllen können als ein privates Unternehmen. Das ist keine leichte Aufgabe. Lagern Bund, Kantone oder Gemeinden Aufgaben an öffentliche Unternehmen ausserhalb ihrer Verwaltung trotzdem aus, ist die Zuordnung politischer, strategischer und operativer Verantwortung entscheidend. Diese Zuordnung muss den operativen Unternehmensleitungen zur Erarbeitung und Realisierung ihrer Unternehmensstrategie einen grossen Spielraum einräumen. Mit einer politischen Übersteuerung öffentlicher Unternehmen hingegen werden die einstigen Motive der Auslagerung ad absurdum geführt. Politische Durchgriffe auf die operativen Geschäftstätigkeiten öffentlicher Unternehmen ziehen denn auch oftmals negative Folgen nach sich. Ohne die zugrunde liegenden Motive allzu sehr vereinfachen zu wollen, liegt der Grund für derartige politische Durchgriffe auf das Management auf der Hand. Öffentliche Unternehmen orientieren sich eher am Kostendeckungsprinzip und haben nicht viel Spielraum, um freies Risikokapital zu erwirtschaften. Das kann zum Beispiel nötige Investitionen in das Energiesystem der Zukunft bremsen. Zudem ist die Vermeidung von Risiken für die politischen Eigentümer oft wichtiger als der wirtschaftliche Erfolg des Unternehmens. Verpasste Chancen werden denn auch in den Gremien der politischen Eigentümer kaum vertieft diskutiert. Diese Risikoaversion führt zu Lähmungserscheinungen in den Führungsetagen. Unternehmerische Persönlichkeiten werden zu Treuhändern und Verwaltern politischer Partikularinteressen. Tonangebend ist in diesen Fällen, welches Parteibuch gerade die Oberaufsicht über das öffentliche Unternehmen innehat und nicht das Wohl desselben. Diese Situation ist insofern paradox, als die Folgen verpasster Chancen nicht harmloser sind als die Folgen direkter Risiken. Denn in beiden Fällen drohen der Zerfall des Unternehmenswerts beziehungsweise die Unmöglichkeit, den Zweck des Unternehmens effizient zu erfüllen. Die politische Realität sieht dann so aus: Wer nicht entscheidet, keine Risiken eingeht und damit auch keine Fehler macht, erhält keine negative Presse. Allzu oft werden öffentliche Unternehmen über das Medienclipping geführt, das die politischen Eigentümer allmorgendlich auf ihren Bürotisch erhalten. Medien berichten über Misserfolge, Missstände und am liebsten über Skandale. Erfolge schaffen es seltener auf die Titelseiten der für Politikerinnen und Politiker relevanten Medienformate. Darum gilt die Regel: Wer nichts tut, sitzt sicher im Sattel und wird wiedergewählt. Wer hingegen Chancen packt, kann an einem einzigen Fehler scheitern und der eigenen politischen Karriere so ein jähes Ende bereiten. Gering vorhandenes Risikokapital und eine Null-Fehler-Toleranz führen dazu, dass öffentliche Unternehmen tendenziell eine schwache Innovationskultur entwickeln, sich nur schwer an veränderte Umwelt- und Marktentwicklungen anpassen können und die Politik häufig nur reaktiv handelt und Chancen kaum antizipiert.

Trotzdem ist der Wunsch nach einer demokratischen Kontrolle öffentlicher Unternehmen zum Beispiel gerade in Zeiten des jüngsten Postskandals gerechtfertigt.

Das Interesse der Öffentlichkeit

In meiner Funktion bei Swisspower führe ich viele Gespräche mit Kundinnen und Kunden, National- und Ständeräten, den Kantonsregierungen, den Stadtexekutiven, den Bundesparteien, mit Mitarbeiterinnen und Mitarbeitern der Bundes- und Kantonsverwaltungen, mit den Aufsichtsbehörden und mit zahlreichen Organisationen mit ihren jeweiligen Partikularinteressen. Meistens geht es um die Qualität der erbrachten Versorgungsleistung, um die regionalpolitische Verantwortung als Bereitsteller einer Infrastruktur oder um die soziale Verantwortung als Arbeitgeberin. Oft wird auch die Ausrichtung der Produkte und Dienstleistungen auf eine nachhaltige, gesellschaftliche Entwicklung thematisiert. Ich kann mich an gute Gespräche erinnern, in denen es um unternehmerische Chancen ging, um neue Kooperationsmöglichkeiten im In- und Ausland oder um die Erschliessung neuer Märkte durch eine Innovationsleistungssteigerung. Weit weniger verbreitet ist das öffentliche Interesse für Fragen der Gewinnsicherung in der Zukunft, die Kohärenz der Eignerziele oder die Investitionsabsichten. Auslandengagements sind sowieso meist politisch tabu. Es scheint oft so, als ob der wirtschaftliche Erfolg öffentlicher Unternehmen selbstverständlich sei. Der Umbau des Energiesystems und die damit verbundene, nötige Entwicklung der Energieversorger selbst ist wohl wünschbar, aber noch zu wenige engagieren sich dafür wirklich ernsthaft. Pro Memoria: Bis vor einigen Jahren wollten die Kantone tatsächlich noch neue Atomkraftwerke mit ihren eigenen Energieunternehmen bauen. Hier versteht sich die Energiestrategie 2050 des Bundes als Zäsur. Denn während Jahrzehnten verstanden die Kantone und Gemeinden die Energieversorger primär als unversiegbare Geldquelle. Wer konnte sich denn überhaupt vorstellen, dass die Unternehmen als die einstigen Milchkühe einmal Verluste schreiben würden? Die Realität hat den Energiesektor längst eingeholt. Der Bau des Energiesystems der Zukunft hat begonnen.

If something fails, please not by design

Eine Persönlichkeit, die ein öffentliches Unternehmen nach rein privatwirtschaftlicher Logik führt, wird unweigerlich scheitern. Eine, die ein öffentliches Unternehmen als Treuhänder der Politik leitet, wird ebenso erfolglos bleiben. Öffentliche Unternehmen brauchen Führungskräfte, die einerseits den politischen Auftrag als eigentliche Daseinsberechtigung für ihr Tun verstehen und ihn in diesem Sinne als Raison d'être in der Vision und Mission des Unternehmens verankern. Andererseits müssen sie mutig genug sein, mit den politischen Eigentümern deren allfällig ungesunde Risikoaversion und parteipolitische Instrumentalisierung des Unternehmens zu thematisieren. Eigner und operative Führung eines Unternehmens dürfen sich hie und da auch uneinig sein. Dafür muss zwischen diesen beiden Vertrauen herrschen und ein gemeinsames Verständnis der strategischen Positionierung des Unternehmens sowie der damit verbundenen, passenden Public Corporate Governance bestehen. Im Arbeitsalltag werden unternehmenspolitische oder -strategische Entscheide oft in informellen Treffen und Gesprächen zwischen operativer, strategischer und politischer Führung vorbereitet. Doch das Interesse des Managements muss sein, unternehmerische Entscheide adäquat zu formalisieren, ohne dabei die Freiheit in der Führung zu verlieren. Darum ist die Organisation eines öffentlichen Unternehmens so zu gestalten, dass das Corporate Governance Design keine falschen Anreize in der Unternehmensführung setzt. Die Anforderungen an ein solches Design werden auch vor dem Hintergrund des Stromabkommens der Schweiz mit der Europäischen Union weiter steigen, weil öffentliche Unternehmen zunehmend wie private geführt werden müssen, um sich nicht dem Vorwurf der aktiven Beihilfe auszusetzen. Die übliche Praxis, dass dieselben Personen in den Aufsichtsgremien verschiedener Geschäftsbereiche sitzen, wird die Europäische Union im Rahmen ihrer Unbundling-Bemühungen künftig noch stärker unter die Lupe nehmen.

Erkenntnisse aus dem Energie- und Postsektor

Energieversorger stehen vor ähnlichen Herausforderungen wie die Schweizerische Post unter vergleichbaren Rahmenbedingungen. Beide Unternehmenstypen haben Eigentümer, die gleichzeitig Kundinnen und Kunden sind. Beide werden über Eignerziele geführt, deren Konkretisierungsgrad und Kohärenz für das Management oft ungenügende Orientierung bieten. Sowohl im Strom- als auch im Briefmarkt steht die volle Marktöffnung auf der politischen Agenda. Beide Sektoren sind durch einen massiven Rückgang der Erträge aus dem Kerngeschäft geprägt. Mit der Stromproduktion lässt sich kaum noch Geld verdienen, das Poststellennetz ist seit Jahren defizitär. Die Unternehmen müssen neue Geschäftsmodelle entwickeln und sich selbst zu einem Gutteil neu erfinden. Beide müssen innovativer, agiler und entscheidungsfreudiger werden. Sie müssen im Zuge ihrer Eignerstrategien und der

Marktentwicklungen ihre eigene Governance überprüfen, um erfolgreich zu bleiben.

Mit der ersten Liberalisierungswelle der 1990er Jahre wurde die PTT in zwei Unternehmen aufgeteilt. Entstanden sind Swisscom und Post. Die Swisscom wurde in eine Aktiengesellschaft mit Mehrheitsbeteiligung des Bundes umgewandelt. Die Post blieb in der Rechtform der öffentlich-rechtlichen Anstalt im alleinigen Eigentum des Bundes. Gut 20 Jahre später überführte das Bundesparlament die Schweizerische Post in eine spezialgesetzliche Aktiengesellschaft im alleinigen Besitz des Bundes. Motive für diese Rechtsformumwandlung waren erstens die Schaffung eines klar definierten und offenen Unternehmenszwecks, zweitens die Ermöglichung moderner Anstellungsbedingungen, drittens die Schaffung branchenkonformer Aufsichtsorgane und viertens eine Erleichterung im Eingehen von Beteiligungen und Kooperationen. In diesem neuen Rechtskleid trieb das Management die notwendige Transformation voran, um das Wegbrechen des Kerngeschäfts aufgrund der zunehmenden Digitalisierung zumindest teilweise aufzufangen.

Auch der Energiesektor steht vor einer grossen Transformation. Der Umbau des Energiesystems hin zu einer erneuerbaren Versorgung ist eine Mammutaufgabe und greift direkt in die Organisation der Energieunternehmen selbst ein. Es hat sich aber noch keine Rechtsform wirklich durchgesetzt, wie das bei den Bundesunternehmen der Fall ist. So reichen die Rechtsformen im Energiesektor von einer Abteilung der Stadtverwaltung über unselbständige öffentlich-rechtliche Anstalten bis hin zu aktienrechtlichen Publikumsgesellschaften. In beiden Sektoren steht die Forderung im Raum, dass ein öffentliches Unternehmen einen entsprechenden Handlungsspielraum haben muss, um in den geöffneten Versorgungs-, Dienstleistungs- und Infrastrukturmärkten erfolgreich zu bleiben. Als Indikatoren für eine geeignete Rechtsform öffentlicher Unternehmen können die Unternehmensgrösse, die Investitions- und Marktrisiken sowie der Anteil des Umsatzes im freien Wettbewerb dienen. Bei den grösseren Unternehmen drängt es sich vor diesem Hintergrund geradezu auf, die aktuelle Rechtsform auf den Zeitpunkt einer vollen Strommarktöffnung hin anzupassen. Die Brisanz der Frage, was eine passende Public Corporate Governance für Energieversorger sein sollte, wird sich auch mit der schrittweisen Umsetzung der Energiestrategie 2050 des Bundes noch einmal verschärfen. Die privatrechtliche oder spezialgesetzliche Aktiengesellschaft können für das Energiesystem der Zukunft geeignete Rechtsformen darstellen. Das gilt vor allem für grössere Energieversorger mit eigener Produktion, eigenem Verteilnetz und neuen Geschäftstätigkeiten ausserhalb ihres historischen Netzgebietes. Diese Transformation findet nicht im politischen Vakuum statt. Die vollständige Liberalisierung des Strommarktes der Schweiz wird wohl nicht mehr aufzuhalten sein. Umso mehr gilt es, die richtigen Rahmenbedingungen und gute flankierende Massnahmen zu definieren sowie die Corporate Governance der Energieversorger frühzeitig darauf auszurichten. Lokal- und regionalpolitische Partikularinteressen werden auch weiterhin Eingang in die energiepolitische Debatte finden. Gute Gründe gegen eine rechtliche Verselbständigung grosser Energieversorger werden immer schwieriger zu (er)finden sein.

Die Digitalisierung birgt darüber hinaus grosse Chancen in beide Richtungen und in beiden Sektoren: mit innovativen Dienstleistungen neue Ertragsquellen zu erschliessen oder eben die Zeichen der Zeit zu verpassen. Im Zentrum der Aufmerksamkeit des Managements öffentlicher Unternehmen stehen deshalb die Steigerung der Prozesseffizienz, ein straffes Kostenmanagement, kluge Kooperationen zur Erschliessung neuer Märkte und der Aufbau neuer Produkte und Dienstleistungen. Vor allem gilt es, die Kundenbedürfnisse und -erwartungen von morgen immer besser zu verstehen, die grossen strategischen Herausforderungen anzugehen und dabei die Mitarbeitenden als Schlüssel für den Erfolg zu verstehen.

Öffentliche Unternehmen und ihre Führungsdebakel

Öffentliche Unternehmen haben Vorbildcharakter. Die Post, SBB und Swisscom sind nationale Symbole und geniessen grosses Vertrauen und Goodwill der lokalen Bevölkerung wie auch die regionalen Energieversorger. Führungspersonen dieser Bundesunternehmen sollten ein überdurchschnittliches Mass an Integrität und Identifikation mit ihrem politischen Auftrag mitbringen, über eine hohe Fach- und Kommunikationskompetenz verfügen und verinnerlicht haben, dass ihre Raison d'être darin besteht, gesellschaftliche Mitverantwortung für die Wohlfahrt eines Landes zu übernehmen. So betrachtet ist es verständlich, dass die gesellschaftliche Empörung gross ist, wenn etwas schiefgeht. Sofort stehen das Management und die politische Aufsicht in der öffentlichen Kritik. Das Beispiel der «Wärmering-Affäre» 2016 des Stadtwerks Winterthur zeigt eindrücklich, dass Führungsdebakel bei öffentlichen Unternehmen die politische Debatte um eine passende Public Corporate Governance um Jahre verzögern können. Nach der sofortigen Freistellung mehrerer Manager aus der Führungsetage sah sich auch der damalig zuständige Stadtrat im Zuge der umfassenden Aufarbeitung der Vorkommnisse veranlasst zurückzutreten. Die Stadtexekutive revidierte ihre Absicht, die geplante Verselbständigung des Stadtwerks in eine neue, marktnähere Rechtsform der Stadtbevölkerung zur Genehmigung vorzulegen. Der Stadtrat sah vor dem Hintergrund der öffentlich publizierten Ergebnisse der Administrativuntersuchung keine genügende Vertrauensgrundlage, um eine Rechtsformumwandlung zum Erfolg zu führen. Mehr noch: Er hielt fest, dass in seinem Stadtwerk ein Kulturwandel mit dem Ziel einer «höheren Identifikation mit der Stadt und ihren Regeln» herbeigeführt werden solle. Diese Massnahmen waren nötig, um das verlorene Vertrauen der Bevölkerung in das eigene Stadtwerk wiederherzustellen. Gleichzeitig hat man damit aber der Entwicklung einer dynamischen und innovativen Unternehmenskultur eines modernen Energieversorgungsunternehmens jenseits des Verwaltungsalltags von Stadtbehörden keinen guten Dienst getan.

Nicht nur im Energiesektor finden sich Beispiele dieser Art. 2018 traf es die Schweizerische Post. Das oberste Management und der Verwaltungsrat des Unternehmens wurden im Zuge der Postauto-Affäre an den medialen Pranger gestellt. Es bestand nach einer ersten Aufarbeitung der Vorkommnisse Konsens darüber, dass die unrechtmässige Buchungspraxis in der Spartenrechnung bei Postauto historisch keinen Vergleich habe und sofort Köpfe rollen müssten – was sie dann auch taten. Die Konzernleiterin musste zurücktreten, Verwaltungsräte verabschiedeten sich, und den politischen Verantwortungsträgern wurde Parteifilz unterstellt. Natürlich stürzte sich die empörte Öffentlichkeit auf die Führungspersonen des gelben Riesen. Die Personifizierung eines Skandals bringt die nötige Emotionalisierung und Medienresonanz. Soweit nichts Neues. Obwohl noch nicht alle Untersuchungen abgeschlossen und die Konsequenzen hinsichtlich nötiger Anpassungen in der Public Corporate Governance noch nicht alle gezogen sind, werden in der politischen Arena bereits erste Forderungen formuliert: Postauto sei vollständig vom Postkonzern zu trennen, wird verlangt. Die Verwaltungsratspräsidien staatsnaher Betriebe sollten entpolitisiert werden, erklärte der CVP-Parteipräsident, da ansonsten der Vorwurf des Parteifilzes im Raum stünde. Die Postfinance gehöre privatisiert, liest man hier, die Grundversorgung mit Postdiensten und das Poststellennetz solle rückverstaatlicht werden, hört man dort. Aber auch hier gilt es, einen Stock tiefer zu schürfen. Im Wesentlichen gibt es für dieses Führungsdebakel drei Gründe: erstens die für das Management teilweise unauflösbaren Widersprüche zwischen den regulatorischen Rahmenbedingungen und den Zielvorgaben des Eigners. In solchen Situationen muss ein Verwaltungsrat den Eigner konfrontieren und umsetzbare Ziele einfordern. Zweitens die Rekrutierungspraxis: Die Personalrochaden in der Teppichetage sprechen Bände. Ich habe alleine während meiner Zeit als Lobbyist bei der Post in rund sieben Jahren mit drei Präsidenten des Verwaltungsrates, drei Konzernleitern und einer Konzernleiterin zusammengearbeitet. Ob dieser Wechselrhythmus an der Postspitze für die Qualität der Personalrekrutierung steht, können Executive Searchers beurteilen. Und drittens die Post-interne Führungskultur, die über Jahre den Bund als Eigner und das Bundesparlament als oberste Aufsicht eher als bremsend für eine gesunde Entwicklung des Unternehmens wahrnahm.

Die postalische Grundversorgung und damit die Raison d'être des Unternehmens rückte angesichts der enormen Marktherausforderungen über Jahre in den Hintergrund. Offensichtlich hatten die Kontrollmechanismen der Public Corporate Governance in beiden Fällen durch alle Ebenen hindurch versagt.

Einerseits kann man auch mit den restriktivsten Kontrollprozessen nicht ausschliessen, dass sich Führungspersonen von Unternehmen nicht korrekt verhalten. Andererseits und Hand aufs Herz: Sind die bestehenden Compliance-Systeme und Reporting-Prozesse nicht längst zu träge? Können sie die vielfältigen und dynamischen Aktivitäten dieser Unternehmen wirklich noch einfangen und abbilden? Das notwendig hohe Tempo unternehmerischer Entscheidungen erschwert zusehends die politische Aufsicht und demokratische Kontrolle, die gänzlich anderen Rhythmen folgt. Ist es nicht so, dass Politikerinnen und Politiker in ihrer Rolle der Eignervertretung mitunter ihr Parteibuch und ihre Wiederwahl über den Erfolg des Unternehmens stellen? Davon berichten Führungspersonen von öffentlichen Unternehmen zumindest hinter vorgehaltener Hand; oft mit einer guten Portion Zynismus. Beide Beispiele – das eine auf kommunaler und das andere auf Bundesebene – verdeutlichen, dass öffentliche Unternehmen dieser Grösse nur noch schwer durch die Politik zu führen sind. Es fehlen in weiten Teilen schlicht die Ressourcen und die Expertise dafür. Im Falle der kommunalen Energieversorger führt der berechtigte Wunsch nach demokratischer Kontrolle zu seltsamen Konstellationen. So ist beispielsweise auch das grösste Stadtwerk der Schweiz, EWZ, eine Einheit der Stadtverwaltung, agiert aber gleichzeitig international in unterschiedlichsten Märkten und investiert Beträge in Millionenhöhe in die geöffneten Energie- und Dienstleistungsmärkte Europas. Die unternehmerischen Risiken werden indes nach wie vor direkt von den Stadtzürcherinnen und Stadtzürchern getragen. Haftungsfragen der öffentlichen Hand spielen offenbar eine untergeordnete Rolle. Eine rechtliche und verbindliche Trennung von politischer, strategischer und operativer Verantwortung gibt es nach wie vor nicht. Das Stadtwerk Zürich steht hier nicht alleine da. Mehrere grosse Stadtwerke der Schweiz sind ebenfalls noch Teil der städtischen Verwaltung. Die Situation zeigt sich auf der anderen Seite des Spektrums der Energieversorger ähnlich absurd. So gibt es Verteilnetzbetreiber ohne eigene Produktion, mit nur einigen wenigen Mitarbeitenden und einem Verteilnetz, dass gerade mal an die Gemeindegrenzen reicht, die sich zwingend in der Rechtsform der Aktiengesellschaft wiederfinden wollen, um neue Märkte zu erschliessen. Hier drängt sich eine Auslagerung aus der kommunalen Verwaltung aber nicht auf, da sich die Tätigkeit des Verteilnetzbetreibers mit dem politischen Auftrag fast gänzlich deckt und sich ein lokaler Verteilnetzbetreiber mit einer Änderung der Rechtsform nicht über Nacht zu einem komplexen Konzern entwickeln wird.

Fazit

Der Bau des Energiesystems der Zukunft ist mit einschneidenden Veränderungen, hohen Investitionen und neuen Risiken verbunden. Umso grösser und komplexer, umso marktorientierter und innovativer ein Energieversorger ist, desto weiter sollte er von der lokalen, direkten politischen Einflussnahme entfernt werden.

Das Management von öffentlichen Unternehmen muss sich an den politischen Realitäten orientieren und gleichzeitig agiler, innovativer und unternehmerischer werden. Das braucht Mut. Es darf nicht vergessen, dass ihre Raison d'être der politische Auftrag ihrer Eigner ist. Sie müssen ihre Mitarbeitenden als Schlüssel für den Erfolg von morgen verstehen.

Die Eigentümer öffentlicher Unternehmen müssen widerspruchsfreie und umsetzbare Zielvorgaben formulieren, sich nicht in das operative Geschäft einmischen und parteipolitische Überlegungen hinter ihre Verantwortung stellen. Sie müssen sich von der Illusion verabschieden, die grossen öffentlichen Unternehmen einer direkten demokratischen Kontrolle gänzlich unterstellen zu können. Umso mehr müssen sie stets bestrebt sein, die Governance öffentlicher Unternehmen weiter zu verbessern. Es muss ihnen bewusst sein, dass fundamentale Änderungen in der Energiewelt anstehen und dass neue und ungewohnte Risiken auf die Unternehmen einwirken.

Es ist irritierend, wie zögerlich und nachlässig die Eigner die Debatte rund um eine geeignete Public Corporate Governance von Energieversorgern in einem Umfeld von Marktöffnung, hohen Investitions- und Haftungsrisiken, einem massiven Wettbewerbs- und Innovationsdruck sowie der Notwendigkeit, agil neue Geschäftsfelder zu erschliessen, führen. Die Governance Debatte öffentlicher Unternehmen im Energiesektor muss wieder mit offenem Visier geführt werden.

Eignerstrategien zwischen Monopol und Markt: Mut zum «Denken des Undenkbaren»

Daniela Decurtins ist seit 2012 Direktorin des Verbands der Schweizerischen Gasindustrie. Zuvor war sie 25 Jahre in der Medienbranche tätig, davon 18 Jahre beim Zürcher Tages-Anzeiger, die letzten zehn Jahre als Mitglied der Chefredaktion. Sie ist Autorin diverser Bücher und -beiträge, unter anderem «Siemens – Anatomie eines Unternehmens», das auch auf Chinesisch übersetzt wurde.

Energieversorger und Politik stecken viel Energie in die Debatte über Gesellschaftsformen. Was aber Not täte oder Voraussetzung wäre, ist die Entwicklung von Eignerstrategien. Diese setzen eine Klärung der Frage voraus, welche Ziele eine Stadt, eine Gemeinde oder auch der Kanton mit dem Eigentum an einem Energieversorgungsunternehmen überhaupt erreichen will. Angesichts der sich abzeichnenden Entwicklungen drängt es sich auf, die Fragen heute noch radikaler zu stellen als bislang.

Energiegeladen: die Entstehung der Energieversorger-Welt

Seit der Gründungszeit der Energieunternehmen ist die Welt eine andere geworden. Der Ursprung der heutigen Aufstellung reicht teilweise 100 Jahre und mehr zurück. Damals waren die Energieversorger Fahnenträger des Fortschritts. Die Gasversorgungen brachten mit Stadtgas, das aus destillierter Kohle gewonnen wurde, Licht in die Strassen und lösten die russenden Öllämpchen ab. Strom diente Industriellen, Hausbewohnern und Reisenden gleichermassen. Seit den 1960er Jahren war die Energiewirtschaft vor allem aber auch durch die Bedürfnisse der Wohlstandsgesellschaft geprägt, am augenfälligsten dokumentiert in der anfänglichen Begeisterung für die Kernenergie. So ist eine recht stabile Welt mit knapp 700 Gemeindewerken entstanden, 100 davon führen auch Gas in ihrer Angebotspalette. Erst nach und nach kam es zu einem Umdenken beim Thema Energieverbrauch und der Nutzung insbesondere des Erdöls. Die Kritik am uneingeschränkten Fortschrittsglauben wurde lauter und mit ihr Warnungen vor einer Ressourcenknappheit, die 1972 im Bericht des «Club of Rome» kulminierten. In den 1970er Jahren wurde Erdgas in der Schweiz eingeführt, als Reaktion auf die erste Erdölkrise, um unabhängiger von den Launen der Ölscheichs zu werden. Hierzulande erschlossen schliesslich die städtischen Betriebe die Industrien und im Schlepptau die Wohnsiedlungen auf dem Land.

Eine Branche gerät unter Hochdruck: Veränderungen im Umfeld

Energieversorgungsunternehmen bewegen sich heute in einer Welt, die in den vergangenen Jahren stark an Dynamik zugelegt hat. Neue Akteure treten auf, die Märkte öffnen sich und die Margen zerfallen. Die energie-, klima- und wirtschaftspolitischen Zielsetzungen sind anspruchsvoller geworden und widersprechen sich teilweise, weil sie nicht im Zusammenspiel entwickelt wurden. Die Unternehmen tanzen auf einem Parkett, das durch Deregulierung wie den Wegfall von Monopolen, durch Regulierung wie Preisbegrenzungen geprägt ist und zunehmend rutschig wird. Das Umfeld entwickelt sich zu einem Spielfeld für die unterschiedlichsten Interessengruppen und damit die Ausmarchung der Spielregeln zu einem Spiel mit unsicherem Ausgang.

Stadtwerke wie etwa in Solothurn oder Bern verfügen bereits über ein Aktionsfeld, das teilweise weit über die Stadtgrenzen hinausreicht. Beim Strom betrifft dies vor allem historisch gewachsene Beteiligungen etwa an Wasserkraftwerken. Beim Gas hingegen ist es üblich, dass die Stadtwerke viele umliegende Gemeinden versorgen, diese aber nur in den wenigsten Fällen Miteigentümer derselben sind. Zwar tragen sie so die Risiken nicht mit, dafür partizipieren sie weder an den Gewinnen noch verfügen sie über Mitspracherecht bei Entscheidungen, die auch sie betreffen. Werden die Städte nach wie vor bereit sein, die unternehmerischen Risiken zu tragen, die sich hier etwa ergeben, wenn Industriebetriebe schliessen und der Gasabsatz im Wärmemarkt aufgrund energiepolitischer Eingriffe der Kantone sinkt?

Die Teilmärkte Strom, Gas und Fernwärme werden sich auch künftig sehr unterschiedlich entwickeln. Das hat energiepolitische und marktbedingte Gründe. Die Zahlungsströme, die die Städte vormals gewohnt waren, werden immer dünner. Das Geld, um in Innovationen zu investieren, wird aufgrund einbrechender Margen immer weniger. Marktbedingte und regulatorische Entwicklungen, sowie technologische Opportunitäten wie Sektorkopplung und Digitalisierung, versprechen Chancen und neue Geschäftsmodelle. Sie setzen aber auch anderes Know-how voraus und bergen Risiken. Neue Gesellschaften werden gegründet, vielfach über Kooperationen und entsprechende Beteiligungen. Doch auch der Rückzug aus bestimmten Tätigkeiten kann eine Option sein. Gleichzeitig wirken kulturelle Prägungen. Die Unternehmenskulturen vieler Energieversorgungsunternehmen sind massgeblich durch die Produktion oder das Netz beeinflusst – Bereiche, die über ganz andere Investitionszyklen verfügen als die Entwicklung neuer Dienstleistungen. Hinzu kommt die Beständigkeit der Unternehmen, was die Geschäftsleitung und die Politik nicht gerade ermutigt, gut rentierende Standbeine durch neue Geschäftsfelder zu kannibalisieren.

Politik und Verwaltung bereitet es derweil Mühe, dies zu antizipieren und ihr Handeln darauf auszurichten. Es entsteht ein Spannungsfeld: Einerseits sind die verschiedenen Ansprüche zu befriedigen beziehungsweise auszubalancieren, und andererseits gilt es, Dynamik zu erzeugen. Sind angesichts dieses Spannungsfeldes Energieversorger überhaupt in der Lage, auf die neuen Bedürfnisse wie Digitalisierung und Smart City zu reagieren? Können sie Schritt halten mit den neuen Akteuren, die hier auftreten? Das alles verlangt den Gemeinden und Städten als Eigentümer der Energieversorgungen eine kritische Überprüfung ihrer Ziele ab. Zum einen sollen sie Aufgaben wahrnehmen, die im öffentlichen Interesse sind. Dann aber müssen sie auf dem sich verändernden Markt Erfolg haben, was zwangsläufig auch das Eingehen von Risiken mit sich bringt. Nur: Passiert diese Auseinandersetzung auch?

Trendsurfen bei den Organisationsformen

Als eine Reaktion beschäftigen sich Städte und Gemeinden praktisch überall mit den Gesellschaftsmodellen, die beschreiben, wie solche Aufgaben erbracht werden sollen. Sie prüfen, ob sie aus der Verwaltung ausgelagert und in einem separaten Unternehmen oder weiter als Dienstabteilung organisiert werden sollen. Die Antworten fallen dabei sehr unterschiedlich aus. Die Schweizer Energieversorgungslandschaft präsentiert sich entsprechend bunt. Die gewählten Modelle sind teilweise Kinder ihrer Zeit, teilweise aber auch schlicht durch persönliche Motive oder spezielle Konstellationen getrieben. Die Schaffung von öffentlichen Unternehmen wie etwa in Genf, Bern oder Basel hat die Einsicht der Politik vorausgesetzt, dass gewisse Problemstellungen vorhanden sind, die sich innerhalb einer Verwaltung nur ungenügend lösen lassen. Sonst gäbe die Politik nie ihre direkten Einflussmöglichkeiten aus der Hand. Das Vorgehen in diesen Fällen hängt nicht zuletzt von Zeitströmungen ab, wie man sie vom Trendsurfen der Manager und verschiedener Managementmethoden her kennt. Dabei gerät die eigentliche Frage in den Hintergrund, was der Staat überhaupt machen soll und was nicht, beziehungsweise was er besser anderen überlässt.

Die Stadt Zürich bietet dafür ein Eldorado an Anschauungsmaterial. 1997 wurde die Gasversorgung aus der Verwaltung ausgegliedert und in eine Aktiengesellschaft umgewandelt. Zwei Drittel der Zürcher Bevölkerung sprachen sich an der Urne dafür aus. Die Sozialdemokraten hatten sich einer Empfehlung enthalten, die Gegner waren im Lager der Grünen, der Alternativen Liste und Schweizer Demokraten angesiedelt. In der Folge nutzte die später in Energie 360 Grad AG umbenannte Firma ihren Spielraum, reagierte auf die politisch immer stärkeren Einschränkungen beim Gas, stieg in neue Geschäftsfelder, beispielsweise Energiedienstleistungen und Elektromobilität, ein und geriet so auch in Konkurrenz mit dem städtischen Stromversorger. Das Elektrizitätswerk der Stadt Zürich (EWZ) hingegen ist als städtische Dienstabteilung organisiert. Statt für eine Ausgliederung des EWZ, wie sie durch den Stadtrat zuletzt 2015 angestossen und von der vorberatenden Kommission sowie dem Parlament gleich versenkt wurde, engagieren sich die linken Parteien der Stadt Zürich nun dafür, die Energie 360 Grad AG wieder in die Verwaltung zu integrieren.

Um die Jahrhundertwende hat sich ein Zeitfenster unter dem Eindruck der bevorstehenden Liberalisierung der Energiemärkte geöffnet. In Aarau, Brugg, Zofingen und Bern etwa sind damals Aktiengesellschaften geschaffen worden, mit zum Teil hoher Autonomie beziehungsweise mehr oder weniger direktem Einfluss der Politik. Dass das Pendel derzeit wieder stärker Richtung mehr Kontrolle durch Politik und Verwaltung zurückschwingt, ist auch anderswo zu beobachten. Je grösser der Veränderungsdruck in den Energieversorgungsunternehmen wird, desto eindringlicher scheint das Bedürfnis von Politik und Bevölkerung nach Stabilität und Beständigkeit. Dieses Bedürfnis setzt sich bei den Führungsverantwortlichen der städtischen Dienstabteilungen durchaus fort, die hinter vorgehaltener Hand recht glücklich sind und einen gewissen Schutz vor den Widrigkeiten des Marktes schätzen. Kundinnen und Kunden sind in der Regel zufrieden mit ihrem Versorger. In der Praxis scheinen die verschiedenen Organisationsformen alle tauglich zu sein. Letztlich ist es von den handelnden Menschen abhängig, ob es ihnen gelingt, die Freiräume zu nutzen und auf Marktentwicklungen zu reagieren. Das ist eine stete Gratwanderung, wie etwa die mediale Kritik am Engagement von Gemeindepräsidenten und dem Management von Energieversorgungsunternehmen gegen die Umsetzung kantonaler Energiegesetze aktuell zeigt.

Energieversorger als Zielscheibe

Aus der Zürcher Situation abzuleiten, dass es dort keine Unternehmensstrategien für EWZ, Entsorgung + Recycling Zürich (EWZ, Fernwärme) oder die Energie 360 Grad gäbe, wäre falsch. Was fehlt, ist eine übergreifende Dachstrategie aus Eigentümersicht, wie ein Expertenbericht von Ecoconcept sowie der BHP Hanser und Partner AG im Dezember 2017 festhält. Diese soll nun erarbeitet werden. Grundlage ist die Auslegeordnung im Bericht und die darin angesprochenen Handlungsoptionen bezüglich organisatorischer Massnahmen. Zürich behilft sich heute mit Ersatzlösungen und koordiniert eine Reihe von Einzelentscheidungen der verschiedenen Akteure über Expertengremien, die entweder von der Exekutive gewählt oder departementsintern geschaffen wurden.

Doch auch bei ausgegliederten öffentlichen Unternehmen sind die Zielvorgaben der Eigentümer häufig wenig klar. Das hat unter anderem damit zu tun, dass deren Schaffung in der Regel ein politischer Kompromiss zugrunde liegt. Das führt zu unterschiedlichsten Erwartungen und entsprechenden Angriffen von Kritikern, die etwa eine Ausgliederung für falsch betrachten und Teilaspekte aufgreifen, um diese an den Pranger zu stellen. Angriffsflächen bieten häufig fehlende Transparenz oder die Gehälter und Boni der Chefs der städtischen Betriebe, die zu politischen Vorstössen anregen. Das beschert nicht nur Mehrarbeit, sondern kann auch dazu führen, dass die Handlungsspielräume aus gewissen Ängsten heraus nicht ausgeschöpft werden. Gleichzeitig sind solche Vorstösse legitim und Teil der demokratischen Kontrolle.

Hinzu kommt, dass die ausgegliederten Unternehmen neue Aktivitäten entwickeln werden, um sich zu positionieren und wirtschaftlich erfolgreich sein zu können. Dabei geraten sie häufig in Konkurrenz zu privaten Anbietern. Das Installationsgeschäft ist hierfür ein treffliches Beispiel. Diesem liegt die allgemeine Auffassung zugrunde, dass sich Energieunternehmen weg vom Versorger hin zum Dienstleister entwickeln sollten, wenn sie in Zukunft erfolgreich sein wollen. Die BKW ist dadurch ins Kreuzfeuer des Gewerbes geraten. Der Berner Gewerbeverband lancierte im Mai 2018 eine Kampagne unter dem Titel «Der Staat als Konkurrent: Fair ist anders!» und zielte dabei auf die beispiellose Einkaufstour der BKW. Diese erwarb in den vergangenen Jahren mehr als 40 Ingenieurs- und Installationsbüros und beteiligte sich mit den auch noch aufgekauften Planungsbüros an Ausschreibungen. Der Vorwurf: die BKW nutze ihre Monopolstellung, um in neue Geschäftsbereiche zu expandieren. Sie gehört zu 53 Prozent dem Kanton. Die BKW hingegen sieht sich als «privatrechtliches, börsenkotiertes» Unternehmen, das sich angesichts der Veränderungen im Strommarkt neue Märkte erschliessen müsse, wie BKW-Chefin Suzanne Thoma jeweils betont. Für den Eigentümer besteht deshalb ein weiteres Risiko mit einer Ausgliederung: dass sich Unternehmen beginnen, eigenständig weiterzuentwickeln, und zwar in einer Art, die politischen Zündstoff birgt und sogar Fragen nach Rückführung in die Verwaltung aufwirft wie im Fall der Energie 360 Grad AG.

Lassen sich Zielkonflikte in Eignerstrategien überhaupt auflösen?

Eignerstrategien sind von zentraler Bedeutung, um einerseits Angriffsflächen zu entschärfen, aber auch um sich andererseits klar zu werden, welche Gesellschaftsform sich für die Erfüllung der Aufgaben am besten eignet. Darin soll verankert werden, welche Ziele im öffentlichen Interesse mit dem Besitz eines Versorgungsunternehmens erreicht werden sollen, wie man mit Zielkonflikten umgeht und wie die Aufsicht sichergestellt werden kann. So sind sie etwa in einem Konzeptpapier von Ecoconcept umschrieben. Das klingt auf den ersten Blick einfach, die Schwierigkeiten folgen aber auf dem Fuss. Denn der Energieversorgung sind seit jeher Zielkonflikte immanent. Sehr augenscheinlich wird dies bereits in der Bundesverfassung in Artikel 89. Dort heisst es: «Bund und Kantone setzen sich im Rahmen ihrer Zuständigkeiten ein für eine ausreichende, breit gefächerte, sichere, wirtschaftliche und umweltverträgliche Energieversorgung sowie für einen sparsamen und rationellen Energieverbrauch.» Das Energietrilemma zieht sich etwa in den Statuten der Stadtwerke weiter, die häufig viel Interpretationsspielraum lassen. Die Gemeinde beziehungsweise eine Stadt verfolgt mit der Energieversorgung in der Regel gleichermassen wirtschaftliche, ökologische und gesellschaftliche Ziele, die auszutarieren sind. Dazu gehören etwa die Vision einer 2000-Watt-Gesellschaft, die viele Energiestädte kennen, den Ausstieg aus der Kernenergie, die Förderung erneuerbarer Energien oder die 1-Tonne-CO_2-Gesellschaft.

Die so entstehenden Zielkonflikte sind mannigfach: Bürger und Unternehmer sind in der Regel an tiefen Energiepreisen interessiert, während aus einer energie- und klimapolitischen Sicht Preise verursachergerecht gestaltet werden sollten, damit die Bürgerinnen und Bürger ihr Verhalten anpassen. Das Erheben von Abgaben auf Energieträgern, die aus dieser Sicht nicht mehr Wunschenergie sind, macht aus einer solchen klimapolitischen Perspektive durchaus Sinn. Ganz offensichtlich wird der Zielkonflikt beim Energieverbrauch. Während ein Unternehmen sich in der Regel wünscht, möglichst viel zu verkaufen und so von Skaleneffekten zu profitieren, zielen energiepolitische Massnahmen darauf, den Verbrauch zu senken, indem die Effizienz gesteigert und die CO_2-Emissionen reduziert werden. Aber auch an Fragen der Transparenz scheiden sich die Geister: Die Politik will mehr Einblick in die Strategien des Unternehmens, während eine Geschäftsleitung dies als Benachteiligung im Wettbewerb empfindet. Schliesslich füllen die Energieversorger mit ihren Gewinnen auch die Kasse, die den Haushalt der Städte und Gemeinden entlastet. Die öffentliche Hand erwartet eine angemessene Rendite für Kapital und Investitionen, die es ihr ermöglicht, die Steuern tief zu halten. Demgegenüber wünscht sich das Management, dass es diese Mittel in Zukunftsprojekte investieren kann.

Alle diese Zielkonflikte aufzulösen, ist anspruchsvoll und muss in einem Ausmarchungsprozess zwischen politischer Führung, dem strategischen Gremium und der Geschäftsleitung erfolgen. Dies setzt eine Konfliktkultur voraus. Entsprechend fürchten auch gewisse Direktoren diesen Prozess beziehungsweise das Resultat, das sie in ihren Handlungsmöglichkeiten beschneiden könnte. Viel gewonnen ist bereits, wenn es gelingt, Strategien und Positionierungen zu entwickeln, die verschiedenen Zielen gerecht werden. Ein Beispiel dafür sind Gasversorgungen und ihre Aktivitäten im Biogasbereich. Sie setzen dort ihre vom Eigner vorgesehene ökologische Vorbildrolle zur Kundenbindung ein. Gewisse Werke kennen schon heute einen fixen Anteil von bis zu 20 Prozent Biogas in ihrem Standardprodukt, obwohl etwa Schweizer Biogas in der Regel doppelt so teuer ist wie Erdgas.

Das Risiko, dass Zielkonflikte zu Krisen zwischen dem Eigner und dem Management führen, bleibt trotzdem latent hoch. Schlimmer noch: Zielkonflikte setzen sich in Interessenkonflikten in verschiedenen Führungsfunktionen fort. Der Bundesrat hat das früh erkannt und schuf in seinem «Corporate Governance»-Bericht von 2006 gemeinsame Grundsätze für die Steuerung und einheitliche Kriterien für die Beurteilung der Auslagerung von Bundesaufgaben. Etliche Kantone sind ihm gefolgt. In vielen Städten besteht aber noch Nachholbedarf. Das zeigt etwa der Umgang mit dem Thema Gas. Politische Einstellungen können einen starken Einfluss auf die Eignerstrategie haben und gehorchen unter Umständen mehr den politischen Mehrheiten als einer nachhaltigen gesunden Entwicklung des Unternehmens. Stadträte tun sich schwer, sich öffentlich für Gas und dessen Bedeutung für einen klimafreundlichen, sicheren und wirtschaftlichen Umbau der Energieversorgung einzusetzen. Das kostet Wählerstimmen und Sympathien im Parlament. Abweichende Positionen offensiv zu vertreten, können sich nur Unternehmen leisten, die in privatem und nicht in öffentlichem Besitz sind, wie etwa eine Gravag. Das sich im Besitz von fünf holländischen Familien befindliche Unternehmen in der Ostschweiz ist noch eines der wenigen schweizweit, das in die Erschliessung neuer Gebiete mit Gasnetzen investiert.

Gehören Politiker in den Verwaltungsrat?

Die Frage, ob Stadt- beziehungsweise Gemeinderäte Einsitz in den Verwaltungsräten von öffentlichen Unternehmen nehmen sollen, präsentiert sich ähnlich vielschichtig. Eine Studie der Universität St. Gallen hat für das Jahr 2010 festgestellt, dass in über 90 Prozent der Unternehmen die Exekutive vertreten ist. Bund und Kantone sind da deutlich restriktiver, angesichts der Rollen- und Interessenkonflikte, die sich hieraus ergeben. Auf den ersten Blick lässt sich der Anspruch gar nie einlösen, gleichzeitig die Verantwortung für die Strategie des Unternehmens sowie die politische Aufsicht wahrzunehmen. Was ist im Konfliktfall höher zu gewichten, Chancen für die Weiterentwicklung des Unternehmens zu packen oder einzelne politische Ziele zu verfolgen, die zum Teil im Widerspruch zueinander stehen? Zudem können Konflikte zwischen der Legislative und Exekutive auftreten und zu parteiinternen Querelen führen. Auf den zweiten Blick gibt es aber sehr wohl gute Gründe, weshalb man die Exekutiv- oder Legislativmitglieder – auch im Interesse der Geschäftsführung – einbinden sollte: Die Wege sind kurz und direkt, das politische Sensorium besteht, die Möglichkeiten der Kontrolle sind gegeben, und die Verantwortung wird direkt wahrgenommen. Zudem gibt es innerhalb einer Exekutive noch weitere Mitglieder, die einem anderen Departement vorstehen, die eine solche Aufgabe wahrnehmen könnten. Letztlich kann sich die Politik gar nie der Verantwortung entziehen, solange der Energieversorger in öffentlicher Hand ist. Problematisch wäre in diesem Umfeld auch ein Verwaltungsrat, der ausschliesslich aus Personen zusammengesetzt ist, die Managerwissen mitbringen, denen aber das politische Sensorium abgeht. Deshalb liegt die Lösung in einem strategischen Führungsgremium, das beide Kompetenzen verbindet. Wenn die Unternehmensentwicklung und die politischen Realitäten auseinanderdriften, wird es früher oder später zum Zusammenprall kommen. Ein Mittel, um diese Konfliktlinien aufzulösen, ist letztlich auch die Eignerstrategie, in der alle diese Fragen zu regeln sind.

Fokus auf Netz und Grundversorgung

Wer das Thema bei den Chefs von Energieversorgern anspricht, der hört auch Vorbehalte gegenüber dem Aufwand und Nutzen, eine Eignerstrategie zu erarbeiten. In der wissenschaftlichen Forschung hingegen, die insbesondere an der Universität St. Gallen gepflegt wird, ist es unbestritten, dass deren Formulierung ein wesentliches Element der Public Corporate Governance ist. Wegweisend hierzu ist das Standardwerk von Kuno Schedler, Roland Müller und Roger W. Sonderegger. Städtische Energieversorger sind häufig voll integriert und kennen Produktion, Netze, Energiebeschaffung, Retail und Service als Elemente ihrer Wertschöpfungskette. Angesichts von Marktöffnung sowie energie- und klimapolitischen Entwicklungen stellt sich die Frage, ob die Eigner noch zu wenig mutig sind betreffend Radikalität, wenn es um die Auflösung der Zielkonflikte geht, was der Staat in Zukunft noch machen soll und was nicht. Fehlt angesichts der Beständigkeit und der Reputation einfach der Mut zum «Denken des Undenkbaren»?

Es ist auf den ersten Blick sehr verständlich, dass aus der Perspektive der politischen Machbarkeit und des Erreichens von Mehrheiten gern einmal Kompromisse eingegangen werden. Ein Eigentümer, der gegenwärtig über einen grossen Produktionspark verfügt, befindet sich zunehmend im Blindflug. Es eröffnen sich durchaus viele Chancen, diese sind aber auch immer mit Unsicherheit verbunden. Dies, wenn es um Investitionen in ausländische Solaranlagen geht, die von Subventionen profitieren, oder wenn Steuerzahler Millionen in den Aufbau von Infrastrukturen investieren, die weit abseits des eigenen Stadtgebiets liegen und keine Transparenz besteht, wie sich diese Projekte entwickeln. Im besten Fall entwickeln sich solche Unternehmen rasch und erfolgreich, gewinnen Marktanteile oder besetzen neue Geschäftsfelder. Im schlechteren Fall kommt es zu Fehlinvestitionen, die sich in tieferen Gewinnausschüttungen an die Gemeinde niederschlagen.

Wer eine Eignerstrategie erarbeitet, wird sich zunächst auf den Service public fokussieren und damit auf eine Grundversorgung, die sicher und zu einem bezahlbaren Preis erbracht wird. Hinzu kommen energie- und klimapolitische Zielsetzungen, verbunden mit finanziellen Stossrichtungen. Radikaler gedacht könnten sich Städte und Gemeinden auf den Wert der Netze und der Grundversorgung konzentrieren. Als organisatorische Lösungsansätze stehen ihnen folgende Möglichkeiten zur Verfügung: die Schaffung von städtischen Dienstabteilungen beziehungsweise öffentlich-rechtlichen Unternehmen für den Service public sowie selbständige öffentlich-rechtliche Unternehmen für Marktaktivitäten, also dem Energiehandels- oder Dienstleistungsgeschäft, an denen sich Dritte zumindest beteiligen könnten. Im Mittelpunkt stehen dabei die Netze. Sie haben den Charakter eines natürlichen Monopols, mit dem zum einen die Versorgungssicherheit gewährleistet werden kann. Zum anderen dienen sie der Erreichung energie- und klimapolitischer Ziele – bei gleichzeitigem Werterhalt der Infrastrukturen, des eigentlichen Vermögenswerts der Städte und Gemeinden. Das gilt sowohl für das Strom- als auch das Gas- und Fernwärmenetz. Bei den beiden letzteren stand in den letzten Jahrzehnten der Ersatz von Öl als Prozessenergie und der Ersatz von Ölheizungen, die noch den Wärmemarkt dominieren, im Vordergrund. Man wird dies zunehmend durch ein Verständnis ablösen, das nicht mehr so sehr das Einzelobjekt im Fokus hat, sondern das Gesamtsystem.

Ein Mittel, um der Sektorkopplung zum Durchbruch zu verhelfen?

Wenn sich Verwaltung und Politik stärker auf die Netze konzentrieren, erhöht sich die Chance, dass Aspekte der Sektorkopplung, des Zusammenspiels von Elektrizitäts-, Wärme- und Gasnetzen, stärker zum Tragen kommen. Dies dient dazu, neue erneuerbare Energien, die unregelmässig anfallen, optimal zu nutzen und ins Gesamtsystem zu integrieren. So können CO_2-Emissionen in der Wärmeversorgung und im Verkehr gesenkt werden. Hinzu kommt ihr Beitrag, die versorgungskritische Situation in den Wintermonaten zu lösen, in denen die Schweiz auf Stromimporte angewiesen ist. Versorgungssicherheit ist keine Selbstverständlichkeit mehr, wenn an den Stellschrauben eines gut funktionierenden Systems gedreht wird, um die Abhängigkeiten von der Kernenergie und fossilen Energieträgern zu reduzieren. Solange in Europa noch viele Kern- und Kohlekraftwerke am Netz sind, mag es kein Problem sein, dass die Schweiz im Winter von Stromimporten abhängig ist. In den nächsten Jahren wird sich das jedoch ändern. Hierzulande werden sukzessive alle Kernkraftwerke abgeschaltet. Deutschland wird diesen Schritt bereits 2022 vollzogen haben und denkt laut über einen Ausstieg aus der Kohlestromproduktion nach. In Frankreich macht sich die Überalterung der Atommeiler bemerkbar. Hier bringen Gas und seine Infrastruktur eine Reduktion von Abhängigkeiten mit sich und die Möglichkeit, mittels Gas im Inland Strom zu produzieren, sei dies dezentral mittels Wärmekraftkopplung (WKK), sei dies zentral mittels Gaskraftwerken.

Dass solche Konzepte in den Städten verwirklicht werden, dürfte dann der Fall sein, wenn die verschiedenen Anspruchsgruppen und insbesondere die Politik sowie die Stimmbevölkerung den Sinn darin sehen, das Gesamtsystem ökologisch und ökonomisch zu optimieren. Dann könnten übergeordnete politische Ziele und der Anspruch, den Wert bestehender Assets zu erhalten, in Einklang gebracht werden. Ohne einen politischen Willen hätte es etwa

Projekte wie das Hybridwerk Aarmatt in Solothurn oder auch die verschiedenen Geothermieprojekte in Basel, Zürich oder St. Gallen nicht gegeben. Dem stehen aber traditionelles Silodenken gegenüber, ebenso politische Positionen in den Städten, dass es überhaupt keine Erdgasinfrastruktur mehr brauche, auch nicht in einem eigentlich sinnvollen Konvergenzkonstrukt. Hier rücken Wärmenetze stärker in den Vordergrund, wie dies beispielsweise in Zürich und Basel geschieht. Das Primat des Stroms, das seit jeher aufgrund des Grundversorgungsauftrags Vorrang hat, kommt zum Tragen. Beim Gas besteht ein solcher Auftrag, der etwa mit der Anschlusspflicht verbunden ist, nicht. Wenn ein Eigentümer keinen Nutzen mehr im Gasnetz sieht, wäre ein Verkauf an Dritte eine durchaus sinnvolle Alternative. Der neue Eigentümer hätte ein grösseres Interesse, es zu entwickeln.

Ausweg aus dem Öffentlichkeits- versus Privatdilemma: ein Ausblick

Zusammengefasst müssen sich Eigner in erster Linie überlegen, welche Rolle sie ihrem Energieversorgungsunternehmen geben möchten, und erst in zweiter, wie das Ganze zu organisieren ist. Die Frage lässt sich am einfachsten beantworten, wenn sich das Tätigkeitsgebiet des Energieversorgers mit dem Gemeindegebiet deckt. Die öffentliche Hand könnte sich auf die Netze und den Service public beschränken. Darin eingeschlossen wären der Bau und Unterhalt der Netze sowie das Sicherstellen der Grundversorgung. Das bringt weniger Zielkonflikte mit sich, aber auch weniger Geld für die Stadtkasse.

Möchte ein Eigner die wegbrechenden Margen durch neue Geschäftsfelder kompensieren, sollte die Politik bereit sein, dem Energieversorgungsunternehmen mehr Handlungsspielraum zu gewähren und es auch nicht auf das Gemeindegebiet beschränken. Solange der Staat etwa im Rahmen einer öffentlich-rechtlichen Aktiengesellschaft beteiligt bleibt, glüht politischer Zündstoff überdies weiter, selbst wenn sich Private beteiligen sollten. Diese sind durch eine völlig andere Haltung und Kultur geprägt und werden sich nur engagieren, wenn sie unternehmerische Chancen sehen. Solche auf Marktaktivitäten ausgerichteten Unternehmen würden umgekehrt auf jeden Fall viele Freiräume gewinnen und die Innovationskraft steigern, die Erfolgschancen würden damit steigen. Gleichzeitig reduzieren sich die Risiken für die öffentliche Hand. Aber ob öffentlich-rechtlich, mit oder ohne private Beteiligung oder privat, jede Konstellation setzt fachlich kompetente, unternehmerisch handelnde Verwaltungsräte und Geschäftsleitungen mit politischem Sensorium voraus.

Welche Rolle kommt den Verbänden in dieser Frage zu? Entsprechend der Entwicklung bei den Unternehmen verändern sich auch die Anforderungen, die an sie gestellt werden. Im Bestreben, ihren Mitgliedern Nutzen zu stiften, kommen auf sie neue Themen und Aufgaben zu. Neben Fragen der Regulierung, Marktanalyse, Innovation und der Entwicklung neuer Geschäftsmodelle, die zu den traditionellen Aufgaben zählen, gehören auch Governance-Fragen ins Pflichtenheft. Verbände können hier ihre Mitglieder mit übergreifendem Erfahrungsaustausch und Wissensaufbau unterstützen. Dazu müssen die Mitglieder der Steuerungsgremien aus Exekutive, Legislative, Verwaltung und Privatwirtschaft besser erreicht werden. Hier ist bei den Verbänden noch einiges an Arbeit zu leisten.

Fazit

Bund und Kantone verfügen häufig über Eignerstrategien. In den Städten und Gemeinden besteht noch Nachholbedarf. Mit der Konzentration auf Netz und Grundversorgung etwa liessen sich die Zielkonflikte auf eine konsequente Art angehen. Verbände könnten mit ihrem Überblick über schweizerische beziehungsweise auch internationale Erfahrungen Mehrwert in der Bearbeitung solcher Fragen leisten.

Das Dilemma von Stadtwerken in Deutschland bei der Strategiefindung

Prof. Michael Gassner ist Geschäftsführer der Gassner & Cie. Consulting GmbH & Co. KG, Ludwigsburg (D), bis 2002 war er im Vorstand der EnBW Kraftwerke AG in Deutschland und unter anderem Präsident des Verwaltungsrats der EnAlpin AG in der Schweiz.

Die Beziehung zwischen einem normalen Stadtwerk und seiner Stadt als Gesellschafter ist typischerweise konfliktär. Was hat denn Vorrang, die Fiskalinteressen der Stadt an einem hohen Beitrag der Stadtwerke für den öffentlichen Haushalt oder die Wahrung der Bürger- oder Standortinteressen an möglichst niedrigen Energiepreisen? Oder sind die ökologischen Ziele dominant vor allen anderen? Wie geht die Geschäftsführung eines Stadtwerks mit dieser Zielheterogenität um? Wie wird hier eine vernünftige, zwischen den Organen der Gesellschaft abgestimmte Strategie entwickelt? Wie kann es gelingen, die Herausforderungen des Wettbewerbs einerseits wie der Regulierung andererseits zu bewältigen und sich in einer vor Technologiesprüngen stehenden Unternehmensumwelt erfolgreich zu positionieren?

Die Eigenheiten der öffentlichen Hand als Eigentümerin von Versorgungsunternehmen

Öffentliche Unternehmen haben generell den Spagat zu leisten zwischen dem Ziel, ihre Ergebnisse zu optimieren – dies gerade auch im Interesse ihres kommunalen Gesellschafters, vertreten durch den Finanzbürgermeister/Kämmerer – und ihnen zugedachten «Gemeinwohlaufgaben». Die Frage, wann überhaupt öffentliche Unternehmen in diesem nicht wirklich auflösbaren Spannungsfeld eine Legitimation haben, gehört in Deutschland zu jenen, die ausführlich diskutiert sind. Eine Lösung ist gleichwohl nicht in Sicht, weil vieles historisch gewachsen ist und politisch keine Regierung je den Willen beziehungsweise die Kraft haben wird, kommunale Interessen zu beschränken. Dabei ist es weniger die verfassungsrechtliche Vorschrift des Artikels 28 Grundgesetz, welche die Kommunen schützt, als vielmehr die Macht der (Ober-)Bürgermeister in den Parteien. In der Diskussion, ob «Staat» oder «Privat» besser für die Aufgabenerledigung tauge, hatten die «Privatisierungsbefürworter» bis zur Finanzkrise 2008 eindeutig die Nase vorn; danach ist das Pendel sehr deutlich in die andere Richtung umgeschlagen – im Übrigen zu Unrecht, waren es doch in Deutschland gerade auch die Banken mit öffentlich-rechtlichem Aktionariat, die für die schlimmsten Fehler in der «Subprime Krise» verantwortlich waren.

Als aber aus der linken Ecke laut gerufen wurde, «die Gewinne wären stets privatisiert, die Verluste würden stets sozialisiert», galt es auch auf Seiten der CDU als angebracht, diesen Diskurs eben nicht zu führen – eine opportunistische Haltung in Partei und Regierung und eine weit überwiegend staatsgläubige konservative Partei wollten für Staatshilfen an Banken vom Wähler nicht abgestraft werden; sie hatte in ihren Reihen fast niemanden, der öffentlich zutreffende Analysen verlautbart, das heisst das System der sozialen Marktwirtschaft verteidigt hätte.

Nun ist kaum ein Bereich in Deutschland weniger stark politisiert als der Umwelt- und davon abgeleitet der Energie- und immer stärker der Verkehrsbereich. In der Stadtwerkelandschaft kam es in der Folge des Stimmungsumschwungs durch die Finanzkrise deshalb zu einer Welle von sogenannten «Rekommunalisierungen». In vielen Städten mit roter oder grüner Rathausspitze und auch bei den vielen anderen, in denen die Konzessionsverträge für Stromnetze in diesen Jahren ausliefen (und das waren zwischen den Jahren 2010 bis zirka 2015 bis zu 8000 von insgesamt 14 000 Konzessionen), kam es zu entsprechenden Diskussionen; zirka 70 Stadtwerksneugründungen waren zwischen den Jahren 2005 und 2012 die Folge.

Verstärkt wurde diese Rekommunalisierungsbewegung durch den Reaktorunfall von Fukushima und die wiederum opportunistische Entscheidung der deutschen Bundesregierung, aus der Kernenergie in einer Weise auszusteigen, die weder den Eigentumsrechten der betroffenen Unternehmen gerecht wurde, noch mit Blick auf die CO_2-Minderungsziele adäquat war (wie sich unschwer aus der Zahl des World Energy Council, vgl. «Energie für Deutschland. Fakten, Perspektiven und Positionen im Globalen Kontext», 2017, S. 41 ff., entnehmen lässt, der in allen Szenarien von einem weltweiten Wachstum der Kernenergie bis 2060 ausgeht).

Es entstand daraus schon fast gesellschaftlicher Konsens, Energieerzeugung müsse regenerativ und dezentral erfolgen. Alle, die den Mut hatten, darauf hinzuweisen, dass zum Beispiel Grossanlagen der Grundchemie, der Stahl- und Aluminiumproduktion, der Herstellung von Flachglas und der Verkehr der Deutschen Bundesbahn wirtschaftlich sinnvoll nicht allein mit regenerativen Anlagen sichergestellt werden könnten, wurden in die Ecke der Kapitalistenknechte, der Unverantwortlichen und politisch nicht Korrekten gestellt. Man hätte wohl auch den Energieerhaltungssatz von Julius Robert von Mayer oder die Newton'schen Gesetze durch Änderungsnovellen im Deutschen Bundestag gekippt, hätte man diese in Gesetzblättern vorgefunden.

Dass laufend eine beachtliche Zahl von Rechtsänderungen, wie das Gesetz zur Digitalisierung der Energiewende vom 29. August 2016, nochmalige Änderungen des Erneuerbare-Energien-Gesetzes, des Kraft-Wärme-Kopplungsgesetzes, des Energiesteuer- und des Stromsteuergesetzes, im Datenschutz, bei der Marktkommunikation, den Abläufen in der Abrechnung, dem Messstellenbetrieb etc., von den Unternehmen zu bewältigen sind, sei am Rande erwähnt. Abzuschätzen, was die weitere Digitalisierung in den kundenbezogenen Geschäftsprozessen und für die Entwicklung neuer Produkte und Dienstleistungen bewirken wird, ist ebenso Aufgabe der Geschäftsführungen wie die Abschätzung der Auswirkung neuer Technologien, auch mit Blick auf den neuen Trend des Politikziels der Sektorkopplung und bei Energiespeichern.

Wie positioniert sich ein Stadtwerk in Deutschland in diesem Politikumfeld?

Wie geht die Geschäftsführung eines Stadtwerks mit der Heterogenität ökonomischer und politischer Ziele um? Überrascht war ich von der Aussage in der «Ausgangslage» zu diesem Buchprojekt, wonach «Zurückhaltung bei der Definition der Eigentümerinteressen und der Strategiedefinition bei Politikerinnen und Politikern» festzustellen sei – ich meine, das Gegenteil beweisen zu können. Die operativ Verantwortlichen in den Stadtwerken stehen in

Deutschland in grosser Zahl unter einem gewaltigen Erwartungsdruck, modernistisch diffuse Politikziele zu erfüllen und doch gleichbleibende Erträge zu generieren. Energieversorgung müsse künftig nur noch regenerativ und dezentral sein. Wären es politisch eindeutige Ziele, denen die Geschäftsführungen folgen sollten, abgestützt auf entsprechendes Recht, so könnte dem im demokratischen Verständnis wenig entgegengesetzt werden. Es gilt das Primat der Politik. Regelmässig ist es jedoch Zeitgeist und das überlaute Tönen derer, denen Gesamtverantwortung weniger wichtig ist, als die Überbetonung von Umweltzielen. Dabei ist im Energiewirtschaftsgesetz eindeutig das Nebeneinander der Ziele «sicher, preisgünstig, verbraucherfreundlich» formuliert. Auch findet sich dort das Ziel der freien Preisbildung durch wettbewerblichen Marktmechanismus für den Sektor Elektrizität.

Die Geschäftsführung eines Stadtwerks steht vor der komplexen Aufgabe, die Herausforderungen des Wettbewerbs einerseits wie der Regulierung andererseits zu bewältigen und gleichzeitig die Ergebnisabführung beziehungsweise Gewinnausschüttung an den kommunalen Gesellschafter in der geplanten Höhe sicherzustellen.

Insoweit besteht der Anspruch der Geschäftsführung an die anderen Organe (Gesellschafterversammlung, Aufsichtsrat), dass von dort, oder idealerweise gemeinsam, erreichbare Ergebnisziele formuliert werden und die Steuerung der Gesellschaft dann über ergebnisorientierte Kennzahlen stattfindet. Selbstverständlich können solche Kennzahlen um nicht monetäre Ziele ergänzt werden; die Einhaltung gesetzlicher und anderer regulativer Rahmenbedingungen der Unternehmensführung (Corporate Governance), die Verpflichtung, Umweltschutzziele und solche der Nachhaltigkeit zu beachten, ebenso humane, also auf Kunden und Mitarbeiterinnen und Mitarbeiter bezogene, Ziele gehören selbstverständlich dazu.

Eine so gestaltete Führung eines Stadtwerks durch Gesellschafter und Aufsichtsrat als planende, koordinierende und kontrollierende Verhaltensbeeinflussung, um Ziele zu realisieren, sollte im privaten wie öffentlichen Unternehmen selbstverständlich sein.

Für die Geschäftsführung eines Stadtwerks wird es dann problematisch, wenn Teile der politischen Ebene regelmässig nicht die Stadt, vertreten durch den (Ober-)bürgermeister oder einen von ihm Bevollmächtigten, als Gesellschafter selbst, sondern Fraktionen des Gemeinderats meinen, kommunale Stadtwerke seien vorrangig dazu da, deren politische Ziele umzusetzen. Häufig geht es dann nicht nur um rein kommunalpolitische Interessen, sondern um «ökologische Energiepolitik zur Rettung des Weltklimas». Einzelne Fraktionen oder Mitglieder des Gemeinderats nehmen beispielsweise für sich in Anspruch, sicher abschätzen zu können, welches die geeigneten Technologien seien, um «die Energiewende» vor Ort am besten zu bewirken. Noch näher rücken die Probleme an die Geschäftsführung heran, wenn der Aufsichtsrat des Stadtwerks auf der Kapitalseite proportional zur Stärke der jeweiligen Fraktion des Gemeinderats besetzt ist und der Vorsitzende des Gremiums es zulässt, dass das Organ zur Plattform allgemeinpolitischer Erwägungen solcher Gruppen wird.

Dabei ist schon auf der Ebene des Gesellschafters, der Stadt, die Zielkonkurrenz zwischen (1) günstigen Energiepreisen für die Bürgerinnen und Bürger, (2) der Generierung von Einnahmen für den städtischen Haushalt oder die Querfinanzierung defizitärer Bereiche der Stadt sowie (3) ökologischen Zielen kaum zu leisten. Öffentlicher Personennahverkehr, Bäder und Kureinrichtungen, Tourismus, Kultur, andere freiwillige Leistungen, all dies wäre auf dem erwünschten Standard ohne die Mittelzuführung aus der wirtschaftlichen Betätigung der Stadtwerke regelmässig nicht darstellbar. Wenn dann noch sozialpolitische Aspekte oder die Verbesserung der lokalen Wertschöpfung durch die stärkere Einbindung örtlicher Marktpartner oder die Schaffung guter Arbeitsplätze vor Ort hinzukommen, ergibt sich eine Zielvielfalt und -konkurrenz, die eher einen Irrgarten beschreibt denn ein taugliches Führungsinstrumentarium für ein (kommunales) Unternehmen.

Neuerdings kommt dann noch der Wunsch der Politik zur Verbesserung der technologisch-informatorischen Lebensbedingungen der Bevölkerung durch Ausbau des schnellen Internets auch in jenen Stadtvierteln hinzu, in denen wegen fehlender Anschlussdichte («Nachfrage») jedes privatwirtschaftliche Unternehmen das Weite sucht. Die Erwartungen einer Stadt an ihre Gesellschaft unter dem Begriff des «Gemeinwohls» zu beschreiben, zeugt geradezu von einem romantischen Politikverständnis.

Dass die finanziellen und personellen Ressourcen eines Stadtwerks auch in der weiteren Zukunft eher beschränkt sind und das Unternehmen gut daran täte, sich auf seine Kernkompetenz zu beschränken, wird dabei häufig übersehen.

Die Orientierung an dem nebulösen Begriff des Gemeinwohls, neudeutsch auch die Demokratisierung der Steuerung kommunaler Unternehmen genannt, löst die Probleme der Geschäftsführung der Stadtwerke nicht, sondern vertieft sie. Globale Verantwortung, Umweltschutz, Nachhaltigkeit, Transparenz, Erschwinglichkeit einer Leistung für breite Bevölkerungsschichten, Erhalt von Qualitäts- und Sozialstandards, Geldquelle für den kommunalen Haushalt, für freiwillige Leistungen und anders nicht zu finanzierende kommunale Investitionen, das ist die Vielstimmigkeit eines Wunschkonzerts, das sich eine Stadtwerkegeschäftsführung regelmässig anhören muss. Es kann doch nicht nur darum gehen, politische Gestaltungsfelder in der Kür zu bedienen, für die aus Steuer- und Gebührenaufkommen keine Mittel da sind. Wirklich auflösbar ist also weder der Widerspruch zwischen Umweltzielen,

Fiskalinteressen und Bürgerinteressen, noch der Interessengegensatz zwischen Stadt und Stadtwerk in der für die Zukunftsfähigkeit eines Stadtwerks immens wichtige Frage der Gewinnthesaurierung oder -ausschüttung.

Was ist realistischerweise künftig von einem Stadtwerk zu erwarten?

Durch den Ausbau der regenerativen Energien und die Dezentralisierung der Erzeugung wird der Anteil des vom Netzkunden kleinteilig eigenerzeugten Stroms deutlich zunehmen. Die entsprechenden Strommengen gehen damit dem Verteilnetzbetreiber als Umsatzträger verloren. Gleichzeitig könnten E-Mobilität und E-Wärme die Lasten dramatisch wachsen lassen. Die Erlösentwicklung ist also selbst im Bereich «Verteilnetze» längerfristig nicht seriös planbar, da Mengen und Lasten kaum prognostizierbar sind. Wenn «Knappheit» den Preis bestimmt – und das wird in einem marktwirtschaftlichen System so sein –, dann werden Anbieter einer knappen Ressource den grössten Unternehmenserfolg haben. Deshalb stellt sich für Stadtwerke als Gruppe die Frage, welches die Produkte, Technologien und Dienstleistungen sind, die künftig knapp sein werden.

Abgesehen von marktverfälschenden staatlichen Eingriffen, die nicht abschätzbar sind, wird darüber die künftige Profitabilität der Anbieter im Energiebereich entscheiden.

Sicher wird der regulierte Bereich der Netze eigenen – ausserhalb der Marktmechanismen stehenden – Gesetzen folgen. Im natürlichen Monopol mit seinen regulierten Entgelten wird immer kostennah kalkuliert und bepreist werden (müssen). Allein das sich verändernde Verteilungsgeschäft wird für viele Stadtwerke aber nicht ausreichen, ihr heutiges Geschäftsvolumen abzusichern, zumal auch in den dazu unmittelbar komplementären Bereichen, dem Messen, Regeln und Abrechnen, Wettbewerb entsteht.

Wenn es also gilt, die Technologien und Dienstleistungen unternehmensstrategisch zu identifizieren, die künftig knapp sind, so sollte man sich – nicht politisch weichgespült, sondern ganz real – mit den Problemen der sogenannten Energiewende auseinandersetzen. Physikalische Gesetze lassen sich auch durch politische Beschlüsse, Ziele und Träume nicht ausser Kraft setzen, oder wie es Marc Oliver Bettzüge in seinem Leitartikel zur Handelsblatt Jahrestagung Energiewirtschaft 2015 schreibt:

«Gewinnen werden im globalen Wettbewerb diejenigen Technologien, die sich – weltweit! – als wirtschaftlich erweisen, nicht diejenigen, die den Ministerialen in deutschen Amtsstuben oder den Delegierten auf deutschen Parteitagen am besten gefielen. Und gewinnen werden diejenigen Gesellschaften, die schnell und effizient auf neue technologische Möglichkeiten und auf veränderte globale Rahmenbedingungen reagieren können.» Das Ergebnis der Abschätzung der technologischen Konsequenzen auf die Marktpositionierung ist für die Stadtwerke ernüchternd. Sie werden nach meiner Einschätzung in der Zukunft Beiträge für ihre Stadt in der Erstellung und Betreuung der hauptsächlich netzseitigen Infrastruktur leisten und in wenigen neuen dienstleistungsorientierten Geschäftsfeldern, die sie aber nicht selbst erfinden werden, sondern in die sie sich hineinentwickeln müssen, wenn sich nicht aus den Zielen der Sektorkopplung für den Wärmemarkt ein völlig neues Geschäftsmodell ergibt. Mehr wird im Zweifel nicht übrig bleiben. Selbst netzseitig werden die Herausforderungen gross sein. Die Positionierung in möglichen neuen Geschäftsfeldern im Kurzaufriss:

Insbesondere der durch starke Förderung bewirkte Ausbau von regenerativer Erzeugung im Wind verursacht eine weiter zunehmende Diskrepanz zwischen Verbrauch und Produktion, dem durch den Ausbau des Transportnetzes entgegengewirkt werden soll; hier werden Stadtwerke schon wegen abweichender regulatorischer Festlegungen keine Rolle spielen.

Auch im Erzeugungsbereich kommt Stadtwerken künftig wenig Bedeutung zu: An Grosskraftwerke mit langen Abschreibungsdauern denkt aktuell niemand mehr. Regenerative Investitionen haben Schwerpunkte bei Windenergie und Photovoltaik. Photovoltaikinvestitionen sind weit überwiegend privatwirtschaftlich geprägt (Aufdachanlagen auf Grossimmobilien im gewerblichen und landwirtschaftlichen Bereich oder Privathäusern, zunehmend mit Eigenverbrauch), Wind hat onshore weniger Zubaupotenzial und Windoffshore ist von besonderer Risikostruktur – Projekte für Stadtwerke werden deshalb schwierig zu identifizieren sein. Dezentralisierung, Digitalisierung und neue Technologien werden die Energiewirtschaft massiv verändern. Spezialisierte Unternehmen, die ihren Schwerpunkt im IT- und Digitalisierungsbereich haben, werden als Wettbewerber im Energiebereich entstehen und sich nicht einmal in der Abgrenzung zur Welt der Stadtwerke definieren, sondern völlig neu. Ob diese Unternehmen und Stadtwerke wechselseitig partnerfähig sind, ist sehr fraglich. Auch bei der Speicherung des Überschussstroms werden die Stadtwerke wenig Marktrelevanz haben. Anderes würde nur gelten, soweit aus der beabsichtigten Sektorkopplung eine Speicherung des Stroms auch im Wärmebereich erfolgt. Im Bereich der Elektrifizierung des Verkehrs werden Stadtwerke tendenziell auf die Herstellung der Ladeinfrastruktur reduziert werden. Power-to-X-Anlagentechnik wird zuerst von der energieintensiven Industrie angewandt werden, weil dort das Wissen und die Notwendigkeit bereits bestehen; für Stadtwerke würde es in diesem Segment dementsprechend starke Konkurrenz und daher kaum Wettbewerbschancen geben.

Selbst bei der Kundennähe, das heisst künftig der Organisation und der Koordination vieler «Prosumenten» und der Befriedigung individueller Kundenwünsche, werden, da es ein hartes, kleinteiliges, IT-getriebenes Geschäft ist, Spezialisten die Nase vorn haben. Erfolg hat hier nur, wer höchste Kundenzahlen generiert. Die Stadtwerke, die sich bisher durch ihre Kundennähe im Vorteil sehen konnten, laufen durch die Digitalisierung Gefahr, genau diesen Vorteil zu verlieren. «Smart Home» wird immer noch stark technologiegetrieben diskutiert; der Kundennutzen beziehungsweise Geschäftsmodelle orientiert am Kundennutzen sind immer noch nicht hinreichend absehbar. Neue Player auf dem Energiemarkt, das heisst bislang branchenfremde Anbieter von Produkten und Anwendungen, haben häufig einen erheblichen Vorteil durch gegebenenfalls globale Präsenz ihrer internetbasierten Produkte; sie brauchen weder regionale noch lokale Netzwerke. Auf die E-Mobilität zu hoffen, erscheint gewagt. Kommt sie in der Fläche überhaupt? In welchen Formen? Auf welcher Zeitachse? Mit welchen Geschäftsmodellen im Kilowatt- und Kilowattstunden-Bereich?

Es droht also, dass Stadtwerke auf diese Bereiche der «öffentlichen Daseinsvorsorge» schrumpfen und ihnen die Betreuung der Infrastruktur der Netze, also Planung, Bau, Betriebsführung, Instandhaltung, Regelung und Lastmanagement, bliebe. Hinzu käme gegebenenfalls der Bereich der Dienstleistungen für die lokalen Kunden, soweit solche nicht über Apps erbracht werden, sondern Servicekräfte oder eine Analyse und Beratung vor Ort erfordern. Die Kunst wird sein, solche Leistungen gegen Entgelt zu erbringen.

Wie wird eine vernünftige, zwischen den Organen der Gesellschaft abgestimmte Strategie entwickelt?

Neue Geschäftsmodelle für ein Stadtwerk in der schnellen Welt der Digitalisierung umsetzbar und durchsetzbar zu gestalten, ist herausfordernd. Dies gilt umso mehr, wenn darüber nicht auf der Ebene der Gesellschaft entschieden werden kann, sondern neben dem Aufsichtsrat auch noch politische Gremien auf der Ebene des Gesellschafters gefragt werden müssen. Darüber treten dann noch stärker politische Ziele mit ökonomischen in Konkurrenz. Es stellt sich deshalb die Frage, ob die Einbeziehung der politischen Gremien in die Strategieentwicklung unabdingbar ist. Die Vergangenheit hat gezeigt, dass es trotz der Notwendigkeit, Grossinvestitionen auch auf Gesellschafterebene genehmigen zu lassen, selten geschieht, dass auf dieser Ebene Fehler verhindert worden wären. Nur wenige Gemeinderäte haben zum Beispiel vor zirka 15 Jahren ihre Zustimmung zum Beitritt ihrer Stadtwerke zu (hoch riskanten) Kohlekraftwerksgesellschaften versagt. Und wenn sie es getan haben, dann regelmässig aus allgemein- oder umweltpolitischen Aspekten und nicht aus Gründen der ökonomischen Risikoabschätzung. Wenn dies so ist, so zeigt sich doch, dass diese Art von Zustimmungsvorbehalt nicht unbedingt geeignet ist (bei Kapitalmassnahmen ist er natürlich gemeinderechtlich unerlässlich). Eine Fehlentscheidung bleibt eine solche, auch wenn sie demokratisch legitimiert ist. Andererseits muss man einräumen, dass es im einen oder anderen Fall Oberbürgermeister als Aufsichtsräte waren, die den Mut hatten, den Ausstieg aus einem teuren Projekt zu erzwingen, obwohl die Geschäftsführung noch an dessen Fortführung glaubte.

Die Komplexität der Entscheidungen für die Gremien nimmt jedenfalls zu; hinzu kommt der Druck von verschiedenen politischen Seiten, das eigene Stimmverhalten in den Gremien der Gesellschaft in anderen Gremien vorabzustimmen oder zu rechtfertigen oder gar über diese Tür «Bürger» an den Entscheidungsprozessen zu beteiligen. Der vom Bundesgerichtshof bestimmte «Vorrang des Gesellschaftsrechts» wird von «bürgerbewegten» Kommunalpolitikern zunehmend weniger akzeptiert: Aufsichtsratsmitglieder, auch von Kommunen entsandte, handeln gemäss GmbH- und Aktiengesellschaftsgesetze jedoch stets persönlich, eigenverantwortlich und weisungsfrei, sofern keine anders lautenden Regelungen im Gesellschaftsvertrag getroffen sind. Die Kontrollrechte und Einwirkungspflichten der Kommunen auf Beteiligungsgesellschaften leiten sich zwar aus dem Rechtsstaats- und Demokratieprinzip sowie der kommunalen Selbstverwaltungsgarantie her. Allerdings führten diese Regelungen weder zur Modifizierung noch zur Suspendierung der bundesrechtlichen Regeln des Gesellschaftsrechts; dieses geht dem landesrechtlichen Kommunalrecht vor. Weisungsrechte kann es deshalb an Aufsichtsratsmitglieder nicht geben, deren Verschwiegenheitspflichten sind zu beachten.

Es ist eher zufällig, wie gut oder wie schlecht die kommunalen Vertreter im Aufsichtsrat einer Gesellschaft vorbereitet sind. Viel hängt an der Person selbst, die natürlich dann ganz stark von der Qualität der Information und Entscheidungsvorbereitung der Geschäftsführung abhängt. Soweit kritische Informationen von der Geschäftsführung nicht gegeben werden, müsste das Mitglied im Gremium dies schon durch eigene Analysen oder anderweitige Erkenntnisse bemerken; regelmässig wird nur das diskutiert, was als Entscheidungsvorlage auf der Tagesordnung ist. Subjektiv haben kommunale Vertreter in Aufsichtsräten von Stadtwerke-Gesellschaften einen hohen Einfluss und bezeichnen die Steuerungsintensität des Gremiums als intensiv. Meist sind bei Partnerunternehmen aber die Vertreter der Minderheitsgesellschafter aus der Branche besser informiert und damit vorbereitet, weil sie auf vorhandene Strukturen im Beteiligungscontrolling ihres Unternehmens zurückgreifen können.

Auch wenn eine Gesellschafterversammlung direkt oder unter Einbeziehung eines Ausschusses oder Aufsichtsrats die Geschäftsführung einer

Gesellschaft kontrolliert, so gibt es zwischen den Organen idealerweise doch eine gewisse Machtbalance. Jeder hat seine Rolle, jeder sollte vom anderen respektiert und geachtet werden. Eine Balance verträgt kein Übergewicht. Eine kommunal geprägte Gesellschafterversammlung oder ein Aufsichtsrat wird dann gegenüber einer Geschäftsführung hohes Gewicht haben, wenn sie von starken Unternehmerpersönlichkeiten geführt wird (auch entsprechenden Oberbürgermeistern). Ansonsten werden überwiegend mit Kommunalpolitikern besetzte Gremien damit leben müssen, dass die Geschäftsführung einen erheblichen Wissensvorsprung hat, nicht nur im Tagesgeschäft, sondern auch in der Einschätzung des Markts und zukünftiger Entwicklungen. Zu grösseren unternehmerischen Fehlentscheidungen ist es häufig dann gekommen, wenn eine fachlich oder methodisch schwache Geschäftsführung einem Aufsichtsgremium Entscheidungsvorschläge macht, die dort politisch gefällig sind.

So ist es ein gruppendynamisch schwieriger Weg, zu einer vernünftigen, zwischen den Organen der Gesellschaft abgestimmten Strategie zu gelangen.

Fazit

Die bisherigen Geschäftsmodelle der Stadtwerke funktionieren bald nicht mehr. Neue Produkte und Dienstleistungen können wegen des technologischen Wandels und der hohen regulatorischen Anforderungen nicht schnell genug aufgebaut werden.

Gleichzeitig werden die politischen Einflüsse immer stärker, die Promotoren umweltpolitischer Ziele immer lauter. Die Zielsetzungen der grossen Politik divergieren häufig mit den ökonomischen Interessen der Stadtwerke. Wenn sich die Geschäftsführungen der Stadtwerke darauf einlassen, statt ihre unternehmerischen Positionen zu vertreten, geht ihnen Zukunft verloren. Stadtwerkegeschäft ist lokal und schlicht nicht geeignet, globale Klimapolitik zu betreiben. Die Stadtwerkegeschäftsführungen seien gewarnt, politischen Trends und Schlagworten nachzulaufen, anstatt zu analysieren, worauf man sich tatsächlich angesichts der technologischen Entwicklung auf der Basis der vorhandenen Kompetenz und Potenziale der Führungskräfte und Mitarbeiter konzentrieren kann. Wenn sich der wirtschaftliche Erfolg aus neuen Geschäften nicht einstellt, ist es ihr persönlich zu vertretender Verlust, nicht derjenige der politisch Motivierten. Welches die neuen Geschäftsmodelle sein werden, ist noch längst nicht gesichert. Die Gefahr besteht, dass kommunale Unternehmen wieder auf «politisch erwünschte Geschäftsmodelle» hereinfallen. Ganz ohne Risiko wird es aber nicht gehen, sonst verdienen künftig jetzt noch branchenfremde Unternehmen das Geld im Energiebereich.

Interview mit Andreas Meyer

«Es ist leider eine Realität, dass man Zusammenschlüsse grösserer Art in guten Zeiten fast nicht hinbekommt, weil halt jeder für sein eigenes Tierchen schaut und nicht den ganzen Zoo im Blick hat.»

Ronny Kaufmann und Stefan Rechsteiner im Gespräch mit Andreas Meyer, CEO der SBB AG

Ronny Kaufmann: Welche Erwartungen und Anforderungen bestehen seitens Eigner, Politik und Öffentlichkeit an die Führung der SBB, sprich an Sie und Ihre Geschäftsleitung?
Andreas Meyer: Zentral ist, dass der Eigner in seinen strategischen Zielvorgaben sehr klar macht, was genau seine Erwartungen sind. In der Energieversorgung oder der Mobilität, aber auch ganz generell bei den öffentlichen Infrastrukturen braucht es eine ausgewogene Mischung von unternehmerischen Zielsetzungen und Aufgaben des Service public. Dabei ist es entscheidend, nicht allzu viel Interpretationsspielraum für die operative Führung staatsnaher Unternehmen offenzulassen, damit am Ende nicht jeder Stakeholder daraus Forderungen ableiten kann, in denen sich das Unternehmen verliert.
Ronny Kaufmann: Was heisst das konkret? Wie ist die aktuelle Situation hinsichtlich dieser Interpretationsspielräume in den strategischen Zielvorgaben an die SBB?
Andreas Meyer: Sie sind mittlerweile recht klar formuliert. Wir haben zum Beispiel die Zielvorgabe, im Rahmen der betriebswirtschaftlichen Möglichkeiten auch regionalen Anliegen Rechnung zu tragen. Damit ist in den letzten Jahren eine klare Priorisierung vorgenommen worden – im Rahmen der betriebswirtschaftlichen Möglichkeiten. Ergänzt mit der Erwartung, in den eigenwirtschaftlichen Geschäftsfeldern wie Fernverkehr, Cargo oder Immobilien eine marktübliche Rendite zu erzielen, gibt uns das recht klare Leitplanken.
Stefan Rechsteiner: Bei kantonalen und kommunalen Unternehmen ist es nicht selten, dass der Eigner zwar einen Service-Public-Auftrag an sein Un-

ternehmen stellt, aber diesen nicht bewertet. Wie ist das bei der SBB – gibt es bei Ihnen ein Preisschild für die Erwartungen rund um Ihren Service-Public-Auftrag?

Andreas Meyer: Nein, ein Preisschild für den Service public gibt es auch bei uns nicht. Wir haben aber Geschäftsfelder, die gesetzlich keinen Gewinn machen dürfen. Das müsste aber so sein. Wenn etwas bestellt wird, muss in diesem Mandat festgehalten werden, wer dies bezahlt – die Kunden oder die Steuerzahler. Als Beispiel kann ich hier den Betrieb und den Unterhalt des Schienennetzes oder der von Bund und Kantonen bestellte Regionalverkehr nennen. Es gibt darüber hinaus eine ganze Reihe von Erwartungen von Politik und Öffentlichkeit wie beispielsweise die Verpflichtung auf die Nachhaltigkeit oder einen fairen Dialog mit den Sozialpartnern. Das kann man ja nicht im Detail beziffern. Ich sehe es aber so, dass Unternehmen ohne eigene Verpflichtung auf soziale und ökologische Nachhaltigkeit, ohne eine eigene Verpflichtung auf das Gemeinwohl auch unternehmerisch langfristig keinen Erfolg haben werden.

Ronny Kaufmann: Wir machen im Energiesektor ähnliche Erfahrungen, insbesondere was die Mitausrichtung auf das Gemeinwohl sowie die Bedürfnisse und Erwartungen der Kundinnen und Kunden punkto Nachhaltigkeit betrifft.

Andreas Meyer: Das ist für mich klar. Die Verpflichtung auf Nachhaltigkeit hat irgendwo bei den Lebensmitteln begonnen. Jetzt habe ich vor kurzem sogar bei einer Uhren- und Schmuckmesse festgestellt, dass im Bereich des Edelstein- und Edelmetallhandels Zertifizierungen ausgestellt werden, die sicherstellen, dass zum Beispiel keine Blutdiamanten oder kein Raubgold verkauft wird. Es gibt ganz offensichtlich eine immer breitere Kundschaft, die bereit ist, einen nicht unerheblichen Aufschlag für Nachhaltigkeit und Fairness zu bezahlen. Das ist klar auch im Energiesektor zu erkennen. Darin sehe ich eine Chance für die SBB.

Stefan Rechsteiner: Die SBB hat den Bund als alleinigen Eigentümer. Der Bund ist aber gleichzeitig Wettbewerbshüter, Regulator, Preisüberwacher und natürlich Gesetzgeber. Und oft ist er auch Kunde. Wie gehen Sie als Chef der SBB mit diesen unterschiedlichen Rollen des Bundes um?

Andreas Meyer: Die SBB hat 2017 vom Bund 2,7 Milliarden Franken für den Betrieb und den Unterhalt des Schienennetzes, für Ausbauprojekte sowie für den Regionalverkehr erhalten. Das ist im Energiesektor wohl in dieser Form weniger der Fall. Bei der SBB ist klar, dass die Kontrolle über die eingesetzten Mittel hochprofessionell organisiert sein muss. Denn wenn man als Unternehmen so viel Geld vom Staat erhält, wäre es eine Illusion zu glauben, dass man damit nur unternehmerisch handeln kann. Man hat bekanntlich dieser Illusion beim missglückten Börsengang der Deutschen Bahn nachgeträumt in der Hoffnung, damit mehr politische Unabhängigkeit zu erreichen. Wer zahlt, befiehlt. So einfach ist das. Schwierig wird es, wenn in der Bundesverwaltung die einzelnen von Ihnen genannten Rollen vermischt werden, wenn also ein und dasselbe Amt bestellt, reguliert, kontrolliert und darüber hinaus noch Konzessionen erteilt. Es ist unerlässlich, dass genauso gründlich wie bei den öffentlichen Unternehmen auf Seiten der Verwaltung eine konsequente Funktionstrennung vorgenommen wird.

Stefan Rechsteiner: Es wird im Energiesektor immer wieder gefordert, dass die Aufsichtsgremien von Energieversorgern auch politisch zusammengesetzt werden sollen. Raten Sie davon ab?

Andreas Meyer: Es kommt darauf an, was der Eigentümer mit dem Unternehmen erreichen will. Wenn er will, dass es auch unternehmerisch geführt wird, dann muss der Verwaltungsratspräsident in Abstimmung mit den Eigentümern bestimmen, welche Kompetenzen es im Verwaltungsrat braucht. Da braucht es bei Energieversorgern sicher auch ein gutes Verständnis der politischen Zusammenhänge. Aber das darf nicht im Vordergrund stehen.

Ronny Kaufmann: Gibt es aus Ihrer Sicht vor diesem Hintergrund eine Rechtsform eines öffentlichen Unternehmens, die am besten für ein solches Führungsverständnis passt?

Andreas Meyer: Es ist zwingend nötig, dass man eine Rechtsform wählt, die eine gewisse Eigenständigkeit des Unternehmens und eine klare Verantwortlichkeit der Unternehmensführung unterstreicht. Das ist bei einer Aktiengesellschaft der Fall. Der Eigentümer muss garantieren, dass die Verantwortlichkeit klar definiert ist; und das in guten wie in schlechten Zeiten. Wir bei der SBB haben eine für uns angemessene Lösung gefunden: die spezialgesetzliche Aktiengesellschaft im Besitz des Bundes.

Stefan Rechsteiner: Es gibt bei einer Aktiengesellschaft wie der SBB eine politische Verantwortung, die dem Eigner zukommt, eine strategische des Verwaltungsrates und eine operative Verantwortung der Geschäftsleitung. Wie werden diese unterschiedlichen Verantwortungsbereiche im Alltag gelebt?

Andreas Meyer: Natürlich ist diese klare Trennung der Verantwortlichkeiten eine gute Orientierung. In Tat und Wahrheit tauscht man sich ständig informell zwischen diesen Gremien aus. Für diesen Austausch gibt es auch auf Bundesebene entsprechende Gefässe. An den sogenannten UVEK-Rapporten haben wir zum Beispiel regelmässigen Kontakt mit den für die SBB zuständigen Eignerbehörden. Dazu ein konkretes Beispiel: Als ich zur SBB kam, stieg die Verschuldung stark an. Der Cashflow spielte für den Eigentümer noch keine Rolle. Ich habe dann als CEO lange direkt mit dem Eigner an diesen UVEK-Rapporten darüber gesprochen, ob es nicht sinnvoll sei, ein Verschuldungsziel für die SBB einzuführen. Nach jahrelangen Diskussionen wurde das dann aufgenommen und politisch in den strategischen Zielvorgaben verankert.

Ronny Kaufmann: Ich habe bei Swisspower und bei der Schweizerischen Post die Erfahrung gemacht, dass die Vermeidung von Risiken nicht selten im Vordergrund bei Entscheidungen des Managements steht. Verpasste Chancen werden hingegen kaum vertieft beurteilt. Aus unternehmerischer Sicht sind aber die Folgen nicht ergriffener Chancen nicht weniger schädlich als die Folgen vermiedener Risiken. Man achtet in öffentlichen Unternehmen sehr darauf, möglichst keine Fehler zu machen. Wie erleben Sie das?

Andreas Meyer: Die grosse öffentliche Exponiertheit beziehungsweise wie bei der SBB die Abhängigkeit von öffentlichen Geldern betont in der Tat die Risiken mehr als die Chancen. Das sehe ich auch so. Das ist natürlich auch deshalb so, weil Pleiten, Pech und Pannen für grössere Auflagen in den Medien sorgen, als das gute Leistungen tun würden. Hier braucht es als Führungsperson eine dicke Haut, um das Unternehmen nicht über den Medienspiegel zu führen.

Ronny Kaufmann: Was heisst das nun für die Unternehmenskultur eines öffentlichen Unternehmens? Welche Führungsgrundsätze haben Sie vor diesem Hintergrund verankert?

Andreas Meyer: Wir haben ein ganz neues Organisationsreglement, in dem unsere «Zauberformel» abgebildet ist. Wir vertrauen darauf, dass sich unsere Führungspersonen an Leistung orientieren, und das mit hoher, selbstgesteckter Ambition, dass sie eigeninitiativ Verantwortung übernehmen, dass sie ihre Handlungsspielräume ausschöpfen und diese Freiräume auch ihren Mitarbeitenden geben. Wir setzen stark auf gegenseitiges Vertrauen. In der heutigen Zeit, in der mit neuen Technologien mit weniger mehr und dies erst noch besser und schneller erreicht wird, gibt es keine Alternative dazu in der Führung. Das bedeutet auch einen gewissen Kontrollverlust.

Ronny Kaufmann: Wie beurteilen Sie die Notwendigkeit für Kooperationen im Energiemarkt zwischen den Energieversorgern? Es gibt immer noch über 600 Energieversorgungsunternehmen in der Schweiz.

Andreas Meyer: Ich finde, dass man in der Schweiz Kräfte bündeln sollte, um auch über die Landesgrenzen hinaus erfolgreich sein zu können. Es ist leider aber eine Realität, dass man Zusammenschlüsse grösserer Art in guten Zeiten fast nicht hinbekommt, weil halt jeder für sein eigenes Tierchen schaut und nicht den ganzen Zoo im Blick hat. Es gibt einfach einen fehlenden Leidensdruck. Es geht uns in der Schweiz noch zu gut. Nehmen Sie die Städte. Deshalb hinken wir ja auch bei den smarten Citys so hinten nach. Einige Städte im Ausland stehen vor dem Versorgungs- oder Mobilitätskollaps, haben riesige Umweltprobleme. In diesen Zentren stellen sich Überlebensfragen. Meine Sorge ist, dass dieser Druck dazu führen wird, dass sie sich schneller entwickeln müssen, als wir das tun werden.

Ronny Kaufmann: Die energie- und klimapolitischen Ziele der SBB – sind das eigentlich Ihre Ziele oder die Ziele des Bundesrates?

Andreas Meyer: Die Zielvorgaben des Bundesrates sind diesbezüglich ziemlich pauschal. Wir sollen nachhaltig wirtschaften. Wir haben dann daraus unsere konkreten Ambitionen definiert. Das ist auch ein Wettbewerbsvorteil von uns. Wir sind nachhaltig. Das ist uns für den Personenverkehr, im Güterverkehr, aber auch bei unseren Immobilien sehr wichtig.

Führungsvakuum

Die Energiewirtschaft als Enabler der smarten Transformation

Prof. h. c. Dr. Chirine Etezadzadeh leitet das SmartCity.institute sowie weitere Start-up-Unternehmen und einen Verband. Während ihres Werdegangs arbeitete sie für einen deutschen Premium-Automobilhersteller, einen führenden amerikanischen Automobil-Zulieferer sowie als Unternehmensberaterin in der Energiewirtschaft.

Veränderte Umweltbedingungen und die Digitalisierung führen uns nicht nur in die Smart City, sondern machen auch die Energiewende unvermeidlich. Wer soll diese Transformation in den Kommunen treiben, und welche gesellschaftlichen, politischen und ökonomischen Anpassungen erfordert der Prozess im deutschsprachigen Raum? Diesen Fragen werden wir nachgehen und prüfen, welche Implikationen der bevorstehende Wandel für die Energiewirtschaft hat. Wir untersuchen, wie sich Stadtwerke und Energieversorgungsunternehmen im Kontext kommunaler Strukturen entwickeln sollten, um diese Phase der Veränderung zu überleben und zu gestalten.

Keine Transformation ohne Kooperation: Wer sind die Smart-City-Manager der Zukunft?

Unsere Umwelt verändert sich, und das wird weltweit spürbar. Der Klimawandel, Ressourcenknappheit, wachsende Bevölkerungszahlen, resultierende Migrationsströme und die Urbanisierung beeinflussen unsere Lebenswelt. Was können wir tun, um unser gewohntes Umfeld zu bewahren? Unsere Lebensweise ändern? Die konsumtiven Errungenschaften des gesellschaftlichen Fortschritts aufgeben? Ungern. Die aktuell erwogene Alternative heisst Smart City. Smartness repräsentiert die Lösung unserer Umweltprobleme und verspricht potenziell ein besseres Leben. Was für ein Leben das sein soll und wie wir dieses Leben erreichen wollen, ist unbestimmt. Klar ist, dass wir uns diesen Fragen jetzt stellen müssen, sofern wir für Europa und insbesondere für den deutschsprachigen Raum eine Lösung wollen, die unserer pluralistischen Vorstellung vom guten Leben entspricht.

Smart Cities mögen in den vergangenen Jahren mit der Entwicklung von Megacities assoziiert worden sein, doch betrifft das Konzept längst alle Kommunen. Grosse und kleine, wachsende und schrumpfende Kommunen sowie Städte und Gemeinden in Ballungszentren und im ländlichen Raum. Smart-City-Konzepte schliessen zudem – neben dem urbanen Kern einer Stadt – das sie umgebende Stadt-Land-Kontinuum ein, um zu sinnvollen Lösungen zu gelangen. Damit adressiert der Begriff Smart City die ganze Vielfalt der hiesigen Kommunen, samt ihrem Umland.

Smartness steht für Energie- und Ressourceneffizienz, langfristig für Kreislaufwirtschaft, für umfassende Nachhaltigkeitsziele und dementsprechend auch für Resilienz. Smartness steht ferner für Kooperation. Kooperation macht uns widerstandsfähiger. Wir brauchen sie für die gemeinschaftliche Bewältigung zukünftiger Aufgaben und für die Schaffung zukunftsfähiger Lösungen. Diese Lösungen entstehen durch Integration; jene von Produkten, Systemen und Prozessen mit Hilfe der Digitalisierung. Und so steht Smartness schliesslich auch für die technische und soziale Vernetzung, die wir benötigen, um die zuvor genannten Ziele zu erreichen.

Um als Kommune, unabhängig welcher Grösse, smart zu werden, brauchen wir eine Stadtverwaltung, die sich eine integrierte Stadtentwicklung zum Ziel macht und den Aufbau der smarten Stadt initiiert, koordiniert, monitort und die vielfältigen Gestaltungsprozesse konsolidiert. Damit der von der Verwaltung induzierte oder aufgegriffene Wandel von der Stadtgemeinschaft getragen wird, sollten die Bewohner frühzeitig in den Veränderungsprozess eingebunden werden.

Ausserdem braucht smarte Stadtentwicklung neben dem Ziel «smart» zu werden, eine individuelle Zielvorstellung, welche die Kommune positioniert, von anderen differenziert und im Wettbewerb erfolgreich macht. Schwerpunkte der Vision können gerade für kleinere Kommunen zum Beispiel eine besonders nachhaltige Lebensweise sein, im Bereich der Energieversorgung, Ernährung, Bildung oder auch im Gesundheitswesen liegen. Wesentlich ist, dass die Idee von der Stadtgemeinschaft also von allen städtischen Akteuren getragen wird und sämtliche Bewohner mit einbezieht.

Neben den sozialen Komponenten, welche die Realisierung einer Smart City beansprucht, werden wir sichere Versorgunginfrastrukturen benötigen. Diese müssen ausser den smarten Effizienz- und Nachhaltigkeitszielen auch die gewohnte Versorgungssicherheit erreichen. So gestalten wir unsere Versorgungssysteme nahezu dekarbonisiert, richtig dimensioniert, flexibel, effizient, interoperabel und resilient. Durch Nutzung der Digitalisierung werden sie zudem intersektoral vernetzt, integriert und ganzheitlich steuerbar arbeiten, was uns die kostensparende Realisierung von Synergien, Skaleneffekten, Verbund- und Dichtevorteilen ermöglicht. Allein das ist eine enorm anspruchsvolle Aufgabe. Noch anspruchsvoller wird sie dadurch, dass diese Systeme kontinuierlich Energie benötigen und, den smarten Zielen entsprechend, energetisch versorgt werden müssen.

Ganzheitlich betrachtet kommt eine Smart City ohne eine nachhaltige, sichere und bezahlbare Energieversorgung zum Erliegen und führt sich selbst und ihre Systeme ad absurdum. Damit wird klar, dass wir neben modernen Infrastrukturen vor allem eine (urbane) Energiewende realisieren müssen, um die smarte Transformation überhaupt erst möglich zu machen.

Nun stellt sich die Frage, wer diese Transformation starten soll. Unseres Erachtens sind es die heutigen Versorger der Kommunen, die diese Aufgabe mit politischer Unterstützung entschlossen gestalten sollten. Ihre Kompetenzen prädestinieren sie dazu, doch reichen diese allein nicht aus. Sie müssen um neue, kooperativ zu integrierende Fähigkeiten ergänzt und gezielt genutzt werden, um die gute Ausgangsposition der Versorger zu sichern.

Erfreulicherweise sind es genau diese gewachsenen Kompetenzen, die in ihrer Gesamtheit nur schwer von neuen Akteuren wie internationalen Softwareunternehmen oder Technologiekonzernen übernommen werden können. Doch können diese Unternehmen neuralgische Punkte der Versorgungsprozesse erobern, nämlich diejenigen, die unmittelbare Schnittstellen zum Kunden markieren. Hier stellen insbesondere softwareaffine Unternehmen eine Bedrohung dar, für die eine kundenzentrierte und datenbasierte Entwicklung von Produkten und Services sowie die Erstellung von ansprechenden Benutzeroberflächen eine Selbstverständlichkeit sind. Diese Unternehmen agieren ohne den Ballast des Overheads, von Kraftwerken und Anlagen und ohne die Bürde, Versorgungssicherheit gewährleisten zu müssen. Daher sind sie, selbst abgesehen von möglicherweise vorhandenen Zugängen zu grossen Nutzerzahlen, hinsichtlich der Zielerreichung schneller und effektiver als unsere Versorger.

Was sind also die Aufgaben eines Stadtwerks oder eines Energieversorgungsunternehmens (EVU), um sich in dieser Situation behaupten zu können? Betrachten wir exemplarisch das vielfältige Produktportfolio eines die Kommune umsorgenden Stadtwerks. Das Angebot und die Leistungen solcher Unternehmen begleiten den Stadtbewohner in manchen Fällen in allen Lebensbereichen und durch viele Lebensphasen bis hin zu seinen letzten irdischen Stationen, dem Bestattungsinstitut und ins eigene Grab. Zum einen weist uns das auf eine wirklich aussergewöhnliche Kundennähe hin, zum anderen sind die erbrachten Services folglich ein zentrales Element des städtischen beziehungsweise des lokalen Lebens. Im Hinblick auf die geschilderte Transformation wird es nun darum gehen, neben der sukzessiven Dekarbonisierung und Ressourcenoptimierung der eigenen Produkte und Services die Digitalisierung in die bisherigen Wertschöpfungsbereiche Einzug halten zu lassen. Wir ergänzen also klassische Geschäftsfelder um neue Services, integrieren Versorgungsinfrastrukturen und optimieren so ihre Steuerung und ihren Betrieb. Dies ist, wie in allen anderen Sektoren und Branchen, ein anspruchsvolles Unterfangen, zumal die klassischen Geschäftsprozesse und Rentabilitätserwartungen keinen dauerhaften Bestand haben und wir zudem kooperieren müssen, um die hierfür fehlenden Kompetenzen verfügbar zu machen.

Mit dem Ziel, die sinkende Profitabilität zu kompensieren, und um auch in Zukunft möglichst umfassende Versorgungsleistungen erbringen zu können, müssen wir neue Wertschöpfungsbereiche erschliessen. Vor diesem Hintergrund ist zu prüfen, wie sich der Begriff der Daseinsvorsorge verändert. Welche neuen Infrastrukturen werden gebraucht, und welche dieser Bereiche können wir durch die Nutzung unserer Kompetenzen und Aussenwahrnehmung glaubhaft erschliessen? Hierin liegt ebenfalls eine neue Herausforderung, denn zum einen machen wir diesen zweiten Schritt gleichzeitig mit der Weiterentwicklung unserer konventionellen Tätigkeitsfelder, zum anderen müssen wir zügig zusätzliche Kompetenzen und Kooperationen in neuen Arbeitsfeldern aufbauen. Es gilt, dabei schneller zu sein als konkurrierende Akteure, die in kleineren agilen Einheiten oder aus anderen klassischen Infrastruktursektoren heraus versuchen, das anvisierte Thema samt Kundenschnittstelle zu übernehmen.

Und schliesslich gibt es noch eine dritte Aufgabe, der sich unser Stadtwerk stellen muss. Wir werden aus allen beschriebenen mit der Digitalisierung verwobenen Geschäftsfeldern früher oder später Daten erhalten. Nicht überschaubare Datenmengen, sondern Massendaten. Dieses bevorstehende Informationsaufkommen müssen wir antizipieren. Wir müssen potenzielle

Datenquellen identifizieren, verfügbar machen und eingehende Daten in einer geeigneten Weise bündeln und aufbereiten, um sie grundsätzlich für eine sinnvolle Nutzung zugänglich zu machen. Ausserdem werden wir später aufgefordert sein, auf ihrer Basis Geschäftsmodelle zu entwickeln – sei es durch die datenbasierte Optimierung eigener Prozesse, sei es durch die datenbasierte Erbringung von Dienstleistungen oder durch eine koordinierte Erhebung, Bereitstellung oder die sichere Verwaltung der Daten. Auch für diesen dritten Schritt benötigen wir Kooperationen, potenziell mit Partnern, die gleichzeitig Wettbewerber sein könnten. Und es wird ersichtlich, dass wir diesen dritten Entwicklungsschritt bereits bei den ersten beiden Anpassungsschritten mitgestalten müssen. Das heisst, wir brauchen eine klare Vorstellung von dem Stadtwerk oder dem EVU der Zukunft, auf die wir koordiniert, entschlossen und ohne administrative Hürden hinarbeiten müssen. Diese Vorstellung könnte die eines Stadtwerks als Smart-City-Manager sein, das unter neuen Rahmenbedingungen nichts anderes tut als heute auch, nämlich die Stadt zu versorgen.

Warum ist dieses Vorgehen sinnvoll und wichtig für den Stadtbewohner, also für unsere Kunden? Wir sollten diese Prozesse initiieren, damit es andere nicht vor uns machen, Cherry-Picking betreiben und letztlich, womöglich als ausländische Unternehmen der Privatwirtschaft, die Hoheit über die Daten unserer Stadtbewohner erlangen. Um in diesem unumstritten globalen Wettbewerb eine Erfolgschance zu haben, müssen wir Produktentwicklung mit einer absoluten und aufrichtigen Bürgerzentrierung betreiben, den Kunden über unser Vorhaben aufklären und in den Prozess einbinden. Warum jedoch sollte der Kunde die Lösung eines kommunalen Unternehmens einer perfekt anmutenden, möglicherweise sogar kostenlos erbrachten Lösung anderer vertrauter Provider vorziehen? In der Regel entscheiden wir uns selbst im Falle eines negativen Austauschverhältnisses zwischen Komfort und Sicherheit für Ersteren. Eine mögliche Lösung kann lauten: weil wir den Kunden zum Teil unseres Vorhabens gemacht haben und weil er sich einem gemeinsamen Ziel verbunden fühlt. Das funktioniert dann, wenn nicht nur der Provider, sondern auch der Kunde davon profitiert.

Weltweit wollen alle Stadtbewohner das Gleiche: optimale Lebensbedingungen, möglichst für alle. Die Transformation muss in genau diese Ziele lokal erlebbar einzahlen, und sie wird ein Erfolg. Und damit wird schliesslich klar, warum die smarte Transformation und die Energiewende Hand-in-Hand mit der Stadtverwaltung erfolgen müssen. Die Massnahmen der Akteure und der Verwaltung befruchten sich gegenseitig. Keiner von ihnen wird es ohne den anderen schaffen. Transformation braucht Kooperation. Stadtwerke und Kommunen sollten sich gegenseitig dazu auffordern, den Prozess zu starten.

Gibt es die Digitalisierung eigentlich auch mit deutschem Happy End? – «Well, there's no such thing as a free lunch»

Die Umweltbedingungen und die smarte Transformation mitsamt der Energiewende verlangen uns also neue Lösungen ab, Innovationen und Geschäftsmodelle. Gleichzeitig bringt die Digitalisierung, die wir in Zusammenhang mit unseren Herausforderungen als Enabler sehen, neben einem steigenden Energiebedarf Veränderungen mit sich, denen wir unsere Aufmerksamkeit schenken sollten. Einige ausgewählte Aspekte sollen im Folgenden Erwähnung finden.

Transparenz – Vertrauen – Privacy
Zum einen generiert die Digitalisierung ganz allgemein gesprochen Transparenz. Diese Transparenz wird häufig mit positiven Aspekten wie zunehmender Gerechtigkeit und Freiheit des Wissens verknüpft. Sie soll auch Kunden besserstellen und durch bessere Marktverhältnisse positiv auf deren Konsumentensouveränität einzahlen. Konsequent durchdacht ist die digital geschaffene Transparenz aber nicht ausschliesslich begrüssenswert, da sie sich mit einer starken Asymmetrie paart. Die Profiteure der Transparenz sind weniger die mündigen Konsumenten als die zahllosen Anbieter digitaler Lösungen, die regelmässig sehr viel mehr über ihre Nutzer wissen, als dies umgekehrt der Fall ist. Dieser Umstand führt dazu, dass das Thema Vertrauen in Geschäftsbeziehungen eine neue Relevanz erfahren wird. Konkret bedeutet das, dass die Kluft der asymmetrischen Kontrolle für heimische und bewährte Unternehmen grosses Wertschöpfungspotenzial birgt. Ein Anbieter, der diese Lücke schliesst und dem Nutzer bei nahezu gleichem Komfort eine Lösung anbietet, die ihm die Kontrolle über seine Privatsphäre zurückgibt, wird im Wettbewerb gewinnen und kann eventuell sogar ein Preispremium erzielen.

Vermessung der Welt – Selbstvermessung – vermessen werden
Eng damit verknüpft ist der Umstand, dass die Digitalisierung zur Spiegelung und Vermessung der Welt beitragen wird. Da im Menschen eine Tendenz zur Selbstoptimierung angelegt ist, führt die Option des Vermessens dazu, dass sich einige Individuen der Selbstvermessung widmen. Sobald das Vermessenwerden dann auch in die Arbeitswelt Einzug hält, ist dies eine Vollbremsung für Kommunikation, Kreativität, Kooperation und Innovation. Von hier aus ist es kein grosser Schritt, auch im Privatleben vermessen zu werden. Zunächst als vermeintliche Hilfestellung, später als Option, um in den Genuss von Vorteilen zu kommen und schliesslich als gute Bürgerpflicht. In manchen Ausprägungen, wie Social-Credit-Point-Systemen, haben solche Ansätze bereits

heute eine Tendenz zur Gleichschaltung. In jedem Fall stehen sie für einen Verlust der individuellen Freiheit. Wir müssen heute entscheiden, ob wir diese Entwicklungen zulassen möchten und wie weit wir diese Entwicklungen mit unseren Produkten und Services unterstützen wollen.

Industrie 4.0 – Jobverlust – Lösungen
Der Vermessung folgt die Optimierung. Die Industrie 4.0 wird durch die Möglichkeiten der Digitalisierung nicht nur einzelne Produktionsprozesse, sondern gesamte Wertschöpfungsketten optimieren. Deutschland ist Erfinder der Industrie 4.0 und hat in diesem Sektor grosse Chancen, die heutige marktbeherrschende Stellung des Landes in den korrespondierenden Sektoren fortzuführen. Dennoch wird mit der Automatisierung, der Autonomisierung und Industrie 4.0-Anwendungen ein Verlust von Arbeitsplätzen einhergehen. Menschen werden ihre Aufgaben, ihre Beschäftigung und ihr Auskommen verlieren. Was machen diese Menschen in Zukunft? Das Silicon Valley hat darauf eine Antwort. Wir können uns in Zukunft mit all dem beschäftigen, was uns Spass macht, und spielen. Dabei generieren wir Daten, die möglicherweise gepaart mit einem Grundeinkommen unser Auskommen sichern und uns weiterhin Kaufkraft verleihen. Ohne diese wäre der Konsumkreislauf gestört, was negative Implikationen für die Unternehmen hätte, ausser man unterstellt den Technologiekonzernen noch weitergehende imperialistische Ziele als das Streben nach Marktanteilen. Was sich Politik und Gesellschaft, aber insbesondere die Kommunen an dieser Stelle fragen sollten, ist, wie wir mit diesem vorhersehbaren und sicherheitsrelevanten Entwicklungsschritt umgehen werden. Wie richten wir unsere Bevölkerung, unser Gemeinwesen und unsere sozialen Sicherungssysteme darauf aus? Wo ersetzen wir menschliche Arbeitskräfte durch Maschinen und wo wollen wir dies vermeiden? Auch hier bieten sich Chancen für EVU und Stadtwerke mit lokaler Verankerung und Aufgaben für Kommunen. Es gilt, neue Jobs zu schaffen durch neue Lösungen im Bereich der Smart City, die sich möglicherweise ohne grosse Gewinne tragen, aber Menschen in Beschäftigung halten und eine Aufgabe geben.

Sicherheitsverlust – Kundenvertrauen – resiliente Lösungen
Mit der Einführung der Digitalisierung und der Energiewende geht potenziell Versorgungssicherheit verloren. Instabile Telefonverbindungen, Systemausfälle aufgrund technischer Störungen und Angriffe auf unsere Infrastrukturen machen diesen Umstand täglich erlebbar. Kommunale Unternehmen und EVU der Regionen und Länder stehen seit Jahrzehnten für Sicherheit und bekommen von ihren Kunden grosses Vertrauen entgegengebracht. Dieses Vertrauen kann – wie eingangs bezogen auf das Thema Transparenz beschrieben – angesprochen werden, um auf Basis der gewachsenen Kompetenzen

vertrauenswürdige Produkte zu schaffen, die den hiesigen Sicherheitsansprüchen, den genannten Ansprüchen an Privacy und digitaler Resilienz genügen. Richtig genutzt, kann so ein Wettbewerbsvorteil gegenüber transatlantischen Unternehmen realisiert werden, die andere Ziele verfolgen und zudem selbst in sicherheitskritischen Arbeitsfeldern Produkte in Beta-Versionen launchen.

Komplexität – Kooperation – künstliche Intelligenz
Die zu schaffenden Systeme einer Smart City sind in der Regel integrierte, vernetzte Lösungen, deren Entwicklung, Implementierung, Betrieb und Output ein hohes Mass an Komplexität erzeugen. Dieses durch die Digitalisierung entstehende Mass an Komplexität ist uns nicht vertraut und ist schwer beherrschbar. Zudem ist auch der urbane Kontext, in dem wir agieren und für den wir entwickeln, hochkomplex. Die Konsequenz dieser vielfachen Komplexität ist zum einen der bereits hergeleitete Kooperationsbedarf konventioneller Unternehmen und zum anderen der sich ergebende Bedarf an künstlicher Intelligenz (KI). Hinsichtlich der Entwicklung von KI, für die wir ebenfalls Rahmenbedingungen entwickeln müssen, hat insbesondere Deutschland sehr gute Startvoraussetzungen. Allerdings machen aktuelle Nachrichten zu den internationalen Milliardeninvestments und Chinas kommuniziertes Ziel, bis 2030 Weltmarktführer im Bereich der KI zu werden, skeptisch, wie lange wir diese Position werden halten können. Sowohl die Innovatoren der USA als auch Chinas planen, Verwaltung und Governance durch KI zu ersetzen. Hierzu müssen wir uns eine Meinung bilden und, wie von der EU vorgesehen, entsprechende ethische Grundlagen schaffen.

Neuer Handlungsraum – zielführende Gestaltung – Innovationsbedarf
Es ist also zu erkennen, dass die Digitalisierung tiefgreifende Veränderungen mit sich bringt, aus welchen ein neuer Handlungsraum resultiert. Diesen gilt es, für Europa und insbesondere für den deutschsprachigen Raum zu gestalten. Hierfür benötigen wir einen gesellschaftlichen Diskurs, in dem wir klären, welche Werte wir in diese Gestaltung einfliessen lassen und welche Aspekte unseres gesellschaftlichen Zusammenlebens und des Menschseins wir uns bewahren möchten. Wir brauchen nationale und europäische Zielvorstellungen darüber, wie wir uns international positionieren wollen, ethische Rahmenbedingungen, politische Entschlossenheit und im Bereich der Wirtschaft ein hinreichendes Mass an Innovationsfähigkeit, um zielführende Lösungen hervorzubringen. Dann gibt es eine Chance auf ein Happy End.

Wie innovationsfähig sind wir?

Wenden wir uns der Innovationsfähigkeit unserer Gesellschaft zu. Innovationsfähigkeit erfordert, dass wir zum einen Innovationen schaffen, zum anderen Innovationen zulassen. Das Schaffen von Innovationen kann durch gesellschaftliche Voraussetzungen stimuliert oder gehemmt werden. Eine zentrale Innovationsquelle ist das Unternehmertum.

Die Entscheidung, ein Unternehmer zu werden, der zudem innovative Produkte hervorbringen möchte, setzt einen bestimmten Typus Mensch voraus, ein gewisses Kompetenzset und auch Risikofreude. So hörte man in den vergangenen 40 Jahren, wenigstens von deutschen Kindern, Schülern, Studierenden oder Arbeitskollegen, sehr selten, dass jemand einmal ein Unternehmer werden möchte. Das ist auch nachvollziehbar, denn Menschen wie die Herren Daimler oder Benz wurden zu ihren Lebzeiten schliesslich nicht als Gründer eines Weltkonzerns wahrgenommen, sondern blieben lange Zeit visionäre Tüftler, die mit wirtschaftlichen Herausforderungen zu kämpfen hatten.

Ende des 20. Jahrhunderts und noch in den 2000er-Jahren war eine Unternehmensgründung keine echte Karriereoption. Alleine deshalb nicht, weil sich ein solches Vorhaben nicht mit den von den Konzernen erwünschten «glatten» und eher schmalspurig ausgerichteten Lebensläufen vereinbaren liess. Mal abgesehen vom fehlenden deutschen Risikokapital, insbesondere im Bereich der Frühphasenfinanzierung, deren IT- und Life-Science-Keimlinge der 1990er-Jahre nach der Dotcom-Blase weitgehend verschwunden sind, ist natürlich auch das unternehmerische Scheitern in Deutschland kein akzeptierter Erfahrungswert, sondern ein Aussonderungskriterium. Schliesslich sei noch das Konzept des sozialen Entrepreneurships erwähnt, das im deutschsprachigen Raum völlig schemenhaft bleibt.

Neben zahlreichen soziokulturellen Aspekten, die mit einer Unternehmensgründung zusammenhängen und die den Schritt dazu nach wie vor erschweren, müssen wir feststellen, dass wir uns, zumindest in Deutschland, in einem zwar technik- und fortschrittsgläubigen, aber nicht digitalisierungsaffinen Umfeld bewegen. Ein Umstand, der das Vorhaben, digitale Geschäftsmodelle zu entwickeln, nicht unbedingt stützt. Im Gegensatz zur sehr technologieoffenen Haltung in weiten Teilen Asiens fragt man sich in Europa an vielen Stellen noch, wozu die Digitalisierung konkret benötigt wird, denn im Grunde funktioniert ja alles recht gut und sicher. Mit Blick auf die Smart City kommt hinzu, dass die bislang kommunizierten Angebote der Digitalisierung, wie smarte Thermostate, «intelligente» Mülltonnen und Leuchtmaste, aus Sicht der Bürger nicht eben überwältigende Angebote darstellen. Um als Zielkonzept gesamtgesellschaftlich an Attraktivität zu gewinnen, sollte die Digitalisierung deshalb auch ausserhalb privater Anwendungsfelder stärker dafür verwendet werden, erlebbaren Kundennutzen zu gestalten.

Durch die Informationstechnologie wurde es immer mehr Menschen möglich, mit persönlichem Wissen und einem überschaubaren Investment Entwicklungsarbeit zu starten. Vorbilder wie Bill Gates, später Steve Jobs und schliesslich die grossartigen Berichte aus dem Silicon Valley haben längst auch in Deutschland den schwächelnden Gründergeist wiederbelebt. Programmierer haben im Zeitverlauf vor allem im Bereich des Gamings gearbeitet, an der Entwicklung des Internets, am Ersatz konventioneller Medien und spätestens seit der Erfindung des iPhones an der Entwicklung von Apps. Während zwischenzeitlich die Internetblase zahlreichen deutschen Unternehmen massive Probleme bereitet hat, haben sich amerikanische Unternehmen des Silicon Valleys kontinuierlich weiterentwickelt. Durch die Geschwindigkeit dieser Entwicklung in den USA und das wahrlich enorme Prosperieren der zentralen amerikanischen Technologiekonzerne entsteht in Europa ein massiver Entwicklungsdruck und ein Innovationssog, der jetzt in den hiesigen Unternehmen spürbar wird. Die Blockchain-Technologie wird diese Entwicklungen durch die aktuell stark genutzten immanenten Finanzierungsmöglichkeiten der Technologie (z. B. ICOs) beschleunigen.

Erfreulicherweise wächst, angesichts der Bewunderung für das Silicon Valley, zwischenzeitlich auch in Deutschland das Interesse daran, die Situation von Unternehmensgründern zu verbessern. Dennoch bleibt das Gründen im Vergleich zu anderen Regionen anspruchsvoll. Zahlreiche administrative, fiskalische, arbeits- und gesellschaftsrechtliche Anforderungen sowie fehlende Infrastrukturen stellen angehende Entrepreneure vor die Frage, ob sie das Vorhaben einer Gründung überhaupt bewerkstelligen können. Abgesehen davon, dass diese Anforderungen zeitaufwendig sind und Innovatoren von ihrer eigentlichen Arbeit abhalten, fehlt vielen zum Beispiel technisch-orientierten Gründerinnen und Gründern schlicht die Ausbildung zu deren Bewältigung. Schliesslich fehlt, wie gesagt, der Zugang zu Kapital, und Fördermittel sind für die bereitgestellten Summen in der Beantragung zu aufwendig und hinsichtlich der Förderungsziele nicht vielfältig genug. Trotz allem bringen Start-ups immer wieder exzellente Leistungen hervor, die dann aber den Weg in die Nutzung finden müssen.

Und wie steht es um die Innovationsfähigkeit etablierter Unternehmen im deutschsprachigen Raum? Aktuelle Ereignisse lassen vermuten, dass es disruptive Innovationen in Grosskonzernen nicht leicht haben, obwohl massgebliche Entwicklungen von diesen Konzernen getragen werden. Es ist die Funktionsweise dieser Unternehmen, die uns erfolgreich gemacht hat und dazu befähigt, exzellente Produkte mit weltweit geschätzten Qualitätsmerkmalen hervorzubringen. Der «gute Mitarbeiter» dieser Organisationen hat dabei die ihm zugeschriebene Funktion erfüllt, seine Aufgaben innerhalb der vorgegebenen Zeit bewältigt, keine Überstunden angesammelt und möglichst keine Reisekosten verursacht. Das Denken innerhalb von definierten Systemen und Hierarchien hat dieses Erfolgsmodell gestützt. Unternehmerisches Denken wurde nicht ernsthaft eingefordert, ausser um einen kontinuierlichen Verbesserungsprozess zu pflegen und Effizienzbestrebungen gerecht zu werden. Beides wird nach wie vor von einem Shareholder-Value-getriebenen, kurzfristig orientierten Managementansatz eingefordert.

Diese konventionellen Unternehmenskulturen, deren Management, Lobbys und Verbände halten die beschriebene Arbeitsweise aufrecht. Die Stärke dieses Systems liegt in einer stetigen, evolutionären Entwicklung und Optimierung von Lösungen und weniger im Hervorbringen zahlreicher, vielfältiger, widersprüchlicher und revolutionärer Innovationen, die in den letzten Jahren vergleichsweise plötzlich zu einer unternehmerischen Zielgrösse wurden. Das Hervorbringen solcher disruptiver Neuerungen erfordert allerdings Raum, Zeit sowie die Möglichkeit, neue Wege einzuschlagen und sie nach kurzer Zeit wieder verwerfen zu können. Kreativität kann man nicht anordnen. Sie setzt mehr voraus als die neuerdings geschaffenen bunten Räumlichkeiten, eine luxuriös-verspielte Start-up-Atmosphäre und einen Satz Legosteine. Die beschriebene Innovationsfähigkeit erfordert eine Kultur der Offenheit, eine entsprechende Führung, die Innovationen zulässt, und Menschen, die sich darauf einlassen.

Der deutsche Mittelstand bietet offenbar solche Gegebenheiten und ist hoch innovativ, hat aber im Vergleich zu amerikanischen und chinesischen Wettbewerbern einen kleinen und eher verschlossenen Heimatmarkt. Zudem sind die hiesigen Entwicklungskosten hoch und tendenziell adressieren die Innovationen andere Schwerpunkte, als es zum Beispiel amerikanische Unternehmen tun. Das heisst, dass wir neben der Weiterentwicklung unserer klassischen deutschen Kompetenzen zum Beispiel im Bereich von Industrie 4.0 im gesamten deutschsprachigen Raum und in Europa Schlüsselthemen der Digitalisierung besetzen müssen, die im internationalen Wettbewerb unsere Selbstbestimmung sichern. Die Kompetenzen und das Potenzial sind da, aber wir müssen sie so entschieden nutzen, wie es unsere Wettbewerber tun.

Was bedeutet das alles für kommunale Versorgungsunternehmen? Der Wandel vom kommunalen Unternehmen zu einer innovativen Hochleistungsorganisation dürfte eine Überforderung darstellen. Doch die Richtung stimmt. Kleine, interne, innovative Organisationseinheiten, die keine realitätsfremden Ziele formulieren und die Belegschaft überfordern, sondern welche die Belegschaft aufklären, weiterbilden und einbinden, können ein guter Schritt auf dem Weg in die Zukunft sein. Trotz all den Schwierigkeiten, die sich einem Versorgungsunternehmen offenbaren, hat es doch auch zwei unermessliche Vorteile. Zum einen können sich insbesondere kommunale Unternehmen in Abstimmung mit der Stadt von einer kurzfristigen Ergebnisorientierung lösen, zum anderen haben sie eine lokale Verankerung und eine daran geknüpfte Aufgabe. Unsere Versorger werden gebraucht. Ein Entwickler muss sich eine Aufgabe suchen, was offensichtlich kein leichtes Unterfangen ist. Der Versorger muss gegebene Aufgaben «lediglich» optimal erfüllen und vor Ort einen positiven Beitrag leisten.

Um die Entwicklung von Produkten und Services voranzutreiben, können kommunale Unternehmen auch mit limitierten Mitteln handlungsfähig werden, indem sie gemeinschaftlich komplementäre Kooperationen oder horizontale, skalierende Kooperationen für die Entwicklung nutzen. Dies kann, wie bereits geschehen, im Bereich von geteilten Serviceplattformen im operativen Geschäft stattfinden, im Feld von Produkten und Services im Bereich der Energiewende, im Feld der erweiterten Daseinsvorsorge oder bei der Gestaltung von Datenplattformen und den zugehörigen Infrastrukturen. Plattformen, Services oder White-Label-Produkte können von grösseren Stadtwerken eigenen Beteiligungsunternehmen oder kleineren Stadtwerken angeboten werden. Andererseits können Stadtwerkverbünde, zum Beispiel in ländlichen Regionen, durch das Teilen von Kosten und Wissen dazu beitragen, Zukunftsthemen zu erschliessen, ohne sich dabei gegenseitig zu behindern. Gerade durch Partnerschaften im ländlichen Raum oder innerhalb fragmentierter Ballungsgebiete kann der Gegentrend zur Urbanisierung, den wir in Deutschland erwarten, aktiv gestaltet werden.

Durch Kooperationen können die Versorger Herausforderungen der Zukunft bewusst adressieren, wie beispielsweise den demografischen Wandel, die Singularisierung oder neue Lebensweisen. Das Problem ist, dass die Summe individuell optimierter Geschäftsmodelle nicht automatisch eine lebenswerte Stadt ergibt. Dies könnte der Fall sein, doch ist dieses Ergebnis sehr unwahrscheinlich, da eine Stadt mehr ist als die Summe optimierter Prozesse. Es gibt also keine unsichtbare Hand, die die Stadtentwicklung automatisch zum Guten führt. Wenn es eine solche gäbe, dann müsste sie geführt werden.

Was wir brauchen, ist die eingangs erwähnte gemeinschaftliche Vision von unserer Stadt. Auf Basis dieser Vision sollten wir in der Stadt klären, wer welche Aufgabenbereiche übernehmen kann, damit das Gesamtbild gemeinsam erreichbar wird. Versorgungsunternehmen sind bei solchen Entwicklungen klar im Vorteil. Sie stehen neben den beschriebenen Kompetenzen für Sicherheit, geniessen das Vertrauen ihrer Kunden und sind lokal verankert. Ihre Aktivitäten sind unmittelbar erfahrbar, schaffen Jobs, Entlastung und Verbesserung. Die Tatsache, dass die Versorger den Visionsprozess mitgestalten und auch an der Aufgabenverteilung unmittelbar mitwirken, ist ein weiterer Vorteil. Das Problem ist, dass sich viele der zu bewerkstelligenden Aufgaben zunächst oder gar nicht amortisieren werden. Zugunsten der eigenen Positionierung müssen wir sie aber dennoch realisieren, da diesen Schritt sonst andere tun.

Von der Vision zur Good Governance. Der gemeinsame Weg ist das Ziel. Wer führt?

Die im Rahmen dieses Artikels beschriebenen Zusammenhänge zeigen auf, warum das Thema Führung für den Transformationsprozess sowohl im Bereich der EVU als auch auf Seiten der Kommunen von grösster Bedeutung ist. Das vorliegende Buch befasst sich mit der Governance der Energiewende. Lassen Sie uns deshalb resümieren, welche Implikationen das Gesagte für die Energiewirtschaft hat.

Wir haben festgestellt, dass sich unsere Umweltbedingungen ändern, weshalb Smart Cities relevant und, als deren Voraussetzung, die Energiewende unerlässlich werden. Es wurde beschrieben, wie sich Versorgungsunternehmen unter diesen Rahmenbedingungen in drei anspruchsvollen Schritten verändern müssen, um zukunftsfähig zu bleiben. Anschliessend wurden ausgewählte Aspekte der Digitalisierung vorgestellt und in Handlungsoptionen für Stadtwerke und EVU überführt.

Durch die Ausführungen sollte deutlich geworden sein, dass sowohl die aus den Umweltveränderungen resultierenden Bedingungen für die Energiewirtschaft, als auch die Implikationen der Digitalisierung, eine neue Governance erfordern. Diese Governance braucht ein klares Bild von den beschriebenen globalen Entwicklungen und ein tiefgehendes Verständnis der daraus resultierenden Verantwortung. Die grossen Chancen der Energiewirtschaft und überlebenswichtige Handlungsbedarfe müssen erkannt, koordiniert bewertet, in ein einheitliches Zielsystem überführt und systematisch erschlossen werden. Dieser Prozess muss partnerschaftlich zwischen der Kommune und dem Versorgungsunternehmen erfolgen und erfordert daher ein gemeinschaftliches Zielsystem sowie dessen gemeinsame Umsetzung.

Was setzt das für Führungspersönlichkeiten voraus? Die Transformation erfordert hervorragend informierte und leidenschaftlich arbeitende Persönlichkeiten, die sich das langfristige Überleben der eigenen Organisation und die Lebensqualität innerhalb der Kommune zur Aufgabe machen. Sie erfordert Menschen, die sich ihrer vielfältigen hier geschilderten Verantwortung bewusst sind. Die Governance muss geprägt sein von Offenheit, Kommunikationsfähigkeit, Aufrichtigkeit und Verlässlichkeit. Dies eröffnet einerseits den Zugang zu Informationen und ermöglicht andererseits die notwendige intersektorale Netzwerkarbeit und die so wichtigen vielfältigen Kooperationen. Die Führung muss in der Lage sein, internationale Entwicklungen zu verstehen, zu antizipieren und die resultierenden Implikationen für den eigenen Wirtschaftsraum, die eigene Kommune und die eigene Organisation abzuleiten. Diese Transferleistung muss erbracht werden, ohne blind jedem Trend zu folgen, mit Blick auf die Leistungsfähigkeit der Organisation und Kommune sowie ohne eine selbstbezogene Besitzstandswahrung in Bezug auf Kooperationsmöglichkeiten.

Im weiteren Verlauf der Ausführungen sprachen wir über unsere Innovationsfähigkeit. Es wurde deutlich, dass wir aktuell nach Innovationen suchen, die unternehmerisches Denken, Gestaltungsfreiraum und Kreativität voraussetzen. Die Organisationsformen unserer Grosskonzerne, ein von Quartalszahlen getriebener Managementansatz, die Effizienzbestrebungen des Lean Managements und das zunehmende Vermessen unserer Arbeitsleistung wurden dabei als Innovationshürden identifiziert, die dem Zulassen von Innovationen entgegenwirken.

Wir stellten fest, dass sich auch Versorgungsunternehmen, gestützt durch die Eigentümer, zu Innovationsorganisationen beziehungsweise zu Trendsettern eines neuen datengestützten Wirtschaftssystems entwickeln müssen. Dies erfordert wirtschaftlichen Spielraum, angepasste Renditeerwartungen und Führungsraum, der es dem Management erlaubt, das Unternehmen strategisch auszurichten.

Führung muss Räume schaffen, in denen Innovation passieren kann und die das Erproben und Verwerfen von Lösungen zulassen. Die Führung muss Vorbild sein und vorleben, welche Haltung die bislang eher verwaltende Organisation nun einnehmen muss. Persönlichkeiten mit einem tiefen Marktverständnis, klaren Zielvorstellungen, Engagement, Involvement, Integrationsfähigkeit, Mut, Kompetenz, Wissensdurst, Durchhaltevermögen und Leidensfähigkeit werden Mitarbeiter beeinflussen und dazu motivieren können, Veränderungen einzuleiten. Gewachsene unternehmerische und technische Fähigkeiten sind dabei von grossem Vorteil, doch wiegen die Fähigkeit, ganzheitlich und abstrakt zu denken, sowie Urteilskraft und Erkenntnisfähigkeit schwerer.

Schliesslich gibt es aber auch gesellschaftliche Rahmenbedingungen, die unsere Arbeitswelt verändern, was ebenfalls Einfluss auf die Governance hat. Nehmen wir einmal an, wir wollten die beschriebenen Entwicklungen starten. Werden wir in und ausserhalb unserer Organisationen Mitarbeiter finden, mit denen wir diese Prozesse umsetzen können? Der demografische Wandel wird zu einem relativ abrupten Abfluss von Erfahrungswissen führen. Gleichzeitig nehmen viele junge Arbeitnehmer eine neue Haltung in Bezug auf ihre Arbeit und Lebensgestaltung ein. Die Arbeit muss Sinn stiften, erfüllend sein und sollte gleichzeitig nicht zu viel Lebenszeit beanspruchen. Für Unternehmen heisst das, mit neuen Erwartungshaltungen, einer anderen Form der Leistungsbereitschaft, Belastbarkeit und Motivationsfähigkeit bei gleichzeitigem Erfahrungsmangel umgehen zu müssen.

Das Leiten der Geschicke über Angst und Druck wird folglich nicht zu den gewünschten Ergebnissen führen. Führung wird anstrengender. Sie erfordert mehr Nähe, mehr Mentoring, ein partnerschaftliches Zusammenarbeiten, Verlässlichkeit, Berechenbarkeit in Situationen der Unsicherheit sowie die Pflege von in Vergessenheit geratenen Tugenden. Um die gesetzten Ziele erreichen zu können, muss das Führen zudem das Denken in Alternativen anregen, Fehlversuche zulassen, Engagement wertschätzen, Misserfolge als solche kennzeichnen, aber nicht sanktionieren, sofern sie berechtigt waren, sowie systemische Innovationshemmnisse identifizieren und abbauen.

Führen heisst heute, neben vielen anderen hier nicht genannten Aspekten, in flexiblen, interdisziplinären Teams zu arbeiten, um zu tragfähigen Entscheidungen zu gelangen. Diese Entscheidungen müssen aber auch durchgesetzt werden. Und das bedeutet, dass die Führung selbst Freiräume und Entscheidungsräume braucht. Das gilt sowohl für Versorgungsunternehmen, als auch für Entscheidungsträger innerhalb der Kommunen.

Wenn es um die Frage der Transformation geht, sind klare Verantwortlichkeiten mit Durchgriffsmöglichkeiten nötig. Im Bereich der Smart City erfordert dies einen Smart-City-Beauftragten mit einem entsprechenden Mandat. Nur so können überkommene Strukturen durchbrochen und zuständigkeitsübergreifend agiert werden. Gleichzeitig muss diese Person in der Lage sein, Menschen für das Vorhaben zu gewinnen. Gerade in der Zusammenführung von Akteuren und beim Arbeiten an ganzheitlichen Konzepten können Frauen neue integrative Impulse setzen. Ganzheitliches Denken, das Denken in Konsequenzen sowie ausgleichende Interaktionen sind weibliche Stärken. Frauen, die den Mut haben, diese Kompetenzen individuell zu nutzen, anstatt konventionelle Verhaltensmuster zu kopieren, können daher eine Bereicherung für Teams und in Führungspositionen sein.

Wesentlich ist aber, dass sich die Kommune und das Stadtwerk oder EVU über die gemeinsamen Ziele einig sind und sich gegenseitig dabei helfen, die gegebenen Hürden zu überwinden. Den Mut aufzubringen, in der Kommune etwas Innovatives auszuprobieren, funktioniert am besten unter Einbeziehung möglichst vieler Akteure, denn dann dürfen Versuche auch scheitern. Man denke an die Millionen verkannter Fussballexperten vor den Fernsehgeräten. Stünden die Kollegen selbst auf dem Platz, wäre der Trainerjob sicher nicht mehr trivial. Machen wir also die Zuschauer zu Mitspielern. Die Vision unserer Kommune wird uns dabei helfen. Die Frage ob die Stadt oder der Versorger dabei im Lead ist, ist im Grunde unerheblich, da es keiner von beiden im Alleingang schaffen wird.

Wir müssen diese Transformation jetzt angehen. Wir müssen die zukünftige Rolle der Stadtwerke und EVU erkennen, politisch einfordern, kommunal stützen und unternehmerisch einleiten. Das sollten wir sehr zügig tun, denn wir haben zwar noch Zeit, aber keine Zeit zu verlieren.

Fazit

Spürbare Umweltveränderungen und smarte Lösungsansätze für deren Eindämmung, machen die Energiewende unumgänglich. Kommunale Versorgungsunternehmen sollten den erforderlichen smarten Wandel mit politischem Rückhalt gestalten. Sie müssen dabei die Einflüsse der Digitalisierung und eine neue Wettbewerbssituation verinnerlichen und als individuelle Chance erkennen. Im deutschsprachigen Raum und in Europa gilt es jetzt, unsere Selbstbestimmung und Wertesysteme durch eine gesellschaftliche Transformation zu sichern. Versorgungsunternehmen, Politik und Gesellschaft sind aufgefordert, diese Veränderungen – mit entsprechenden Führungskompetenzen – einzuleiten.

Hochglanzprospekt versus Beamtenmief: die fünf Säulen erfolgreicher Kommunikation für öffentliche Dienstleister

Andreas Hugi ist CEO und Managing Partner der furrerhugi. AG und Präsident des Bundes der PR-Agenturen der Schweiz BPRA.

Neue Geschäftsmodelle erfordern eine neue Governance von Energieversorgern. Nur so kann der Umbau zu einem Energiesystem der Zukunft gelingen. So lautet die zentrale These dieses Buches. Ein wichtiger Aspekt dabei ist die Kommunikation der öffentlichen Dienstleister mit ihrer Umwelt. Damit diese auch in einem liberalisierten Umfeld und bei gestiegenen unternehmerischen Herausforderungen erfolgreich ist, sind Anpassungen in den Eignerstrategien und der Corporate Governance und somit ein angepasstes Kommunikationsverhalten der Unternehmen nötig. Erschwerend kommt hinzu, dass die öffentlichen Unternehmen Rahmenbedingungen zu beachten haben, die private kaum betreffen.

Kommunikative Herausforderungen

Unternehmen, die aktiv kommunizieren, können neue Geschäftsmodelle erfolgreich am Markt platzieren. Das ist eine Binsenwahrheit. Doch längst nicht alle Organisationen haben diese verinnerlicht – vor allem die öffentlichen Unternehmen nicht, obschon die Liberalisierung von Infrastrukturmärkten den Druck auf sie massiv erhöhen wird. Gerade das Aufbrechen des Energiesektors erfordert mehr denn je eine klare und konzise Organisationskommunikation.

Öffentliche Dienstleister haben aufgrund ihrer politischen Eigner und der Governance-Vorschriften zusätzliche kommunikative Herausforderungen, denen sich private Unternehmen nicht zu stellen brauchen. So werden in der Regel Kommunikationsprodukte und -aktivitäten von Medien und Öffentlichkeit genauer und oft auch argwöhnischer beobachtet und kommentiert als die Kommunikation privater Unternehmen: Im Sinne eines breit verstandenen Service public ist oft die allgemeine Wahrnehmung, dass öffentliche Unternehmen der Allgemeinheit gehören, «mit unseren Steuergeldern PR machen» und Sponsoring, Marketingkommunikation oder politisches Lobbying betreiben. Ein feines politisch-gesellschaftliches Sensorium in der Kommunikation ist unbedingte Voraussetzung für die Kommunikatoren der öffentlichen Unternehmen. Eine zusätzliche Herausforderung besteht darin, dass sich öffentliche Dienstleister in ihrer Innenwahrnehmung als dynamisch, modern und nahe am Markt verstehen und auch so kommunizieren. Die Ansprüche der Öffentlichkeit sind hingegen oft anders gelagert: Von einem «staatsnahen» Betrieb erwartet man primär unaufgeregtes Funktionieren im Sinne des Service public sowie das gesteigerte Wahrnehmen der sozialen Verantwortung als «good corporate citizen». Zugespitzt gesagt stört sich die Öffentlichkeit oft mehr am Hochglanzprospekt als am Beamtenmief, während die unternehmensinterne Wahrnehmung genau umgekehrt ist.

Erfolgsfaktoren in der Kommunikation öffentlicher Dienstleister

Und trotzdem müssen und sollen auch öffentliche Unternehmen offensive, klare und gute Organisationskommunikation betreiben. Eine erfolgreiche Kommunikation öffentlicher Dienstleister basiert auf folgenden fünf Säulen:
- Klare Unternehmensziele
- Autonomie in der Strategie und deren Kommunikation
- eine Unternehmenskommunikation, welche die Sinnhaftigkeit vermittelt
- ein umsichtiges Public-Affairs-Management
- eine Markenpflege als bekennendes öffentliches Unternehmen

Sind die Ziele klar?

«Unternehmenspolitik ist Kommunikationspolitik», postuliert Prof. Dr. Peter Stücheli-Herlach (ZHAW), was nichts anderes heisst, als dass erfolgreich kommunizierende Unternehmen ihre klaren und von allen Stufen mitgetragenen Leitbilder und Zielsetzungen stringent intern und extern vermitteln können. Nur dann ist Kommunikation erfolgreich, und nur in dieser Form zielgerichtet kommunizierende Unternehmen haben auch unternehmerischen Erfolg. Die Frage, wie öffentliche Unternehmen erfolgreich kommunizieren können, beginnt also bei der Frage, wie klar die Zielvorgaben der politischen Eigentümer sind, wie ein allfälliger Konflikt zwischen Markt und Politik darin gelöst wird und wie klar die Existenzberechtigung des öffentlichen Dienstleisters ausgewiesen ist. Vor den klaren Zielen steht aber noch die klare Vision: Haben staatliche Stellen als Eigner und die öffentlichen Dienstleister eine klare Vision, wie unser CO_2-Ausstoss innert 15 Jahren um 50 Prozent reduziert werden kann? Ein Blick nach China («Made in China 2025») zeigt, wie effizient und effektiv es sein kann, wenn Staat und Dienstleister klare Visionen entwickeln und kommunizieren. Es ist aus Kommunikationssicht trivial; leider bedeutet es aber nur allzu oft den Stolperstein erfolgreicher Kommunikation: Nur wer klare Kommunikationsziele hat, kann klare Kommunikationsstrategien entwickeln und daraus erfolgreiche Kommunikationsmassnahmen ableiten. Und klare Kommunikationsziele hat nur, wer klare Unternehmensziele hat. Erfolgreiche Unternehmenskommunikation öffentlicher Dienstleister beginnt also bei ihren klaren Unternehmenszielen, die sie in der Regel nicht selbst bestimmen können, da sie ihnen von der Politik vorgegeben werden. Viele öffentlich-rechtliche Unternehmen bemängeln jedoch, dass sie zu wenig klare Zielvorgaben von ihren politischen Eigentümern erhalten. Von politischer Seite hingegen ist zu hören, dass die Vorgaben klar seien und bezüglich Governance kein Handlungsbedarf bestehe. Ob es die Aufgabe der öffentlichen Dienstleister ist, diese klaren Ziele beim Eigner aktiv einzufordern, sollten sie nicht vorhanden sein, ist eine heikle Frage. Aus Sicht der Organisationskommunikation ist es offensichtlich, dass diese einzufordern sind – denn ohne klare Ziele keine klare Kommunikation.

Autonomie in der Kommunikation der Strategie – oder: Welche Rolle haben öffentliche Dienstleister in der Kommunikation?

Jede erfolgreiche Organisationskommunikation beginnt damit, dass ein Unternehmen autonom seine Strategie, also seinen Plan, wie es seine Organisation in Richtung der gesteckten Ziele bewegen will, intern und extern vermitteln kann. Dazu gehört auch, dass mit dem Eigner und der interessierten Öffentlichkeit ein kritischer Diskurs über die Strategie geführt werden muss. In börsenkotierten Firmen oder inhabergeführten KMU sind diese

Freiheiten grundsätzlich vorhanden und werden, wenn überhaupt, nur marginal durch Börsenvorschriften oder durch die Firmenkultur beschränkt. Bei öffentlichen Dienstleistern gibt der Rahmen dazu die (Public) Corporate Governance vor: Darf und kann ein öffentliches Unternehmen gegenüber Eignern, Politik und Öffentlichkeit die gesetzten politischen Ziele öffentlich kritisch reflektieren und kommentieren? Darf es thematisieren, dass eventuell zu wenig klare Zielvorgaben der politischen Eigentümer vorliegen? Darf ein allfälliger Interessenkonflikt des Staates in seiner Doppelrolle als Eigentümer und Gewährleister des Versorgungsauftrages thematisiert werden? Dürfen solche Kontroversen öffentlich begleitet, moderiert und kommentiert werden?

Wenn wir die Organisationskommunikation zahlreicher öffentlicher Dienstleister beobachten, stellen wir oft fest, dass bezüglich dieser grundsätzlichen, strategischen Kommunikation (oft auch «Strategiekommunikation» genannt) Lücken bestehen: Öffentliche Dienstleister kommunizieren gegenüber Politik und Öffentlichkeit das Spannungsfeld zu wenig, in dem sie sich bewegen: Einerseits müssen sie ihren Unternehmenswert erhalten sowie effizienter und effektiver als Verwaltungseinheiten sein, andererseits müssen sie primär die politischen Ziele umsetzen und besondere Anforderungen an die öffentliche Leistungserbringung erfüllen. In diesem Spannungsfeld hat der Staat einen Interessenkonflikt, kommunikativ stellt sich die Situation aber sehr oft so dar, als ob dieser Interessenkonflikt durch das Unternehmen selbst generiert würde.

Es muss indes nicht nur diese Lücke in der Strategiekommunikation geschlossen werden. Es braucht vielmehr eine gesunde Konfliktkultur zwischen den Organen der öffentlichen Unternehmen und ihren Eignern. Durch ausgetragene Konflikte entsteht in der Öffentlichkeit Vertrauen. Oder konstruktiver formuliert: Organisationskommunikation ist dialogische Kommunikation und nicht «broadcasting»; durch einen echten und gelebten Dialog entsteht Vertrauen.

Die für die Schweiz typische Nähe zwischen Politik, Verwaltung, Wirtschaft und Gesellschaft ist sehr oft eine für diese kritische Kommunikation zu grosse Nähe zwischen Eignern und öffentlichen Unternehmen. Dies lässt sich gut belegen, wenn man Chefs solcher Unternehmen befragt: Auf der generell-abstrakten Ebene werden die theoretischen Interessenkonflikte und Spannungsfelder adressiert, auf den konkreten Fall ihrer Unternehmen angesprochen, wird in der Regel auf das gute Verhältnis mit dem Eigner verwiesen. Aber: Zu viel Harmonie schadet.

Nur wenn eine offene, auch diskursive «Strategiekommunikation» möglich ist, ist die Basis für eine erfolgreiche «ordentliche» Unternehmenskommunikation gelegt.

Eine Unternehmenskommunikation, welche die Sinnhaftigkeit vermittelt

Die Kommunikation eines öffentlichen Unternehmens muss vor allem darauf abzielen, seinen «Sinn» zu verdeutlichen und die vom Eigner respektive dem Staat vorgegebenen Ziele darzulegen. Diese kommunikative Vermittlung der eigenen Existenzberechtigung ist zentraler denn je, hat doch die gesellschaftliche und politische Entwicklung der letzten Jahre dazu geführt, dass die Existenz in der Öffentlichkeit nicht mehr als selbstverständlich angesehen wird.

Daneben sind (zwar eher im Sinne der Marketingkommunikation) die angebotenen Sachgüter und Dienstleistungen zu kommunizieren. Die Unternehmenskommunikation öffentlicher Unternehmen befindet sich demzufolge im dauernden Spannungsfeld zwischen öffentlichem Auftrag und dem Markt. Aus Sicht des Unternehmenskommunikators ist es verständlich, dass die Vermittlung der Sinnhaftigkeit eines öffentlichen Unternehmens nicht überall als prioritär angesehen wird. Die Vernachlässigung dieses «Vermittlungsauftrages» kann jedoch fatale Folgen haben: Wenn der Eigner, die Politik oder die Öffentlichkeit den Nutzen und den Wert eines öffentlichen Unternehmens nicht kommuniziert, kann schnell ein kommunikatives Vakuum entstehen, welches mittelfristig sogar seine Existenz gefährden kann.

Ein umsichtiges Public-Affairs-Management

Public Affairs, verstanden als das Management von Meinungsbildungs- und Entscheidungsprozessen zwischen Politik, Wirtschaft und Gesellschaft, ist eine zentrale Aufgabe jeder Unternehmensleitung: Es ist mittlerweile allgemein akzeptierter Standard, dass Unternehmen die Beziehungen zu ihrem politischen Umfeld gestalten müssen respektive dass diese Aufgabe direkt aus dem Auftrag der «Oberleitung» beziehungsweise der «sorgfältigen Wahrung der Geschäftsinteressen» gemäss Obligationenrecht sowie aus der Pflicht des Verwaltungsrates zum Risikomanagement abgeleitet werden kann. Die politisch und unternehmerisch spannende Frage ist nun, ob auch öffentliche Unternehmen, die einen staatlichen Eigner haben, Public-Affairs-Management betreiben, in extremis also andere politische Interessen als die ihres Eigners verfolgen dürfen. Die gängige Haltung dazu lautet, dass öffentliche Unternehmen ebenso wie private Firmen durch regulatorische Entscheide des Gesetzgebers betroffen sind und politisch in einem Verdrängungskampf um finanzielle Mittel stehen. Aus diesen Gründen wird in der Regel den öffentlichen Betrieben zugestanden, ebenso wie private Firmen Public-Affairs-Management und Lobbying betreiben zu dürfen. In der Public-Governance-Literatur wird dieses Thema jedoch nicht behandelt. Ebenso Konsens besteht darin, dass öffentliche Unternehmen in ihrem Public-Affairs-Management grosse Umsicht und politisches Fingerspitzengefühl walten lassen müssen. Da sie durch ihre

Eignerstruktur und oft auch durch die Zusammensetzung ihrer Aufsichtsgremien eine grosse Nähe zur Politik haben, ist insbesondere beim Lobbying in einem parlamentarischen Gesetzgebungsprozess Vorsicht angezeigt. Öffentlichen Unternehmen ist zu raten, ihre Public-Affairs-Aktivitäten maximal transparent und nach den Regeln der Branche auszuüben sowie den geschilderten potenziellen Konflikt in der Pflege ihrer Stakeholderbeziehungen aktiv zu thematisieren. Zu wünschen wäre zudem, dass das Thema Public-Affairs-Management durch öffentliche Unternehmen in den Eignerstrategien sowie der Governance Eingang finden und geregelt würden.

Das «Öffentliche» des Unternehmens als Marke pflegen

«Ein bisschen stinken muss es», würde der Werber sagen: Öffentliche Unternehmen müssen bei aller technologischen Entwicklung, bei allen Tendenzen zu Marktöffnung und Liberalisierung dazu stehen, was sie sind, nämlich staatsnahe oder staatliche Unternehmen. Der eingangs etwas provokativ erwähnte «Beamtenmief» ist so gesehen positiv gemeint: Im Sinne der klaren Markenpflege, die nicht nur Sache des Marketings sein kann, sondern von der Unternehmensleitung sowie der internen und externen Kommunikation getragen werden muss, werden ein klares Selbstverständnis und eine klare Firmenkultur gepflegt und kommuniziert: An ein öffentliches Unternehmen stellt man immer besondere Anforderungen bezüglich ethisch korrekten Verhaltens, Entlöhnung, sozialer Verantwortung, Transparenz, Kommunikation gegenüber Politik und allgemein des Verhaltens als «good corporate citizen». Diese Rahmenbedingungen sind nicht als Hindernis, sondern als kommunikative Chancen zu nutzen.

Die Zusammensetzung der Leitungsgremien

Die Verwaltungsräte und Leitungsgremien öffentlicher Unternehmen sind oft zu einem relevanten Teil mit Delegierten der öffentlichen Hand sowie ehemaligen Vertretern aus Regierungen und Verwaltungen besetzt. Dies oft aus Tradition und «weil man das schon immer so gemacht hat», andererseits auch bewusst gemäss einer formulierten (Public) Corporate Governance. Diese Bindeglieder zwischen Eignern und öffentlichen Unternehmen garantieren, dass die Zielvorgaben des Staates einfliessen und der enge Austausch zwischen Staat und Wirtschaft, wie er im öffentlichen Umfeld zentral ist, gut funktioniert. Gleichzeitig können in solchen Konstellationen zu hohe «Beisshemmungen» entstehen, sich als Unternehmen kommunikativ gegenüber seinen Eignern eigenständig zu positionieren und die oben postulierte dialogische und konstruktiv-diskursive Kommunikation zu führen. Auch wenn der enge

Austausch aus Governance-Sicht wünschbar erscheint, wären aus kommunikativer Sicht personelle Entflechtungen da und dort sicherlich sinnvoll.

Was von den Eignern beachtet werden muss
Jede Eigentümerstrategie und die dazu gehörende Corporate Governance muss bezüglich ihrer «Kommunikations-Vereinbarkeit» überprüft werden:
- Sind die Zielvorgaben des Eigners so klar, dass ein öffentliches Unternehmen daraus klare Kommunikationsziele und -strategien ableiten kann?
- Lassen Eigentümerstrategie und Corporate Governance dem Unternehmen genügend strategischen Freiraum, dass mit dem Eigner und der interessierten Öffentlichkeit im Sinne der «Strategiekommunikation» ein kritischer Diskurs über die Strategie geführt werden kann?
- Besteht sowohl auf Eigner- als auch auf Unternehmerseite ein lustvoller «Mut zum Konflikt», respektive ist die Basis gelegt, echte dialogische Kommunikation mit den Anspruchsgruppen zu führen und so Vertrauen zu schaffen?
- Ist das Public-Affairs-Management in der Eignerstrategie sowie der Corporate Governance geregelt?
- Lässt die Governance eine vernünftige Entflechtung der Leitungsgremien der öffentlichen Dienstleister zu?

Was von den Unternehmen beachtet werden muss
Jede Kommunikationsstrategie eines öffentlichen Unternehmens muss bezüglich der folgenden Punkte überprüft werden:
- Wird der aktiven Kommunikation der «Sinnhaftigkeit» respektive der Existenzberechtigung des Unternehmens genügend Bedeutung beigemessen?
- Wird ein umsichtiges und transparentes Public-Affairs-Management betrieben?
- Lassen die Unternehmenskultur und die Kommunikationsstrategie einen konstruktiven «Mut zum Konflikt» mit dem Eigner zu?
- Gehört zur Markenpflege ein Bekenntnis als öffentlicher respektive staatsnaher Dienstleister?

Fazit

Die Schweiz hat sich verpflichtet, ihre CO_2-Produktion in 15 Jahren um 50 Prozent zu reduzieren, obwohl heute nach wie vor ein Grossteil der Wirtschaft auf Kohle, Gas und Öl setzt. Es steht somit nichts weniger als ein umfassender Umbau unserer Wirtschaft bevor. Dieser bedingt von Seiten Staat, Wissenschaft und Wirtschaft eine neuartige, vernetzte Form des Denkens und der

Kommunikation: Über Branchen-, Disziplinen- und Organisationsgrenzen hinaus müssten gemeinsam eine Vision und ein gemeinsamer Know-how-Transfer entwickelt werden. Eigner und öffentliche Dienstleister sollten sich entsprechend öffnen. Zu denken wäre zum Beispiel an die Gründung von Labs, in denen dieser Austausch und die branchenübergreifende Kommunikation gelebt werden und wo sich die besten Ideen durchsetzen könnten. Ein wahrscheinlich zu ambitionierter Blick in die Zukunft.

Interview mit Marco Letta und David Thiel

«Das Wichtigste für eine gute Governance sollte sein, die Zielsetzungen, die Erwartungen an die Unternehmen so stark zu vereinfachen, dass die Dilemmata nicht beim operativen Management aufschlagen. Sie sind weiter oben zu knacken.»
Dr. David Thiel

Stefan Rechsteiner und Ronny Kaufmann im Gespräch mit Marco Letta, Unternehmensleiter der St. Galler Stadtwerke, und mit Dr. David Thiel, Co-Gründer von aliunid.com. Davor baute er als CEO von 2008–2017 die IWB, Basel von einer Verwaltungsabteilung in ein erfolgreiches Unternehmen um.

Stefan Rechsteiner: Die St. Galler Stadtwerke sind Teil der Stadtverwaltung. Sie besitzen keine eigene Rechtsperson. Behindert Sie das in der unternehmerischen Entwicklung?
Marco Letta: Dass wir ein unselbständiges, öffentlich-rechtliches Unternehmen sind, behindert uns nicht. Dies darum, weil wir eine Eignerstrategie der Stadt St. Gallen haben, die uns sehr viel unternehmerische Freiheit gibt und wir so eigentlich sehr unternehmerisch handeln können.
Stefan Rechsteiner: Für die Verwaltung gilt ja das Legalitätsprinzip, das bedeutet, es ist eigentlich nur das erlaubt, was im Gesetz vorgegeben ist – überspitzt formuliert, was nicht explizit erlaubt ist, ist verboten; in Umkehr zur Privatwirtschaft, wo das Gegenteil gilt. Das nehmen Sie auch nicht als eine Behinderung für die unternehmerische Tätigkeit wahr?
Marco Letta: Nein. Unsere Reglementstrukturen gewähren unternehmerische Freiheiten, und wir sind in keinem gesetzlosen Zustand. Im Gegenteil, wir haben ein sehr interessantes Konstrukt in unserem Stadtwerkreglement, das speziell auf unsere Tätigkeiten abgestimmt wurde.
Stefan Rechsteiner: Sie kommen ja ursprünglich aus der Privatwirtschaft. Nehmen Sie denn wesentliche Unterschiede in der Führung des Unternehmens wahr?

Marco Letta: Ja, das war natürlich bei der Entscheidungsfindung zu dieser Position einer der wichtigsten Punkte, die ich nach etwa 27 Jahren Privatwirtschaft betrachtet habe. Ich bin jetzt seit einem Jahr Unternehmensleiter der St. Galler Stadtwerke und habe die grossen Vorteile in dieser Organisationsstruktur gesehen. In der Privatwirtschaft als Beispiel sind sie monatlich oder quartalsweise oder jährlich unter einem grossen Leistungs- und Zahlendruck. Als öffentlich-rechtliche, unselbständige Organisation haben sie einen sehr weiten Zeithorizont, der ihnen Langfriststrategien – was speziell in der Energiebranche sehr wichtig ist – ermöglicht und ihnen so auch gewisse Themenkreise zum Ausprobieren gibt, solche wie «Smart City», «Smart Grid» oder die Kommunikation zwischen Häusern.

Stefan Rechsteiner: Als Anschlussfrage an Sie, Herr Thiel: Sie haben Erfahrung in der Privatwirtschaft, vor allem bei privaten Energieversorgungsunternehmen ohne staatliche Beherrschung und dann beim kantonalen EVU in der Rechtsform ursprünglich einer unselbständigen, heute selbständigen Anstalt. Was sind da Ihre Erfahrungen?

David Thiel: Vieles deckt sich mit den genannten Punkten. Streng genommen ist im Begriff öffentliches Unternehmen ein Widerspruch enthalten, denn die Öffentlichkeit kann sehr wohl anderen Aufgaben und Zielen verpflichtet sein als ein Unternehmen. Gleichwohl kann es in einer öffentlich-rechtlichen Anstalt funktionieren. Das IWB-Gesetz zum Beispiel ist recht unternehmerisch und entfaltet seine volle Wirkung, solange die Personen, die verantwortlich sind, unternehmerisch denken und handeln können. Mit einem starken Verwaltungsratspräsidenten, der diese Gratwanderung zwischen Öffentlichkeit und Unternehmen gehen kann und die unternehmerische Entscheidungsfindung gewährleistet, funktioniert das gut. Es war damals erstaunlich, als wir 2009 ausgegliedert wurden und im Januar 2010 die erste Verwaltungsratssitzung hatten. Dort sassen profilierte Energiepolitiker. Wir gingen davon aus, dass sie primär Energiepolitik betreiben würden. Die konsequent unternehmerische Denkweise und Geschwindigkeit des damaligen Verwaltungsratspräsidenten Jens Alder zwang sie im Gremium jedoch dazu, ihre energiepolitischen Rucksäcke abzuwerfen. IWB wurde sehr unternehmerisch geführt. Das hat im Rahmen des Gesetzes bestens geklappt.

Ronny Kaufmann: Wie wird denn eigentlich von der Politik ins Unternehmen hinein informiert und wie wird die politische Eigentümerschaft aus dem Unternehmen hinaus informiert? Unter vorgehaltener Hand höre ich immer mal wieder, dass die politischen Eigentümer nur mit sehr grossem Aufwand die Komplexität ihres Unternehmens noch verstehen. Wie geht man das als CEO an, wie stellt man sicher, dass die Eigentümer mit dem horrenden Tempo der Entwicklung im Energiemarkt überhaupt mitkommen?

Marco Letta: Das ist sehr spannend. Die Ostschweiz wird manchmal als etwas konservativ, etwas altbacken bezeichnet. Aber die Stadt St. Gallen hat etwa zehn Jahre vor dem Bundesrat ein Energiekonzept 2050 erarbeitet, das im Wesentlichen alle Elemente der Sektorenkopplung bereits beinhaltet hatte. Die Konvergenz bei Netz und Wärme, Gas und Strom werden schon seit 2007 immer wieder postuliert und sind der Leitfaden für das Tun und Handeln der St. Galler Stadtwerke. Damit fällt uns die politische Diskussion wesentlich leichter. Wir kommunizieren auch immer, wenn es um strategische Debatten geht, einleitend unsere strategischen Unternehmensziele. Das hat sich als sehr hilfreiche Kommunikation in die Politik hinein erwiesen. Von ganz links bis ganz rechts sind damit sämtliche parteipolitischen Gesinnungen abgeholt. Ich muss nicht jedes Mal um das Verständnis nachfragen, denn das Verständnis für unsere Ziele ist bereits in der Stadtbevölkerung verankert. Wir gewinnen durchgehend die ganzen Kreditinitiativen, die wir für Fernwärme oder WKK-Projekte anfragen, mit meist über 80 Prozent.

David Thiel: In einer Familiengesellschaft hat man eine ähnliche Konstellation. Man hat die Familie, die da ist. Politiker werden gewählt und übernehmen ein Amt, mit mehr oder weniger Fachwissen. Damit muss man umgehen können.

Ronny Kaufmann: Geschäftsfelder wie nachhaltige Mobilität oder Datenmanagement können organisch aufgebaut werden, oder man beteiligt sich an Firmen, kooperiert mit ihnen oder kauft sie. Wie lief das konkret bei der IWB, wie läuft das bei den St. Galler Stadtwerken? Wie entwickelt man neue Geschäfte?

David Thiel: Der Kauf einer Firma war bei uns eigentlich kein Thema. Die Grundidee war schon, dass wir uns aus dem Unternehmen heraus weiterentwickeln.

Marco Letta: Unser Wachstum in neue Geschäftsfelder funktioniert nach der modernen Art von Ökosystemen. Wenn wir gute Ideen haben, setzen wir uns mit verschiedenen Partnern zusammen, definieren gemeinsam die Rollen und arbeiten zusammen. Das kann zwischen Stadtwerken sein, aber auch mit anderen Firmen. Die Aufgabe der St. Galler Stadtwerke ist nicht der Zukauf von Firmen, sondern es ist die Grundversorgung der Bevölkerung mit allen Energien. Mit diesem Verständnis sind wir bisher gut gefahren. Das gibt uns auch sehr viel unternehmerische Freiheit, wenn es um Smart-City-Themen geht, weil wir dann einfach mit der Langfristigkeit unseres Tun und Handelns gewisse Dinge mal ausprobieren können. Die grosse Kunst beim Ausprobieren ist, dass man es der Bevölkerung gut erklärt.

David Thiel: Die Erwartungen an ein Unternehmen der öffentlichen Hand sind andere als an ein privates Unternehmen. Von einem Unternehmen, das einer Stadt oder einem Kanton gehört, wird zum Beispiel erwartet, dass es im Sinne der Nachhaltigkeit die Mitarbeitenden weiterentwickelt und sie befähigt, neue Kompetenzen aufzubauen. Vereinfacht gesagt heisst Unternehmen monetärer Profit, während öffentlich-rechtlich für Service public steht. Das ist breiter, schwieriger zu messen und in vieler Hinsicht anspruchsvoller. Unternehmen, Management und Eigentümer sind mit einer wachsenden Komplexität konfrontiert. Umso mehr glaube ich: Das Wichtigste für eine gute Governance sollte sein, die Zielsetzungen, die Erwartungen an die Unternehmen so stark zu vereinfachen, dass die Dilemmata nicht beim operativen Management aufschlagen. Sie sind weiter oben zu knacken. Die Governance muss grundsätzlich unabhängig von Entscheidungsträgern und ihrer persönlichen oder politischen Prägung so ausgerichtet sein, dass auf operativer Ebene klare, erfüllbare Ziele bestehen. Das ist bei weitem nicht immer der Fall.

Stefan Rechsteiner: Wie entscheidet man und wer entscheidet, ob man neue Risiken eingeht oder ob man Chancen nutzt respektive verstreichen lässt? Das ist bei den privatrechtlichen Aktiengesellschaften relativ klar angesiedelt, letztlich beim Verwaltungsrat. Etwas weniger klar ist es beim öffentlich-rechtlichen Unternehmen, wie sehen Sie das?

Marco Letta: Ich sehe das relativ pragmatisch. Wenn Sie zehn bis zwanzig Jahre in die Zukunft schauen und verstehen wollen wie die Welt dann funktioniert, ist eigentlich nur noch wichtig, wie Sie den Weg dahin machen. Wir reden heute von digitaler Transformation, man redet von Marktöffnung im Strommarkt und im Gasmarkt. Das sind Damoklesschwerter für die öffentlich-rechtlichen Unternehmen. Wenn sie sich darauf einstellen, handeln sie automatisch wie ein privatrechtliches Unternehmen. Sie brauchen viele gute Kunden, denen sie moderne Dienstleistungen basierend auf einer gut funktionierenden Infrastruktur bieten dürfen. Da sehe ich keinen Unterschied zwischen einer privaten Aktiengesellschaft und unserem Unternehmen.

David Thiel: Das sehe ich etwas anders. Eine private Firma muss ihren Aktionären Profit bringen. Wenn ein solches Unternehmen wichtige Trends verschlafen hat oder fundamentalen Entwicklungen nicht Rechnung trägt, dann ist das eins zu eins nachvollziehbar und wird auch zu entsprechenden Konsequenzen führen. In einem öffentlich-rechtlichen oder politischen Kontext ist es nicht so einfach, zu sagen, was eine gute Investition ist. Die Frage kann nicht nur betriebswirtschaftlich, sondern muss auch nach ökologischen, gesellschaftlichen oder anderen Kriterien beurteilt werden. Diese Effekte sind dann weniger klar, entsprechend ist der individuelle Einflussspielraum von Verantwortungsträgern des Unternehmens grösser und deren Kontrolle schwieriger. Ich habe grösstes Verständnis dafür, dass die öffentliche Hand auf ihre strategischen Infrastrukturen Einfluss nehmen will. Früher war das die Stadtmauer oder der Stadtgraben. Jetzt ist es das Stromnetz, die Wasserleitung oder das Glasfaserkabel. Eine Stadt will investieren, um ihre Standortfaktoren zu verbessern und im Vergleich zu anderen Städten attraktiver zu sein. Stärker aber als die Marktöffnung wird die Digitalisierung zu Veränderungen führen. Sie wird der Treiber einer starken Konsumenten-Souveränität sein. Der Kunde entscheidet, von wem er was in welcher Form beziehen will. Für die Anbieter wie zum Beispiel die Stadtwerke wird es entscheidend sein, dass sie kundenorientiert unterwegs sind. Dass sie das anbieten, was der Kunde und Bürger will – und mittlerweile auch entsprechend einfordert. Die Digitalisierung ist da die Nagelprobe. Wo wird in den öffentlichen Unternehmen die Sollbruchstelle zur Politik sein? Selbstverständlich soll man ein Unternehmen staatlich kontrollieren, wenn man es mit staatlichen Subventionen am Leben erhält. Doch vielleicht sind die Kassen einmal leer. Mit der Digitalisierung stellt sich auch die Frage: Was ist Service public? Natürliche Monopole, Netze; klar. Aber wo genau hört der Spass auf? Dort ist dann der Kunde an der Macht und nicht mehr die Politik.

Stefan Rechsteiner: Bis wohin soll ein öffentliches Unternehmen denn tätig sein?

Marco Letta: Bei uns gibt es das Dogma des Nichteingriffs in die lokale Wirtschaft. Es hat sich gezeigt, dass dieses Verständnis dazu führt, dass es bei Investitionsprojekten wieder positiv über das Gewerbe zurückkommt. Ich glaube, wenn der Schuster weiss, dass er bei seinen Leisten bleiben soll, und diese Leisten gut macht, dann stolpert er nicht.

David Thiel: Wer die Risiken trägt, möchte auch die Kontrolle haben. Bei einem Unternehmen im städtischen Eigentum ist das Risiko bei der Stadt. Doch ihrem Exekutivorgan kann die Kontrolle entgleiten. Die Digitalisierung führt zudem dazu, dass sich die Kontrolle vom Anbieter zu den Kunden verschiebt. Die Kontrolle hat künftig der Kunde, während die Risiken beim politischen Eigentümer bleiben. Wenn man das zu Ende denkt, erscheint dieses System immer unattraktiver für jene, welche die Sollbruchstelle zwischen Politik und Markt nicht rechtzeitig anschauen: Welche Aufgaben soll die Stadt künftig haben? Smart-City ist genauso ein Thema, wo ist die Grenze?

Ronny Kaufmann: Ich möchte an der Sollbruchstelle noch mal anknüpfen. Sie beide sind charismatische Führungspersönlichkeiten mit einer profunden Erfahrung als Topmanager von Unternehmen. Damit zusammenhängend wissen Sie auch, wie wichtig es ist, mit dem richtigen Team zusammen Erfolg zu haben, wie wichtig es ist, eine Unternehmenskultur aufzubauen, die auf Vertrauen beruht, aber auch auf Leistungsfähigkeit und Leistungsbereitschaft. Wie organisiert man sich denn als Stadtwerk in Abgrenzung oder in Verbindung zum Behördenalltag der Eigentümer?

Marco Letta: Wir sind heute so organisiert, dass wir wie ein KMU in der Verwaltung sind. Wir haben hauptsächlich sehr enge Schnittstellen zur städtischen IT, zu den Verkehrsbetrieben, der Entsorgung, zum Tiefbau- und Hochbauamt und vor allem zu strategischen Dienststellen wie etwa der Standortförderung.

Es ist eine grosse und schöne Aufgabe, wie auch in der Privatwirtschaft, die Unternehmenskultur so aufzubauen, dass die Stadtwerke gut funktionieren und ihren Versorgungs- und Dienstleistungsauftrag auch in Zukunft erfüllen können. Wir haben begonnen, die unterschiedlichen Kulturen der einzelnen Bereiche in modernen, sich gegenseitig unterstützenden Netzwerken zu verbinden. Plötzlich werden da Ressourcen und Ideen frei, die man vorher in den einzelnen Silos wenig durchdacht hat. Das macht es unheimlich spannend, weil es von innen heraus auch Innovationen treibt.
Ronny Kaufmann: Ein KMU in der Verwaltung?
David Thiel: Wenn man Kunden hat, die auf ein Produkt angewiesen sind, dann können Sie nicht an Schalteröffnungszeiten festhalten. Es braucht eine Leistungsorientierung und damit auch die Frage: Habe ich die besten Leute für diesen Job? Diese gewinnt man über eine Leistungskultur. Ich glaube, es geht nicht anders. Gut geführte Stadtwerke, die ein gutes Image haben, sind hohe Leistungsträger. Ein Unternehmen kann nur innovativ sein, wenn die Mitarbeitenden wirklich motiviert sind, wenn sie keine Angst haben und Ideen einbringen, die Wert generieren. Ich habe aber auch schon Aussagen gehört, dass Durchschnitt genüge. Die Leistungsträger wohnen zum Beispiel in Bern oder Zürich und fahren jeden Tag nach Basel. Sie brauchen ein GA. Und das GA muss ein 1. Klasse-GA sein, weil sie arbeiten müssen. Dann heisst es, das geht nicht, weil im Kanton sonst niemand ein GA 1. Klasse habe. Durchschnitt genügt, wir brauchen ja nicht die Besten. Hier schlägt der inhärente Widerspruch eines öffentlichen Unternehmens voll durch.
Marco Letta: Wir sind kontinuierlich daran, unsere bestehende Governance zu prüfen und gegebenenfalls modernen neuen Modellen anzupassen. Da geht es um die gleichen Themen. Es geht um Arbeitszeitmodelle, Arbeitsortfragen etc. Das Steueramt hat eine Schalteröffnungszeit, das reicht bei uns für die künftige Pflege aller Kunden nicht mehr. Die Frage der Selbständigkeit taucht ab und zu wieder auf, ist aber heute kein Thema.

Geteilte Verantwortung

Nicht so Good Governance in den Schweizer Netzwerkindustrien

Prof. Matthias Finger ist seit 2002 Swiss Post Chair für Management von Netzwerkindustrien an der Ecole Politechnique Lausanne (EPFL). Seit 2007 ist er ebenfalls Mitglied der ElCom. Es handelt sich hier um persönliche Meinungen des Autors und nicht die der ElCom.

Die Schweiz hat ein Problem mit der Corporate Governance ihrer öffentlichen Unternehmen, und zwar von oben (Bund) via Kantone bis unten (Gemeinden, Städte). Und weil diese öffentlichen Unternehmen grösstenteils in den Infrastrukturen tätig sind, hat sie ebenfalls ein Problem mit der Governance ihrer Netzwerkindustrien. Deshalb tut sie sich schwer mit der Strommarktöffnung, den Anforderungen der EU sowie der technologischen Dynamik generell. Werden die entsprechenden Reformen der Governance nicht rasch und systematisch angegangen, drohen Ungemach und vor allem überteuerte Dienstleistungen. Dabei geht es um einen Kulturwandel – aber wer soll ihn in die Wege leiten?

Sektor Governance auf Bundesebene

Eigentlich sollte man auf Bundesebene mit gutem Beispiel vorangehen: Good Governance der öffentlichen Unternehmen und Good Governance der verschiedenen Infrastruktursektoren (oder Netzwerkindustrien). Aber schon dort hapert es gewaltig.

Telekom

Die Swisscom ist das einzige teilprivatisierte Bundesunternehmen; eine knappe Mehrheit gehört noch dem Bund. In den meisten Ländern sind Telekomunternehmen voll privatisiert. Und weil das Privateigentum im Streubesitz ist, gibt es keine Gegensteuer. Der Bund führt die Swisscom gleich wie die anderen Unternehmen, die noch voll im Staatsbesitz sind (siehe unten), bis anhin ohne grössere Probleme oder Skandale, nicht zuletzt, weil sich der Eigner kaum in das Management der Milchkuh Swisscom einmischt. Und dies obwohl die Governance des Sektors alles andere als optimal ist: Es gibt zwar Wettbewerb, aber die Swisscom behält eine dominante Position, gerade wegen dieser Governance. In der Tat ist der Regulator (ComCom) schwach und kann nicht wirklich als unabhängig (und dementsprechend dem Wettbewerb im Sektor als förderlich) bezeichnet werden. Die fehlende Unabhängigkeit stammt in erster Linie aus der Tatsache, dass die ComCom kein eigenes, unabhängiges Sekretariat hat, da dieses vom Bundesamt für Kommunikation BAKOM administriert wird, also vom gleichen Amt, das die Regeln schreibt.

Post

Bei der Post ist die Governance des Sektors ein bisschen besser. Postfinance ist der Finma (Regulator) unterstellt, die gut über den Sektor wacht. Postauto wird nicht oder zumindest nicht sauber reguliert (siehe unten Eisenbahn), was einer der Gründe des neulichen Postautoskandals ist. Die postalischen Aktivitäten (Briefe, Pakete, Netz) werden teilweise von einem unabhängigen Regulator (Postcom) überwacht; das Problem ist hier aber, dass es den eigentlich gar nicht brauchen würde, da er fast ausschliesslich politische Zielsetzungen abhakt; in der Tat, der Markt ist de facto liberalisiert. Eigentlich macht der Regulator die Aufgabe des Bundesamtes, das es so im Postsektor gar nicht gibt (nämlich Policy Advice). Die Post als Holding hat, wie die Swisscom, die SBB und die Skyguide (die vier grossen Bundesunternehmen; dazu käme noch die Ruag), einen relativ unabhängigen Verwaltungsrat. Dieser steht aber vor grossen Herausforderungen. Zudem wird das Unternehmen von der Politik, insbesondere dem Parlament, übersteuert. Die Post ist hochpolitisiert.

Luftfahrt

Der Sektor ist komplex und dessen Governance noch komplexer und dementsprechend inkohärent. Über die Swissair wurde viel geschrieben; man ist sich dabei generell einig, dass deren Bankrott im Jahre 2002 auf gravierende Mängel der Corporate Governance zurückzuführen war. Diese wird nun bei der Swiss professioneller von der Lufthansa wahrgenommen. Skyguide als Monopol in der Flugsicherung wird vom Bund wie die anderen Staatsunternehmen geführt, ist aber weniger politisiert als die Post und die SBB. Die drei Landesflughäfen haben je eine andere Eigentümerstruktur, wobei der Flughafen Genf der staatsnächste und sicherlich politisierteste ist. Die Governance des Sektors ist ungenügend, wie der unabhängige Bericht von NLR (Nationaal Lucht- en Ruimtevaartlaboratorium) 2003 nach einer Serie von Flugunfällen festgestellt hat. Dessen wichtigste Empfehlung, nämlich die institutionelle Trennung von Policy Advice einerseits und Regulierung (Überwachung) andererseits, ist bis heute nicht umgesetzt.

Öffentlicher Verkehr

Der öffentliche Verkehr ist noch komplexer als die Luftfahrt. Das systemführende Unternehmen, die SBB, gehört zu 100 Prozent dem Bund und wird wie die anderen drei Unternehmen des Eidgenössischen Departements für Umwelt, Verkehr, Energie und Kommunikation (UVEK) geführt. Der Sektor besteht aber noch aus vielen anderen, vor allem kantonalen Bahnunternehmen (das nächstgrösste ist die zehnmal kleinere BLS, die dem Kanton Bern gehört) sowie aus Postauto. Das Ganze wird vom Bundesamt für Verkehr (BAV) koordiniert, das auch gleichzeitig Regulator und Eigentümer ist. Es gibt zwar eine unabhängige Schiedskommission im Eisenbahnverkehr (SKE) und eine unabhängige Trassenvergabestelle (Trasse Schweiz AG), doch Ersteres ist ein politisch gewolltes zahnloses Unterfangen (ich war 12 Jahre dabei) und Letzteres verkompliziert das ganze System unnötig.

Zusammenfassend kann man in Bezug auf die Corporate Governance der vier UVEK-Unternehmen sagen, dass diese durchaus den Kriterien einer modernen, privaten Governance entspricht, auch was die unabhängige Besetzung der Verwaltungsräte betrifft. Allerdings werden alle vier Unternehmen durch sogenannte strategische Ziele übersteuert, die jeweils vier Jahre gültig sind. Wären es wirklich strategische Ziele, könnte man sich eventuell noch damit anfreunden. In Wirklichkeit bestehen sie aus drei Elementen: Zirka ein Drittel wiederholt einfach die gesetzlichen Vorgaben; ein weiteres Drittel sind Gemeinplätze zu Good Corporate Governance, welche die Verwaltungsratsmitglieder sowieso intus haben sollten, und das letzte Drittel sind Einschränkungen, das heisst Dinge, bei denen das Unternehmen Vorsicht walten lassen sollte, zum Beispiel im Auslandgeschäft, also gerade das Gegenteil von strategischer Weitsicht.

Elektrizität

Einzig in der Elektrizität ist die Governance des Sektors respektive dessen Regulierung sauber geregelt. Dies hat erstens damit zu tun, dass der Druck der EU in diesem Sektor hier am grössten ist und deshalb die Governance des Sektors am nächsten bei den Richtlinien der EU liegt. Der zweite Grund ergibt sich aus der Tatsache, dass der Bund kein Elektrizitätsunternehmen besitzt und dass somit die staatspolitischen Ziele nicht via Eigentum, sondern eben via gesetzliche Vorgaben und Regulierung umgesetzt werden müssen. Good Governance des Sektors bedeutet neben der Trennung von Eigentum einerseits und von Policy/Regulierung andererseits ebenfalls eine saubere Trennung von Policy Advice, wahrgenommen von Bundesamt für Energie (BFE), und Regulierung, wahrgenommen von der ElCom.

Wo es hingegen (mehr als) hapert, ist bei der Governance der Elektrizitätsunternehmen, insbesondere der grössten und der wichtigsten, die von den Kantonen politisch übersteuert werden. Das fängt an bei Swissgrid, dem systemrelevantesten Unternehmen: Idealerweise sollte dessen Eigentum von den Produzenten unabhängig sein, um so die Diskriminierung unter Produzenten zu verhindern. Dies ist aber nicht der Fall. Deshalb muss die ElCom die Unabhängigkeit der Mehrheit des Verwaltungsrates überwachen, und der Bundesrat muss die Statuten von Swissgrid genehmigen.

Was kann man daraus lernen?

Die Sektor Governance ist klar in der Verantwortung des Bundes: Dort werden die sektorrelevanten (Energiepolitik, Energiewende) sowie die institutionellen Policies gemacht (Liberalisierung, Regulierung). Insbesondere letztere sind wichtig, wenn es um die Governance der verschiedenen Sektoren geht. Und diese institutionellen Policies sind in allen Infrastruktursektoren der EU inspiriert, wenn nicht vorgegeben. Das hat weniger damit zu tun, dass die EU der Schweiz diese aufdrängt, als vielmehr mit der Tatsache, dass sie die intellektuelle Leadership besitzt. Es hat auch damit zu tun, dass viele Governance-Regeln ganz logisch aus dem Wettbewerb folgen: Hat man Ja zum Wettbewerb gesagt, muss man ebenso Ja zur Regulierung sagen. Aber ob wir zum Wettbewerb Ja sagen, ist grösstenteils ausserhalb der Kontrolle der Schweiz, und mit der Regulierung hat die Schweiz Mühe, vielleicht auch, weil wir gezwungen worden sind, Ja zum Wettbewerb zu sagen.

Ausser im Telekomsektor haben wir in der Schweiz keine volle Marktöffnung und deshalb auch keine saubere Regulierung des Sektors (anders in der Elektrizität). Die Bundesämter lassen sich nur schrittweise dazu zwingen, ihre Regulatorenfunktionen an unabhängige Regulatoren zu übergeben, da dies für sie in erster Linie Machtverlust bedeutet. Auch die Politik bremst diesen Prozess, da unabhängige Regulatoren ihren Einfluss auf den Sektor und vor allem auf die ihnen gehörenden Unternehmen schmälern. Ganz zu schweigen von den regulierten Unternehmen, die begreiflicherweise nicht reguliert werden wollen, umso mehr als sie noch zusätzlich via öffentliches Eigentum übersteuert werden.

Wieso ist das im Elektrizitätssektor anders? Einerseits hat der Bund keine eigenen Elektrizitätsunternehmen, die er vor dem Wettbewerb schützen muss und durch die er Energiepolitik betreiben kann; andererseits steht er unter grossem Druck von der EU, mehr noch als in allen anderen Sektoren. Paradoxerweise ist dieser umso grösser, als es in der Elektrizität kein Sektorabkommen gab und immer noch nicht gibt. Aber der wichtigste Unterschied zwischen dem Elektrizitätssektor und den anderen Infrastruktursektoren besteht vor allem darin, dass die Schweiz im europäischen Stromsystem eine zentrale Funktion hat (Durchleitung), was der EU insbesondere seit dem Blackout in Italien (2003) voll bewusst ist.

Was die Corporate Governance der Bundesunternehmen betrifft, lassen sich durchaus Parallelen zu den öffentlichen Unternehmen auf Kantons- und Stadt-/Gemeindeebene ziehen. Das grosse Paradoxon ist hier, dass diese Unternehmen einerseits zwar politisch übersteuert, aber andererseits nicht wirklich durch den Eigentümer geführt werden. Vielleicht werden sie gerade deshalb politisch übersteuert, weil sie kaum geführt sind. In der Tat wird die Eigentümerfunktion beim Bund kaum wahrgenommen; im Gegenzug werden vom Parlament und von den Bundesämtern Regeln geschaffen, die deren Tätigkeit beschränken. Auch auf Kantons- und Kommunalebene werden die öffentlichen Unternehmen kaum geführt, ein typisches «Wag-the-Dog»-Problem: Der Schwanz wedelt mit dem Hund. Zudem gibt es auf dieser Ebene kaum Policy-Instrumente, da Sektorpolitik vorwiegend auf Bundesebene gemacht wird. Umso mehr werden auf Kommunalebene die öffentlichen Unternehmen via Personalpolitik gesteuert. Die vergleichsweise umfassendste institutionelle Autonomie geniessen wahrscheinlich die wenigen grossen kantonalen Unternehmen wie Alpiq, Axpo, BKW und BLS. Die Regulierung wird nicht auf kantonaler Ebene gemacht und ist, wie wir gesehen haben, sowieso schwach.

Der Gassektor ist ein Paradebeispiel schlechter sektorieller Governance: Nicht nur wird im BFE Policy und Regulierung total vermischt, vielmehr herrscht in diesem Sektor noch grösstenteils Selbstregulierung. All dies ist nur dadurch zu erklären, dass die EU bis jetzt im Gassektor noch keinen Druck aufgesetzt hat. «Druck aufsetzen» bedeutet eine vollständige Liberalisierung des Gasmarktes analog des Elektrizitätsmarktes, wie sie in der EU schon vollzogen ist.

Was tun?

Was wäre Good Governance in den Netzwerkindustrien? Einige Prinzipien sind zentral, und zwar in dieser Reihenfolge. Zuerst sollte die Regulierung eines Infrastruktursektors vom entsprechenden Bundesamt sauber und vollständig getrennt werden, wie das bis anhin nur im Elektrizitätssektor der Fall ist, obwohl es in allen Sektoren in der EU Standard ist. Am ärgsten steht es in dieser Hinsicht im öffentlichen Verkehr. Dazu bräuchte es aber politische Leadership (oder Druck von aussen) auf Bundesebene. Gerade das ist schwierig in einem sogenannten «Verwaltungsstaat», heisst in einem Staat, in dem die Verwaltung regiert. Ohne eine solche saubere Trennung und eine entsprechende starke Regulierung werden nicht nur der Markt verzerrt, sondern ebenfalls die Preise der Dienstleistungen überteuert sein.

Als Zweites gilt es, das Eigentum der Staatsunternehmen vom zuständigen Departement (dem UVEK) vollständig zu trennen und dem Finanzdepartement zu übertragen, was zurzeit nur bei der Swisscom der Fall ist. Das Finanzdepartement als Eigentümer soll ausschliesslich dafür sorgen, dass der Unternehmenswert gesteigert oder gehalten wird. Mit anderen Worten, Policy darf dann nicht mehr via Eigentum (zum Beispiel mittels strategischer Ziele) gemacht werden. Auch gesetzliche Rahmenbedingungen, welche die Staatsunternehmen entweder begünstigen oder schwächen, wären dann nicht mehr möglich. Erstere würden vom Regulator als marktverzerrende Staatsbeihilfen kassiert. Letztere würden vom Eigentümer (Finanzdepartment) als wertvermindernd bekämpft. Und wären sowohl Eigentum als auch Regulierung sauber von der Policy getrennt, so wären wir die ewigen ideologischen Debatten zum Thema Privatisierung los. Privatisierung braucht es eigentlich nur dann, wenn sich die Politik bei der Governance ihrer Staatsunternehmen nicht selbst disziplinieren kann.

Als Drittes gilt es deshalb, den Staatsunternehmen dieselben Good-Corporate-Governance-Prinzipien wie im Privatsektor zu verabreichen, wobei es im Privatsektor oft auch mit der Umsetzung ebendieser Prinzipien hapert. Nicht nur muss der Verwaltungsrat aus (vom Unternehmen) unabhängigen Personen zusammengesetzt sein, vielmehr noch müssen diese Personen fachlich kompetent sein. Politiker können dabei durchaus im Verwaltungsrat eines öffentlichen Unternehmens sitzen, wenn sie fachlich kompetent sind und wenn der Eigentümer eine Wertsteigerung als zentrales Ziel verfolgt.

Als Viertes gilt es, die politischen Ebenen sauber zu trennen, und gerade das ist schwierig in einem hochföderalistischen Land wie der Schweiz, wo die Kantone die Bundespolitik zu einem grossen Teil bestimmen und, wenn sie dies nicht können, torpedieren. Sektorielle Policies, die im Prinzip dem Interesse des Landes zu dienen haben, sollten nicht von den Kantonen für ihre spezifischen Interessen instrumentalisiert werden, etwas, das wir sowohl in der Energie- als auch aus der Verkehrs- und neulich sogar aus der Postpolitik kennen. Das Problem ist umso grösser, als die Kantone in den verschiedenen Sektoren eigene Kantonsunternehmen besitzen, und das ist sowohl im öffentlichen Verkehr als auch in der Elektrizität der Fall. Ein spezielles Problem ist dabei die Swissgrid, die, obwohl ein nationales systemführendes Unternehmen, grösstenteils den Kantonen gehört. Gerade im Hinblick auf dieses vierte Prinzip ist das hochproblematisch. Die Stadtwerke, insofern als sie den Städten und nicht den Kantonen gehören, sind von dieser Kritik – und von den entsprechenden Möglichkeiten, die Policies auf Bundesebene zu beeinflussen – ausgenommen, obwohl die Städte gerade für die Energiewende wahrscheinlich die relevanteste Einheit sind.

Fazit

Es steht also nicht alles bestens bei der Governance der verschiedenen Netzwerkindustrien in der Schweiz. Über alle Sektoren gesehen, ist in erster Linie die fehlende institutionelle Trennung von Policy und Regulierung das Hauptproblem. Aber gerade das ist im Elektrizitätssektor sauber gelöst. Hingegen hapert es dort, und zu einem gewissen Grad auch im öffentlichen Verkehr, bei der Trennung der verschiedenen politischen Ebenen: insbesondere die teilweise schwache, heisst politisierte, Corporate Governance der kantonalen Elektrizitätsunternehmen führt dazu, dass die Kantone die entsprechenden sektoriellen und institutionellen nationalen Policies stark beeinflussen respektive eine saubere sektorielle Governance bis jetzt gebremst haben. Das wird sich nur unter Druck von aussen, sprich der EU, ändern. Aber entsprechender Druck könnte ebenfalls durch Krisen, zum Beispiel den Bankrott eines grösseren Stromproduzenten oder einen Blackout, hervorgerufen werden.

Verantwortung tragen und einfordern

Dr. Stefan Rechsteiner ist Rechtsanwalt und Partner der Wirtschaftskanzlei VISCHER AG und leitet den Bereich Regulatory. Sein Schwerpunkt liegt in der Beratung von Unternehmen, die in regulierten Märkten tätig sind, hauptsächlich in der Energiebranche.

Die Governance öffentlicher Unternehmen stellt die Führungspersonen vor spezifische Herausforderungen. Neben die unternehmerischen Ziele und Anforderungen tritt eine politisch-rechtliche Steuerung und Erwartung. Der vermeintliche Einklang von politischer Steuerung und betriebswirtschaftlichen Erforderlichkeiten ist dabei oft Augenwischerei. Widersprüche bleiben unentdeckt oder werden mindestens verdrängt, solange es politisch opportun ist und solange sich Risiken nicht zu offenkundig manifestieren.

Ursachen für das Scheitern an der Governance

Wenn es «schiefläuft», ist der mediale Skandal unausweichlich. Für die Führungspersonen bedeutet dies in der Regel das Karriereende, selbst wenn in langen Verfahren und Prozessen kein individuelles Fehlverhalten nachgewiesen werden kann. Die gesellschaftlichen Erwartungen gegenüber öffentlichen Unternehmen sind berechtigterweise höher als gegenüber rein privaten Unternehmen. Öffentliche Unternehmen geniessen in der Schweiz ein fest verankertes Urvertrauen der Bevölkerung. Umso sensibler reagiert die Öffentlichkeit auf Fehlleistungen. Die mediale Öffentlichkeit neigt aber auch zu undifferenzierten Vorverurteilungen.

Die in letzter Zeit diskutierten Fälle gescheiterter Governance öffentlicher Unternehmen haben ähnliche Ursachen. Im Zentrum steht die fehlende Abgrenzung der verschiedenen Rollen und der jeweiligen – begrenzten – Verantwortung der einzelnen Entscheidungsträger. Ebenso ursächlich sind oft unklare oder widersprüchliche und unausgegorene Eigentümerstrategien. Mit der geeigneten Rechtsform kann die Governance auf institutioneller Ebene gestärkt werden.

Verantwortung abgrenzen

Öffentliche Unternehmen sind rechtlich und politisch in vielerlei Hinsicht stärker eingeschränkt als private Unternehmen. Diese Einschränkungen begrenzen den Handlungsspielraum, aber auch den Verantwortungsbereich der Führungspersonen. Sie müssen sich daher eingehend mit dem rechtlichen und politischen Rahmen ihrer Tätigkeit auseinandersetzen.

Beispiel: Für ein unselbständiges Energieversorgungsunternehmen einer Gemeinde bestimmt sich der erlaubte Tätigkeitbereich nach den gesetzlichen Grundlagen. Es gilt das Legalitätsprinzip, das besagt, dass der Staat nur da handeln darf, wo er eine rechtliche Grundlage dazu besitzt. Wenn die gesetzliche Grundlage nur die Stromversorgung im Gemeindegebiet regelt, so ist eine marktorientierte Tätigkeit ausserhalb des Gemeindegebietes grundsätzlich nicht erlaubt. Unternehmen suchen aufgrund des Margendrucks im Service public zunehmend Aktivitäten ausserhalb des Gemeindegebietes. Es entsteht Druck auf die Geschäftsleitung, auch ausserhalb des gesetzlich normierten Tätigkeitfeldes aktiv zu werden. Die stillschweigende Duldung solcher Aktivitäten durch die politisch verantwortliche Exekutive kann die fehlende gesetzliche Grundlage nicht ersetzen. Solange die erwirtschafteten Erträge die Exekutive und das Parlament befriedigen, dürfte kaum Widerstand entstehen. Anders wenn etwa aus einer gesetzlich nicht abgestützten Markttätigkeit ein grösserer Verlust entsteht. Die bisherige wohlwollende Duldung wird in diesem Fall in einen politischen Aufschrei mit dem Vorwurf der Kompetenzüberschreitung kehren. Der Schaden liegt beim Management. Diesem wird eine Verletzung der gesetzlichen Vorgaben vorgeworfen.

Die Ursache liegt in der fehlenden Abgrenzung und Wahrnehmung der Verantwortungsbereiche. Im Falle von gesetzlichen Grundlagen, die der Marktrealität eines öffentlichen Unternehmens nicht mehr entsprechen, muss das Management die Verantwortung dort lokalisieren, wo sie hingehört: beim Gesetzgeber. Das Management ist nicht gut beraten, wenn es «im Dienst des Unternehmens» Verantwortung für ungenügende gesetzliche Grundlagen auf sich nimmt. Die Verantwortungsträger öffentlicher Unternehmen müssen dem Gesetzgeber – also der Stimmbevölkerung – den Entscheid über nötige gesetzliche Anpassungen zumuten. Die Gefahr, dass der Souverän nicht «richtig» entscheiden könnte, darf nicht zu einem laxen Umgang mit den gesetzlichen Grundlagen verleiten. Das Risiko fällt auf das Management zurück.

Rechtliche Grundlagen kennen: Es gibt keine einheitliche Regelung für öffentliche Unternehmen in der Schweiz. Öffentliche Unternehmen können als privatrechtliche Aktiengesellschaften mit einem Gemeinwesen als Eigentümer ausgestaltet sein. Solche Rechtskonstrukte orientieren sich im Wesentlichen am Obligationenrecht mit dort vorgesehenen Spezialbestimmungen. Darauf wird noch zurückzukommen sein. Weil jedes Gemeinwesen (Bund, Kantone, Gemeinden im Rahmen des kantonalen Rechts) frei ist, sich selbst zu organisieren, kann im Prinzip auch jedes Gemeinwesen nach eigenem Gutdünken öffentliche Unternehmen errichten. Es besteht weder unter den Gemeinwesen eine einheitliche Regelung, noch wenden die einzelnen Gemeinwesen einheitliche Regeln auf ihre unterschiedlichen Unternehmen an. Das kantonale Elektrizitätswerk ist mitunter anders geregelt als die Kantonalbank. Die Verantwortlichen öffentlicher Unternehmen kommen daher nicht darum herum, sich eingehend mit den für ihr Unternehmen relevanten rechtlichen Grundlagen auseinanderzusetzen. Nur so können sie den Bereich ihrer eigenen Verantwortung kennen und ihre eigene Verantwortung gegenüber der Verantwortung anderer abgrenzen. Verbreitete Praxis ist das nicht.

Beispiel: Das Aktienrecht kennt eine Sonderregelung für die Beteiligung von Körperschaften wie Bund, Kantonen oder Gemeinden an einer Aktiengesellschaft. Körperschaften können sich in den Statuten der Gesellschaft das Recht einräumen lassen, Vertreter in den Verwaltungsrat abzuordnen. Sie müssen dazu nicht Aktionär und nicht kapitalmässig beteiligt sein. Es genügt ein öffentliches Interesse an der Aktiengesellschaft (vgl. Art. 762 OR). Die so aufgrund eines statutarischen Rechts durch die Körperschaft entsandten Verwaltungsräte haben die gleichen Rechte wie die von der Generalversammlung gewählten Verwaltungsräte.

Anders ist aber die Haftung geregelt. Während der von der Generalversammlung gewählte Verwaltungsrat zwingend persönlich haftet, haftet bei den von einer Körperschaft entsandten Verwaltungsräten die Körperschaft für die von ihr entsandten Verwaltungsräte. Aus dieser Haftung der Körperschaft für die von ihr entsandten Verwaltungsräte leitet sich ab, dass die Körperschaft den entsandten Verwaltungsräten Weisungen erteilen kann. Das Weisungsrecht ist bei den gewählten Verwaltungsräten dagegen wesensfremd. Um sachgerechte Weisungen erteilen zu können, ist die sonst für Verwaltungsräte geltende Pflicht zur Wahrung von Geschäftsgeheimnissen im Falle der entsandten Verwaltungsräte gegenüber dem entsendenden Gemeinwesen relativiert. Für den einzelnen Verwaltungsrat macht es also einen erheblichen Unterschied, ob er von der Generalversammlung gewählt oder von einer Körperschaft entsandt worden ist. Der gewählte Verwaltungsrat haftet persönlich, muss die Geschäftsgeheimnisse auch gegenüber dem Gemeinwesen wahren und ist gegenüber dem Gemeinwesen nicht weisungsgebunden. Umgekehrt ist der entsandte Verwaltungsrat nicht persönlich haftbar, kann Weisungen entgegennehmen und auch die erforderlichen Informationen an das entsendende Gemeinwesen weiterleiten.

In der Praxis ist oft anzutreffen, dass die Verwaltungsräte nicht wissen, in welche Kategorie sie fallen. Sie können sich daher auch nicht rechtskonform verhalten und ihre Verantwortung nicht korrekt abgrenzen.

Nutzen einer Eigentümerstrategie

In den letzten Jahren hat sich die Erkenntnis durchgesetzt, dass sich der Eigentümer eines öffentlichen Unternehmens verbindlich zu seinen Absichten und Erwartungen in Bezug auf das öffentliche Unternehmen äussern muss. Für diesen Zweck werden landauf, landab Eigentümerstrategien erarbeitet und festgelegt. Das ist im Grundsatz sehr erfreulich und unerlässlich. Nicht alle Eigentümerstrategien erfüllen die an sie gestellten Erwartungen. Die Mängel ergeben sich in der Regel aus zwei Schwächen.

Erstens versuchen Eigentümerstrategien bisweilen die Quadratur des Kreises. Die für die Energiepolitik typischen Zielkonflikte zwischen Sparsamkeit, Erneuerbarkeit, Günstigkeit und Standortattraktivität werden zusätzlich mit Gewinnerwartungen und Entwicklungserwartungen an das Unternehmen verknüpft, ohne eine für das Management hilfreiche Gewichtung vorzunehmen. Es ist ebenso zentral wie trivial, dass das öffentliche Unternehmen vorab einem öffentlichen Interesse dient, dieses aber mit unternehmerischen Mitteln verfolgt. Wenn der Kernbereich des Service public (z. B. Stromversorgung und Gasversorgung) unter regulatorischen und unter Wettbewerbsdruck gerät, so lautet die zentrale Frage: Soll sich das öffentliche Unternehmen auf den Kern des Service public zurückziehen, oder soll es vielmehr aus der bisherigen engen Tätigkeit ausbrechen und neue ertragreiche Geschäftstätigkeiten suchen? Beides sind valable Wege.

Für den Rückzug auf den Kern des Service Public spricht einerseits die liberale Wirtschaftsverfassung und andererseits das Gebot, dem Steuerzahler keine wirtschaftlichen Risiken aufzubürden, die er nicht zwingend tragen muss. Die liberale Wirtschaftsverfassung der Schweiz, die einen wesentlichen Anteil am erarbeiteten Wohlstand hat, gibt im Grundsatz der privaten Wirtschaftstätigkeit den Vorrang vor der staatlichen. Dieser Kompass des schweizerischen Verfassungsrechts geht in den letzten Jahren zunehmend vergessen. Er ist aber der Kern einer guten Public Governance, weil er von vornherein dem Staat möglichst wenig wirtschaftliche Risiken aufbürdet. Risiken sollen nach Möglichkeit mit privatem Kapital gedeckt werden. Für staatliche Wirtschaftstätigkeit braucht es eine spezielle Rechtfertigung. Erforderlich ist ein öffentliches Interesse wie die Intervention bei einem Marktversagen. Wenn nun internationale und nationale Regulierungen Infrastrukturmärkte öffnen, so bezweckt das im Kern nichts anderes, als bislang dem Markt verschlossene Bereiche neu dem Wettbewerb zuzuführen. Es wäre daher stringent, die wirtschaftliche Tätigkeit des Staates entsprechend zurückzufahren und nicht in Märkten auszubauen, die gerade geöffnet werden sollen.

In diesem Kontext wird in der Schweiz gerne übersehen, dass sich der Staat mit einer parallelen Tätigkeit in monopolistisch regulierten Märkten und in liberalisierten Märkten wettbewerbsrechtliche Knacknüsse einheimst. Die Rechtsprechung – auch in der Schweiz – wird in jüngerer Zeit in Bezug auf Quersubventionierungen und Marktverzerrungen solcher Konstruktionen strenger. Auch von Seiten der Privatwirtschaft regt sich zunehmend Widerstand. Parallel wächst von Seiten der EU der Druck, die in der EU zentralen beihilferechtlichen Standards auch in der Schweiz zur Anwendung zu bringen. Im Rahmen eines möglichen Stromabkommens ist diesem Druck kaum gänzlich zu widerstehen.

Zweitens gibt es durchaus gute Gründe, dass ein Gemeinwesen für sein öffentliches Unternehmen auch in einem zunehmend regulierten, liberalisierten und margenschwächeren Umfeld eine Wachstumsstrategie sucht. Man muss dabei indes die Ehrlichkeit besitzen, anzuerkennen, dass diese Gründe weder volkswirtschaftlicher noch staatsrechtlicher Natur sind. Es sind im Kern Gründe der faktischen Verhältnisse. Es wurde bereits angesprochen, dass öffentliche Unternehmen ein tiefes Urvertrauen bei den Konsumenten geniessen. Öffentliche Unternehmen sind eine wirtschaftliche Realität. Sie bieten Arbeitsplätze und ein Auskommen für Familien und viele regionale Zulieferer. Das Gemeinwesen ist diesen Unternehmen schlicht verpflichtet und muss Sorge zu ihnen tragen. Eine Rückzugsstrategie ist keine vielversprechende Perspektive. Ohne Zukunftsperspektive wird es nicht möglich sein, fähiges Personal zu rekrutieren. Die Frage der Zukunftsperspektive ist daher auch unter dem Aspekt der Governance von grosser Bedeutung.

Conclusio zur Eigentümerstrategie: Es dürfte zentral von der wirtschaftlichen Bedeutung eines bestehenden öffentlichen Unternehmens abhängen, welches die richtige Zukunftsstrategie in veränderten Marktverhältnissen ist. Ob ein kleines Gemeindewerk, das von Verwaltungsangestellten geführt ein überschaubares Netz betreibt und Endkunden beliefert, wirklich mit dem Aufbruch in neue Märkte und der für diesen Zweck vorgeschlagenen Umwandlung in eine Aktiengesellschaft gut beraten ist, kann bezweifelt werden. Die damit neu eingegangenen Risiken zulasten des Steuerzahlers dürften nicht in einem vernünftigen Verhältnis zu den Chancen stehen. Grundsätzlich anders ist es bei einem wirtschaftlich bedeutenden grösseren Unternehmen. Die faktische Präsenz des Unternehmens spricht gegen den reinen Rückzug, da damit Werte vernichtet würden. Aber auch hier stellt sich die Frage der längerfristigen Perspektive. Zu prüfen ist nicht nur, wie das Unternehmen selbst langfristig strategisch ausgerichtet ist. Es ist auch zu entscheiden, ob in einer mittel- und längerfristigen Perspektive die öffentliche Hand weiterhin der geeignete Eigentümer für ein Unternehmen ist, das primär dem Markt und den Regulatoren ausgesetzt ist. Die Frage der Sinnhaftigkeit, aber auch der Risikobereitschaft in Bezug auf ein stark den Marktkräften und dem regulatorischen Wandel ausgesetzten Unternehmen wird heute kaum in der gebotenen Ehrlichkeit gestellt und beantwortet.

Ungleiche Ellen im Bundesstaat: In diesem Kontext ist schliesslich auf eine politisch-rechtliche Realität hinzuweisen. Der Bundesgesetzgeber fasst die Bundesunternehmen weit weniger streng an als die kantonalen Unternehmen. Der Bundesgesetzgeber nimmt bei den Bundesunternehmen Rücksicht auf die Entwicklung des Unternehmenswerts und die Gewinnablieferungen. Gegenüber kantonalen Unternehmen besteht weit weniger Zurückhaltung. So sind Gewinnbegrenzungen und einseitig belastende Regulierungen gerade im Energiebereich im Bundesrecht verankert. Wenn etwa von Seiten der Bundesregulatoren – auch in diesem Buch – die nicht vollständig durchgeführte eigentumsmässige Entflechtung bei Swissgrid bemängelt wird, so ist darauf hinzuweisen, dass eine solche eigentumsmässige Entflechtung bei den Bundesunternehmen deutlich weniger weit geht als im Strommarkt. Sowohl bei Swisscom als auch bei SBB gibt es keinerlei eigentumsmässige Trennung von Netz und Dienstleistung. Bei Swissgrid sind die früheren – enteigneten – Eigentümer auf die Rolle eines reinen Aktionärs mit sehr begrenztem Einfluss zurückgedrängt. Die Kantone und Gemeinden haben auch im Rahmen ihrer Eigentümerverantwortung stärker darauf zu achten, dass der Bund von ihnen nicht mehr verlangt, als er es sich selber zumuten mag.

Das passende Rechtskleid

Eine gute Governance öffentlicher Unternehmen steht und fällt mit dem passenden Rechtskleid. Der Gestaltungsspielraum ist gross. Umso wichtiger ist auch hier, dass geklärt ist, welche öffentlichen und welche unternehmerischen Interessen verfolgt werden sollen. Es gibt nicht per se gute oder schlechte Rechtsformen. Es gibt aber passende und unpassende Rechtsformen.

Stark verkürzt können drei Grundformen auseinandergehalten werden.

Das unselbständige öffentliche Unternehmen besitzt keine eigene Rechtsperson, sondern ist als unselbständige Anstalt Teil des Gemeinwesens, dem es gehört (zum Beispiel EWZ). Es ist eine Verwaltungsabteilung. Die öffentliche Verwaltung ist von den Prinzipien der Legalität (Verwaltungshandeln braucht eine gesetzliche Grundlage), der Hierarchie (die übergeordnete Stelle, namentlich die politische Exekutive, ist im Rahmen des Rechts weisungsbefugt), der Rechtsgleichheit und der Willkürfreiheit (die Verwaltung muss alle gleich behandeln und darf nicht willkürlich entscheiden) geprägt. Unternehmerische Freiheit ist der hierarchischen Verwaltung wesensfremd. Die gesetzlichen Grundlagen können Lockerungen vorsehen. So kann das strenge Gebührenrecht für einzelne Leistungen gelockert werden, und es können Marktpreise zugelassen werden. Weiter können pauschale Ermächtigungen erteilt werden, die in gewissem Rahmen unternehmerisches Handeln erlauben. Das Eingehen unternehmerischer Risiken bleibt aber im Kern stets ein Fremdkörper.

Die Rechtsform des unselbständigen Unternehmens passt da, wo die verwaltungsrechtlich vorgegebene Leistungserbringung im Zentrum steht. Früher war das im Bereich der Stromversorgung der Fall. Das Gemeinwesen regelte die rechtsgleiche Stromversorgung zu öffentlichen Gebühren. Es gab weder Markt noch bundesrechtliche Regulierung.

Da dem unselbständigen Unternehmen die Rechtspersönlichkeit fehlt, fehlt auch die eigenständige Willensbildung für das Unternehmen. Das unselbständige Unternehmen hat keine eigenen Organe – keine Geschäftsleitung und keinen Verwaltungsrat –, die in eigener Verantwortung einen eigenständigen Willen für das Unternehmen bilden könnten. Vielmehr bleiben die teilweise dennoch so bezeichneten Funktionsträger der verwaltungsrechtlichen Hierarchie unterstellt. Im Zweifel sind sie weisungsgebunden. Es ist offensichtlich, dass diese Rechtsform für das Eingehen grösserer unternehmerischer Risiken nicht passt. Alle unternehmerischen Risiken trägt direkt und unvermindert das Gemeinwesen, also der Steuerzahler. Es ist die Rechtsform für verwaltungsnahe Tätigkeiten.

Auf der anderen Seite steht die privatrechtliche Gesellschaft, in der Regel die Aktiengesellschaft (zum Beispiel BKW AG oder Repower AG). Der Aktionär haftet nur mit dem Aktienkapital. Im Zweifel kann die Gesellschaft in Konkurs gehen. Die Aktiengesellschaft ist daher die idealtypische Rechtsform für die unternehmerische Tätigkeit. Sie hat sich breit durchgesetzt. Sie besitzt mit der Geschäftsleitung und dem Verwaltungsrat Organe, die einen eigenständigen Willen der Gesellschaft bilden. Die Gesellschaftsorgane sind daher dem Weisungsrecht des Gemeinwesens entzogen und sind für ihr Handeln persönlich haftbar. Auf die Spielform des entsandten statt gewählten Verwaltungsrats wurde bereits hingewiesen. Wesensfremd ist daher, wenn eine Aktiengesellschaft unverzichtbare öffentliche Aufgaben wahrnimmt oder wahrnehmen muss. Der Konkurs sollte als theoretische Möglichkeit offenbleiben. Eine unmittelbare Erfüllung öffentlicher Aufgaben steht nicht im Vordergrund. Die Aktiengesellschaft ist auch die Rechtsform, die am einfachsten Kooperationen oder auch den Verkauf zulässt.

Die Zwischenform bildet die selbständige öffentliche Anstalt (zum Beispiel EKZ). Sie verbindet die rechtlich-politische Einflussmöglichkeit mit einer rechtlich steuerbaren unternehmerischen Selbständigkeit. Die selbständige Anstalt kann mit eigenen Organen einen eigenständigen Willen bilden. Das hilft, im Sinne der Governance klare Verantwortlichkeiten zwischen Gemeinwesen und Unternehmen auszuscheiden. Handlungsspielräume können dem Zweck entsprechend definiert werden. Öffentliche Zwecksetzung und unternehmerische Ziele lassen sich für das konkrete Unternehmen differenziert ausgestalten. Da die Unternehmensgrundlage ein Gesetz ist, sind Kooperationen nur im vorgegebenen Rahmen möglich.

Denkbar ist, dass Konzernstrukturen geschaffen werden, beispielsweise mit einer selbständigen Anstalt als Mutter, die Beteiligungen an privatrechtlichen Aktiengesellschaften hält. Das lässt zu, dass für Aufgaben des Service public und für wettbewerbsorientierte Bereiche unterschiedliche Gefässe gebildet werden. Die minimale Grösse vorausgesetzt, kann das ein interessantes Modell sein. Es ist beispielsweise im basel-städtischen IWB-Gesetz vorgesehen.

Fazit

Rechtliche Rahmenbedingungen greifen stärker in den Handlungsspielraum öffentlicher Unternehmen ein, als dies bei privaten Unternehmen der Fall ist. Dabei ist die rechtliche und politische Steuerung öffentlicher Energieversorger uneinheitlich.

Verantwortungsträger müssen sich daher mit den rechtlichen Grundlagen der Steuerung vertieft auseinandersetzen, um ihre Handlungsspielräume und ihre Verantwortung zu kennen. Die Grundlagen sind überdies oft mangelhaft und lösen die Zielkonflikte zwischen unternehmerischer Wertschöpfung sowie versorgungs- oder energiepolitischen Zielen ungenügend auf.

Das Management versucht bisweilen, solche Unzulänglichkeiten in eigener Verantwortung und «im Interesse der Sache» auszugleichen. Das ist gefährlich. Wenn etwas «schiefläuft» trifft der Vorwurf der Regelwidrigkeit das Management – dies auch dann, wenn zu guten Zeiten stillschweigende Zustimmung von der politischen Seite zu vernehmen war.

Verantwortung ist abzugrenzen und da einzufordern, wo sie bei anderen Akteuren liegt. Das gilt namentlich für die Verantwortung des Gesetzgebers. Er muss bei öffentlichen Unternehmen Vorgaben bereitstellen, die der Realität des Unternehmens entsprechen. Zu oft sind die gesetzlichen Grundlagen noch ungenügend auf das fundamental veränderte Umfeld von Energieversorgern angepasst.

Mit Kooperationen erfolgreich in die Energiezukunft

Hans-Kaspar Scherrer, Dr. sc. techn. ETH/MBA, ist CEO Eniwa AG sowie Verwaltungsratspräsident der Swisspower AG und der Swisspower Renewables AG.

Governance ist wichtig – dass die richtigen Personen an den richtigen Stellen sind aber auch. Gerade in unsicheren Phasen mit vielen Veränderungen braucht es robuste und entscheidungsfähige Governance-Modelle. Ohne Zusammenarbeit und Nutzung der Grösseneffekte wird es für viele Energieversorgungsunternehmen (EVU) schwierig, mit allen technischen, regulatorischen und kommerziellen Anpassungen mitzuhalten.

Proaktiv handeln oder aussitzen

Noch nie in der rund 150-jährigen Geschichte der netzbasierten Energieversorgung mit Strom und Gas waren die Energieversorgungsunternehmen mit derart fundamentalen Veränderungen konfrontiert. Vor rund 20 Jahren wurde die politische Diskussion über die Strommarktöffnung initiiert, die 2010 mit der Teilmarktöffnung zumindest für grössere Bezüger umgesetzt wurde. Bis zur vollständigen Marköffnung wird es weitere Jahre dauern – sowohl beim Strom wie auch beim Gas, bei dem die Gesetzgebung noch weit zurückliegt. Die vollständige Marktöffnung stellt eine grosse Herausforderung dar, die sowohl von den grossen wie auch von den kleinen Versorgungsunternehmen gemeistert werden muss. Ob eine vollständige Strommarktöffnung in der Schweiz gesamtwirtschaftliche Vorteile bringt, darf durchaus hinterfragt und hoffentlich auch nochmals seriös geprüft werden. Jedenfalls lassen die Wechselraten und die Energiepreise in den bereits voll geöffneten Strommärkten unserer Nachbarländer nicht den Schluss zu, dass der freie Wettbewerb im Energiebereich einerseits ein grosses Kundenbedürfnis befriedigt und andererseits automatisch zu tieferen Preisen führt. Genauso wenig darf erwartet werden, dass die Marktöffnung zu den lang ersehnten Konsolidierungen und Zusammenschlüssen in der Branche führt. Es ist viel eher davon auszugehen, dass Gemeindewerke und kleine Versorger vermehrt mit Dienstleistern und Beratern zusammenarbeiten und sich schrittweise auf das noch rentable Netzgeschäft und lokale Nischendienstleistungen zurückziehen.

Im gleichen Zeitraum, das heisst in den nächsten zehn Jahren, soll die Energieversorgung deutlich umweltfreundlicher und erneuerbarer werden. Wie diese Aufgabe umgesetzt und letztendlich auch finanziert wird, ist noch unklar, erst recht in einem vollständig liberalisierten Strommarkt ohne Quoten-, Förderungs- oder Lenkungsinstrumente.

Die anspruchsvollen und für die Energiebranche angesichts der Projektierungs- und Bewilligungszeiträume sehr kurzfristigen Ziele werden durch die Energie- und durch die Umweltgesetzgebungen des Bundes, der Kantone, der Städte und Gemeinden vorgegeben. Die Zielsetzungen – allen voran für die Treibhausgasemissionen – wurden in den letzten Jahren deutlich verschärft, wobei das Ende noch nicht absehbar ist. Die Instrumente zur Umsetzung der Energiestrategie sind sehr stromlastig, sektorabhängig und unvollständig.

Als weitere gewichtige Veränderung steht der Ausstieg aus der schweizerischen Kernenergieproduktion und aus den Langfristbeschaffungsverträgen aus französischen Kernenergieanlagen an. Spätestens ab 2040 fehlt der Schweiz in der Winterversorgung eine Bandleistung von 4000 bis 5000 Megawatt, respektive eine Energiemenge von 16 bis 20 Terawattstunden. Diese Bandleistung ist für die Stabilität der Stromversorgung in der Schweiz und für die Versorgungssicherheit unverzichtbar. Mit der von Bund und Kantonen derzeit propagierten Strom-only-Strategie wird die Auslandsabhängigkeit in der Stromversorgung weiterhin deutlich zunehmen, ohne sicher zu sein, dass die benötigten erneuerbaren Produktionsmengen im Ausland auch zugebaut werden. Eine Aussage zu einer garantierten Versorgungssicherheit bis 2022 erscheint bei den Projektbewilligungsverfahren selbst für kleine dezentrale Produktionsanlagen von üblichen zehn bis zwanzig Jahren wie ein schlechter Witz.

In diesem Umfeld entstehen neue Geschäftsmodelle und Geschäftspartner, die meist deutlich agiler und risikofreudiger neue Themen aufnehmen und umsetzen als die traditionellen Versorger, die möglichst lange in der alten, klar geregelten und stabilen Versorgerwelt verharren. Die meist öffentliche Trägerschaft der Energieversorgungsunternehmen realisiert oft viel zu wenig, dass die fetten Jahre zu Ende gehen und Agilität, Innovationsfreude und Risikobereitschaft gefordert sind. In der zukünftigen Energiewelt sind Unternehmer gefragt, nicht Unterlasser. Neue Standbeine müssen jetzt aufgebaut werden, um auch in Zukunft erfolgreich zu bleiben. Dies können netzbasierte Aktivitäten sein wie Auf- und Ausbau von Wärmenetzen in urbanen Gebieten oder Dienstleistungen im Bereich der Mobilität, der Areallösungen oder der Elektroinstallationen. Der wirtschaftliche Druck auf die Versorgungsunternehmen ist zwar am Wachsen, aber nur recht langsam. Er ist insgesamt immer noch auf einem zu tiefen Niveau, um den Anreiz zu schaffen, frühzeitig und proaktiv horizontale oder vertikale Kooperationen und Zusammenschlüsse einzugehen. Es ist auch festzustellen, dass seitens der Eigentümer bisher noch sehr wenig Druck auf die Unternehmen zur Steigerung der Effizienz und zum Aufbau von Partnerschaften gemacht wird.

Mit Kapital stützen oder Kapital zurückführen?

Die Umsetzung der neuen Energie- und Umweltstrategie erfordert sehr viel Kapital, um in Energieerzeugungsanlagen, in neue Netze in den urbanen Gebieten sowie in die Digitalisierung der Unternehmen und ihrer Prozesse zu investieren. Dieses Kapital kann gegenwärtig durch die Werke und ihre Eigner, die mit weiteren öffentlichen Infrastrukturaufgaben bereits überlastet sind, nicht in ausreichendem Masse bereitgestellt werden. Die noch recht zaghafte Zusammenarbeit mit institutionellen Sektorfonds funktioniert vor allem im Bereich der geförderten erneuerbaren Energieproduktion, bei der noch darstellbare Renditen von einigen Prozent erwartet werden können. Im Bereich der nicht geförderten Produktionsanlagen sowie des Aufbaus von neuen Wärme-/Kältenetzen sind in den ersten Betriebsjahren keine oder sehr geringe Renditen zu erwarten, was für die institutionellen Anleger abschreckend wirkt.

Im Priorisierungskonflikt zwischen «Kuh melken», «Risiken nehmen und in die Zukunft der Unternehmen investieren», «Ausstieg aus den nicht erneuerbaren Energien» und «günstige Energie an die Kunden liefern» verharren viele Trägerschaften in den Szenarien «Kuh melken» oder «günstige Energie an die Kunden liefern», zum kurzfristigen Wohle der Stadt- oder Gemeindekasse, der Standortattraktivität dank niedrigen Steuersätzen sowie tiefen Energiekosten. Einzelne grosse und vermögende Städte haben die Zeichen der Zeit erkannt und haben ihre Werke finanziell so aufdotiert, dass aus öffentlichen Mitteln grosse Investitionen in Energieproduktionsanlagen und Netze und damit in die langfristige Zukunft der Unternehmen getätigt werden können.

Ob in dieser Situation die Governance einen entscheidenden Einfluss auf die erfolgreiche Unternehmensführung ausübt, hängt von vielen Faktoren ab. Auf jeden Fall sind Agilität, Innovationsfreude, Risikobereitschaft sowie Partnerschaften und Netzwerke sehr wichtig, um den Anschluss an die zahlreichen Neuerungen nicht zu verpassen und weiterhin wettbewerbsfähig und für die Kunden attraktiv zu bleiben. Nach einer Phase der Konstanz und des langsamen Aufbrauchens der Reservekapazitäten in Produktion, Übertragung und Verteilung kommt die schweizerische Energiewirtschaft nun in eine spannende Phase der Reinvestition in die bestehenden Infrastrukturen, aber auch der Investition in neue Infrastrukturen und neue Geschäftsmodelle für eine digitalisierte, dezentrale Infrastruktur.

IBAarau zu Eniwa: Vom Versorger zum Dienstleister

Die 125-jährige Geschichte der Strom- und Energieversorgung in Aarau wurde geprägt von Unternehmern und Führungspersonen aus Industrie und Gewerbe. So hatte das zur städtischen Verwaltung gehörende Elektrizitätswerk Aarau jahrzehntelang eine Kommission, die ähnlich eines Verwaltungsrates über die wichtigen Anliegen und Projekte zu entscheiden hatte. Einzig das Budget und die Rechnung wurden jeweils dem Stadtrat zur Genehmigung vorgelegt. Die operative Führung des Unternehmens wurde jeweils einem Direktor aufgetragen, der das Unternehmen meist über mehr als zwei Jahrzehnte führte, formte und weiterentwickelte. Im Jahr 2000 diskutierte man in Anbetracht der sich abzeichnenden Veränderungen im Strommarkt die Ausgliederung des städtischen Querverbundunternehmens Industrielle Betriebe Aarau und legte sie nach sorgfältiger politischer Abwägung dem Stimmvolk zum Entscheid vor. Das zum damaligen Zeitpunkt mehrheitlich liberale Aarau stimmte der Vorlage zu und ermöglichte damit die Ausgliederung des städtischen Werkes in eine private Aktiengesellschaft. Ein grosser Teil des angesparten Vermögens wie auch zahlreiche Immobilien mussten beim «Austritt» in das Finanzvermögen der Stadt Aarau transferiert werden und haben der Stadt ein tolles Investitionspolster beschert, von dem sie immer noch zehrt. Bereits zu diesem Zeitpunkt wurde den Abstimmenden in Aussicht gestellt, dass in einer zweiten Etappe eine Öffnung des Aktionariats auch für Publikumsaktionäre und Mitarbeitende angestrebt werde. Diese zweite Etappe fand 2011 statt und führte nebst der Stadt Aarau und 30 Versorgungsgemeinden zu über 800 weiteren Aktionären. Deren Aktienanteil liegt zurzeit bei 2,7 Prozent, jener der Stadt Aarau bei 95. Die restlichen 2,3 Prozent gehören den 30 Gemeinden, die von der Eniwa mit Strom, Gas, Wasser und Wärme versorgt werden. Die ursprüngliche Zielsetzung des Verkaufs von 5 Prozent der Aktien an Kleinaktionäre konnte damit nur gut zur Hälfte erreicht werden. Die Gründe liegen in der recht konservativen Dividende von gut 2 Prozent, der geringen Handelsmenge und den eher konservativen Erwartungen auf die Kurs- und Dividendenentwicklung für die nächsten Jahre infolge grosser und langfristig ausgelegter Investitionen in das Wärmenetz und das Aare-Kraftwerk. Das Interesse von institutionellen Anlegern, sich an einem lokalen KMU zu beteiligen, blieb ebenso gering.

Trotz Überführung der Firmenstruktur in eine privatrechtliche Aktiengesellschaft verblieb die Führungsstruktur bis 2018 bei einem durch den Stadtpräsidenten beziehungsweise die Stadtpräsidentin geführten Verwaltungsrat. Analog zu den früheren Elektrizitätswerk-Kommissionen wurden als Ergänzung zu den zwei städtischen Verwaltungsratsvertretern weitere Experten aus der regionalen oder nationalen Energieversorgung und verwandten Tätigkeiten in den Verwaltungsrat aufgenommen. Dank dieser Struktur blieb einerseits die enge Verbindung mit der städtischen Exekutive erhalten, andererseits wurde das notwendige Know-how durch die weiteren Mitglieder des Verwaltungsrates sichergestellt. Dank der privatrechtlichen Organisation und weitreichenden Kompetenzen des Verwaltungsrates konnte sich das Unternehmen rasch auf Veränderungen einstellen. Auch grössere Investitionsentscheide wurden gefällt, ohne dass Politik und Stimmvolk ihre Zustimmung hätten abgeben müssen. Diese Selbständigkeit galt natürlich auch für die Finanzierung der Projekte, die ebenfalls ganz in der Verantwortung der Gesellschaft lag. Als Aktiengesellschaft ist die Eniwa auf sich allein gestellt und kann nicht auf Mittel der öffentlichen Hand zurückgreifen. Dies hat sich zumindest bis anhin nicht als nachteilig entpuppt.

Mit dem Neubau des Bürogebäudes und des Werkhofes, dem Aufbau eines Wärme-/Kältenetzes sowie der Erneuerung des Aare-Kraftwerkes stehen nun drei Jahrhundert-Projekte im gleichen Jahrzehnt an, die sowohl Verwaltungsrat wie auch Geschäftsleitung nebst allen weiteren markt- und technologieabhängigen Veränderungen herausfordern. 2018 wurde nun zum ersten Mal das Präsidium des Verwaltungsrats nicht mehr durch den Stadtpräsidenten, sondern durch einen erfahrenen Kenner der Energiebranche übernommen. Um die Interessen des Hauptaktionärs Stadt Aarau zu wahren, sind nach wie vor zwei Mitglieder des Stadtrates im Verwaltungsrat vertreten, was angesichts der zahlreichen Schnittstellen und Interaktionen zwischen der Stadt, den Versorgungsgemeinden und der Eniwa sinnvoll ist. Die Interessen und Anliegen der rund 30 Versorgungsgemeinden werden durch einen Gemeinderat oder einen von den Gemeinden bestimmten Vertreter im Verwaltungsrat wahrgenommen. 2010 bestimmten zum ersten Mal die Gemeinden in einem demokratischen Verfahren diesen Vertreter, wobei für die Auswahl der Kandidaten nebst politischen auch fachliche Kriterien angewandt wurden.

Einzelkämpfer oder Teamsportler

Als mittelgrosses Unternehmen kann und will die Eniwa nicht sämtliche Aktivitäten der Energieversorgung eigenständig wahrnehmen. Seine Geschichte zeigt auf, dass die Strategie immer schon auf der regionalen Versorgung der Kunden mit Energie lag und in Kauf genommen wurde, dass zumindest ein Teil der Energie überregional beschafft werden musste. Die Zusammenarbeit mit Alpiq und ihren Vorgängerorganisationen wurde vor 110 Jahren in einem Zusammenarbeitsvertrag mit dem Kraftwerk Olten-Aarburg begründet und währt immer noch. Sowohl beim Erdgas wie auch beim Strom werden die gegenwärtig zur Verfügung stehenden Kanäle genutzt, um gemeinsam mit anderen Stadtwerken die fehlenden Kapazitäten am Markt zu beschaffen oder um die erneuerbare Energieproduktion im Ausland durch die Swisspower Renewables oder die Repartner Produktions AG aufbauen zu lassen. Auch für den Blick in die Zukunft arbeitet Eniwa mit anderen Swisspower-Stadtwerken zusammen und nutzt die gebündelte Kraft für spannende Innovationsprojekte. Mit der weiteren Marktöffnung, dem Fortschreiten der Digitalisierung und weiteren Herausforderungen wird die Zusammenarbeit unter den Werken noch wichtiger werden. Allerdings sind viele Werke noch nicht bereit, Teile der Wertschöpfungskette abzugeben und Kooperationen mit Dritten einzugehen, die ihren Entscheidungsspielraum verkleinern könnten – obwohl die Kostenvorteile auf der Hand liegen. Aus diesem Grund sind letztlich auch die beiden Swisspower Firmen Services AG und Energy AG gescheitert. Mit den Kooperationsprojekten gemeinsame Beschaffung von erneuerbarem Gas (Nordur), der Swisspower Innovation Group oder der Forschungszusammenarbeit für Blockchain-Anwendungen sind in den letzten zwei Jahren neue und spannende Kooperationsprojekte unter der Führung von Swisspower entstanden, an welchen sich auch Eniwa beteiligt hat.

Vor- und Nachteile einer Publikumsgesellschaft

Die Öffnung des Aktionariats bei IBAarau im Jahr 2011 hat zu einer zahlenmässig beachtlichen Verbreiterung des Aktionariats geführt. Waren bisher die Stadt Aarau als Hauptaktionärin sowie die 30 Versorgungsgemeinden im Aktionariat vertreten, kamen nun über 800 weitere meist private Aktionäre dazu. Mit einem Ausgabewert von 1250 Franken wurde verhindert, dass die Aktie als reine «Fressaktie» eingestuft wurde. Interessanterweise wurden im Schnitt über zehn Aktien pro Aktionär gezeichnet. Mit dieser Öffnung schaffte man formal für die Aktionäre ein Mitspracherecht. Aktionäre können Anträge an der Generalversammlung stellen oder auch Kommentare und Beiträge einbringen. Bisher haben die Aktionäre von dieser Möglichkeit keinen Gebrauch gemacht. Ob sie alle mit dem Geschäftsgang und insbesondere der Börsenkursentwicklung einverstanden sind, darf bezweifelt werden. Angesichts der klaren Mehrheitsverhältnisse der Stadt Aarau sowie der mehrheitlich komplexen Materie hat sich jedoch bisher noch niemand ans Rednerpult gewagt oder gar schriftlich einen Antrag für ein Traktandum eingereicht. Es dürfte sich also bei Eniwa derzeit eher noch um eine «unechte Publikumsgesellschaft» handeln. Die stufenweise Reduktion der Beteiligung der Stadt Aarau wurde im Jahr 2011 durch den Stadtrat diskutiert und entschieden. Ein erstes Etappenziel für die Verbreiterung der Trägerschaft wurde mit einer Reduktion von 97,5 Prozent auf 80 Prozent festgelegt. Sieben Jahre nach der Öffnung muss festgestellt werden, dass die Nachfrage nach der Publikumsaktie auf dem bisher erreichten Niveau von 2,5 Prozent oder rund 8000 Aktien verharrt und sich derzeit nicht von selbst weiterentwickelt. Die Öffnung des Unternehmens und damit auch ein Stück weit die Vorbereitung auf die vollständige Marktliberalisierung soll nun durch einen blockweisen Verkauf der 15% von der Stadt Aarau zur Verfügung gestellten Aktien angestrebt werden. Während die Aufnahme der Aktie an der Nebenbörse und die Preisfestlegung des Initialangebots der Aktie noch mit vergleichsweise wenig Aufwand durchgeführt werden konnten, dürfte der Verkauf von 15 Prozent der Aktien mit einem Wert von zirka 50 Millionen Franken erheblich mehr Aufwand generieren, sowohl für die Verkäuferin, die Stadt Aarau, die Eniwa Holding AG sowie für den Käufer.

Institutioneller oder industrieller Aktionär und Partner?

Nachdem bereits 2011 die Öffnung des Aktionariats breit kommuniziert wurde, hat die erneute Kommunikation über den Aktienverkauf von weiteren 15 Prozent zu politischen Diskussionen über Sinn und Zweck der Aktionariatsöffnung geführt – obschon der Souverän im Jahr 2000 die Kompetenz für den Aktienverkauf bis auf 51 Prozent klar dem Stadtrat zugebilligt hatte. Die Diskussionen gehen dabei von einer Grundsatzdiskussion bezüglich der Eignerstrategie, der Kernaufgaben und der langfristigen Ausrichtung der Eniwa über die Verwendung und Ausgabenkompetenz des Verkaufserlöses von 50 Millionen bis hin zum Verkauf von Beteiligungen und damit einer Kapitalausschüttung zur Stillung des Finanzbedarfs der Stadt Aarau. Dies zeugt in einem grossen Ausmass davon, dass Politik und Stadtverwaltung vor allem die eigene, finanzielle Dimension priorisieren und sich wenig darum kümmern, inwiefern der 15 Prozent Anteil der Aktien zu einem längerfristigen Mehrwert des Unternehmens führen könnte – was sowohl für die Stadt mit einem immerhin noch 80 Prozent Anteil wie auch für das Unternehmen ja von grösstem Interesse sein müsste.

Damit zeigt sich klar, dass der Weg der Öffnung des Aktionariats alles andere als einfach und gradlinig ist und dass es mehr Zeit braucht, um bei den Stakeholdern und auf allen politischen Ebenen ein Umdenken herbeizuführen. Da auch in Zukunft ein Teil des EVU-Geschäfts im konzessionierten Bereich und in der Grundversorgung mit Strom, Gas, Wasser und Wärme liegen wird, kann man nicht davon ausgehen, dass sich die Städte und Gemeinden rasch und vollständig als Eigentümer der Versorgungsbetriebe zurückziehen. Dafür ist die gut funktionierende Energie-, Trinkwasser- und Kommunikationsversorgung sowohl aus Versorgungssicht, aber auch aus Finanzsicht zu wichtig.

Eine Publikumsgesellschaft ist unabhängiger von einer öffentlichen und politischen Trägerschaft, gerät aber mit den Publikumsaktionären in neue Abhängigkeiten, die kaum einfacher zu führen sind. Im Falle eines städtischen Verwaltungsbetriebes beschränkt sich das Stakeholder-Management auf wenige, dafür umso wichtigere Personen. Je nach Interesse, Fluktuation, Voraussetzungen und Zusammensetzung der Gremienteilnehmer muss der Unternehmenskurs in jeder neuen Amtsperiode aufs Neue erkämpft oder entsprechend angepasst werden. Dies kann ein Vorteil sein für Prozesse mit schneller Dynamik und Veränderung. Für grössere und längerfristige Projekte bedeuten Personalwechsel oftmals auch einen Kurswechsel und eine Neubeurteilung von bestehenden Zielsetzungen und Projekten.

Die richtige Governance für Energieversorgungsunternehmen

Erstaunlicherweise gibt es im Energieversorgungssektor immer noch sehr wenige geöffnete Aktiengesellschaften. Die kurze Ausgründungswelle von Energieversorgungsunternehmen um das Jahr 2000 (Volksabstimmung zum

Elektrizitätsmarktgesetz EMG im Herbst 2002) war schnell verebbt, wobei das Volksnein erheblich dazu beigetragen hat. Aktuell geführte Diskussionen in vielen Städten und Gemeinden zeigen auf, dass die Eigentürmer die Energieunternehmen lieber noch etwas näher an die Brust nehmen, anstatt ihnen die für die Zukunft notwendigen unternehmerischen Spiel- und Handlungsräume heute schon zur Verfügung zu stellen. Sofern die politischen Vorgesetzten und Eigner sich in die Themen der Energieversorgung einbringen und über die entsprechenden Kenntnisse und Erfahrungen verfügen, kann sicherlich auch eine städtische Verwaltung ein Unternehmen erfolgreich führen. Oftmals sind jedoch unternehmerische Entscheidungen rasch zu treffen, Strategien anzupassen und neue Wege einzuschlagen. Tritt noch Wettbewerb dazu, wird die öffentlich geführte Debatte über Kredite oder Kaufpreissummen sicher nicht Begeisterung auslösen – ausser bei den Mitbewerbern. Zudem sind oftmals die finanziellen Kompetenzen der Verwaltung zu gering, womit viel Energie in die Bewilligung zahlreicher Projekte und Vorhaben investiert werden muss anstatt in die rasche und erfolgreiche Umsetzung, also viel Administration und wenig Konstruktion. Das Arbeiten in starren und oftmals auch eher erfahrungsorientierten anstatt zukunftsverpflichteten Strukturen ist sicher nicht attraktiv für unternehmerisch ausgerichtete Führungspersonen mit Gestaltungswillen und -fähigkeit. Genau diese Personen braucht es aber für die kommende Etappe und für die zeitige Umsetzung der neuen dezentralen Energiestrategie.

Ob es eine richtige Governance für EVU gibt oder ob die Governance nicht einfach ein zugegebenermassen wichtiger Faktor für die Zukunft der EVU ist, kann sicher unterschiedlich beurteilt werden. Nebst der richtigen Governance mit einem vernünftigen Mass an Kontrollmechanismen, aber auch unternehmerischen Freiheitsgraden ist die personelle Besetzung der Schlüsselstellen von grosser Bedeutung. Die Anforderungen an die Führungspersonen wie an die Mitarbeitenden sind in den letzten Jahren massiv gestiegen. Mit der Digitalisierung, der Dezentralisierung, der Liberalisierung und der Dekarbonisierung stehen sehr spannende, aber anspruchsvolle Veränderungen vor der Türe, die auf allen Ebenen neue Kompetenzen und Netzwerke erfordern. Nicht zuletzt auf der Stufe der Verwaltungsräte oder Kommissionen bedarf es deutlich mehr Branchenkenntnisse und unternehmerischer Kompetenzen, um die Unternehmensstrategien so zu definieren, dass der längerfristige Erfolg der Unternehmen gesichert werden kann. Zum einen muss hier die Verwaltung bereit sein, dass Feld zugunsten von Branchenkennern und versierten, erfahrenen Unternehmern freizumachen, auf der anderen Seite braucht es auch die entsprechenden Personen, die sich für solche Aufgaben zur Verfügung stellen. Die Governance bei Eniwa ist schon recht nahe am Ideal. Mit dem ersten branchenerfahrenen Verwaltungsratspräsidenten kann jetzt der Führungstriangel noch besser gelebt werden. Die Ebene Eignerstrategie und Vertretung der Aktionärsinteressen werden durch den Stadt- und teilweise durch den Einwohnerrat, die Gemeinden sowie auch durch die privaten Aktionäre wahrgenommen. Die Ebene der strategischen Unternehmensführung obliegt dem Verwaltungsrat, während die Aufgabe der operativen Unternehmensführung mit den benötigten Entscheidungskompetenzen an die Geschäftsleitung delegiert wurde. Eine Verbreiterung des freien Aktionariats und eine Vertretung dieser Aktionärsgruppe im Verwaltungsrat könnte ein weiterer Schritt zu einem Publikumsunternehmen darstellen. Es wäre aber auch denkbar, anstelle vieler kleiner Aktionäre wenige grosse zu gewinnen, die nicht so sehr am finanziellen Ertrag, dafür umso mehr an einer echten Skalierung der Aktivitäten, dem Sharing von Dienstleistungen und der gemeinsamen Nutzung von wichtigen Ressourcen interessiert wären.

Kooperationen und Governance: die Swisspower-Gruppe

Um längerfristig in einer immer schneller werdenden, digitalen Welt zu überleben, werden sich auch die Versorger über kurz oder lang die Frage nach «make or buy» stellen müssen und sich entscheiden, welche Aktivitäten auch in Zukunft noch selbst ausgeführt und welche Aktivitäten an einen Verbund oder an Dritte weitergegeben werden können. In der kommenden Welt der Dienstleistungen wird nicht mehr prämiert, wer etwas selbst gemacht, programmiert oder erfunden, sondern wer etwas schnell und mit wenig Aufwand zum Einsatz gebracht hat. Die Stadtwerke haben, was ihre Positionierung, ihre Ausrichtung auf eine erneuerbare Zukunft, ihre Wachstumschancen und Kundenbeziehungen angeht, beste Startpositionen im Zukunftsrennen zugelost erhalten. Zusammen decken die städtischen Versorger einen grossen Teil der Bevölkerung ab und liefern einen grossen Teil des benötigten Stromes und der Wärme an ihre Kundinnen und Kunden. Die gute Positionierung und die noch stabilen Erträge haben aber auch Nachteile. Der Leidensdruck, etwas zu verändern, neue Wege zu suchen und dann auch zu gehen, ist noch bescheiden klein. Innovation, Entwicklung, Produktmanagement und Business-Development sind Tätigkeiten, die für viele Stadtwerke noch als nicht notwendig taxiert werden. Da vor allem mittlere und kleinere Stadtwerke nicht für alle diese Tätigkeiten Ressourcen und Fähigkeiten aufbauen wollen und können, macht die Zusammenarbeit untereinander, aber auch mit Drittfirmen sehr viel Sinn. Während kleinere und mittlere EVU die gemeinsame Suche nach der Zukunft eher unterstützen, fühlen sich grössere Stadtwerke oftmals so kompetent und kräftig, dass sie sich alleine auf die Suche nach dem richtigen Weg machen und sich nicht mit den kleineren Stadtwerken abgeben wollen, welche die Prozesse eher ent- denn beschleunigen.

Nach einigen Jahren grösserer Anstrengung ist in den letzten zwei Jahren dennoch einiges entstanden, worauf die Stadtwerke stolz sein dürfen. Ein gemeinsames Innovationsmanagement, die Zusammenarbeit mit der Energy Web Foundation für die Prüfung von Blockchain-Anwendungen sowie die Investition in eine Biogas- und Power-to-Gas-Pilotanlage, aber auch das konsequente Festhalten am Swisspower Masterplan 2050 sind wichtige und positive Aktivitäten, die es zu kommunizieren und weiter auszubauen gilt. Die grösste Herausforderung bei diesen Partneraktivitäten stellt die Kommunikation und die Überzeugungsarbeit auf Geschäftsleitungsebene dar. Die Verwaltungsräte der EVU sind meist schon zu weit vom operativen Geschäft entfernt und nehmen keinen oder wenig Einfluss auf die Partnerschaften und die daraus resultierenden Economies of Scale. Ob die Geschwindigkeit, wie diese Kooperationen auf- und ausgebaut werden, ausreicht, um die zukünftigen Herausforderungen der EVU gut zu meistern, wird sich zeigen. Eine Alternative zum freiwilligen Weg der Kooperationen der EVU gibt es derzeit nicht. Deshalb gilt es, sich in der heutigen Welt gut vorzubereiten und für den Zeitpunkt bereit zu machen, indem der Leidensdruck zu gross wird und die Alleingänge der EVU nicht mehr funktionieren werden.

Anstelle der Beteiligung der EVU und Stadtwerke an Swisspower könnte sich deshalb auch eine neue Swisspower-Beteiligungsgesellschaft an den Stadtwerken und Querverbundunternehmen minderheitlich beteiligen und so die Zusammenarbeit und Ressourcennutzung direkt und schnell optimieren.

Fazit

Die Stadtwerke haben eine gute Startposition. Das Rennen ist aber noch nicht gewonnen! Machen wir etwas daraus, solange die Rahmenbedingungen dies noch zulassen. In der digitalen Welt wird das Tempo der Innovation und Neuerungen verschärft werden. Es geht nicht mehr darum, alles selber und möglichst kompliziert zu entwickeln, sondern neue Produkte und Dienstleistungen schnell und marktgerecht zu den Kunden zu bringen. Dabei hilft eine moderne Governance, die aber auch den Anforderungen entsprechend personell besetzt sein muss.

Interview mit Hans-Ruedi Hottiger und Daniel Schafer

«Positiv wirkt sich die politische Eigentümerschaft auch
bezüglich Nachhaltigkeit aus.»
Hans-Ruedi Hottiger

Ronny Kaufmann im Gespräch mit Hans-Ruedi Hottiger, Stadtpräsident von Zofingen und Präsident des Verwaltungsrates der Zofinger Stadtwerke StWZ Energie AG, und mit Daniel Schafer, CEO von Energie Wasser Bern (EWB)

Ronny Kaufmann: Die Energiewende erfordert neue Geschäftsmodelle. Neue Geschäftsmodelle erfordern eine neue Governance bei den Energieversorgern. Teilen Sie diese Einschätzung?
Daniel Schafer: Ich denke, dass es so stimmt. Die Governance der Stadtwerke ist noch nicht überall für die Herausforderungen am Markt, rasche Entscheidungswege und «unpolitische» Entscheidungsfindungen ausgelegt.
Hans-Ruedi Hottiger: Ich glaube auch, dass die These stimmt. Allerdings bin ich überzeugt, dass diejenigen Player, die stets ihre Hausaufgaben gemacht haben, bereits jetzt für die Energiewende richtig aufgestellt sind. Meiner Ansicht nach ist es unabdingbare Pflicht jedes Führungsorgans, sich und seine Organisationsform stets zu hinterfragen und – wenn nötig – die Geschäftsmodelle den aktuellen Rahmenbedingungen anzupassen. Das machen wir bei der StWZ Energie AG mit regelmässigen Strategie-Reviews mit Geschäftsleitung und Verwaltungsrat.
Ronny Kaufmann: Wie beurteilen Sie die Situation in Zofingen, in Bern?
Hans-Ruedi Hottiger: Wir haben eine Eigentümerstrategie, welche die Stossrichtungen unserer Aktivitäten klar festlegt. Dazu gibt es präzise Vorgaben für die Zusammensetzung des Verwaltungsrates. Wir haben festgelegt, welche Kompetenzen für VR-Mitglieder Pflicht sind und wie der Verwaltungsrat bezüglich eingebrachter Kompetenzen zusammengesetzt sein muss. Mindestens

ein Mitglied muss ein aktives Mitglied des Stadtrates, also der Stadt-Exekutive, sein. Diese Person muss nicht nur die Eigentümerin vertreten, sondern auch spezifische Kompetenzen mitbringen. Ein wichtiges Element spielt bei uns die Kommunikation; einerseits gegenüber der Öffentlichkeit, andererseits in punkto Austausch zwischen den Verantwortlichen des Stadtwerks und der Politik. Die Mitglieder der Geschäftsleitung sowie ich als Präsident des Verwaltungsrates sind regelmässig bei den Fraktionen und Parteien unseres Stadtparlaments mit Informationen zu laufenden Projekten oder zu grundsätzlichen Ausrichtungsfragen präsent.

Daniel Schafer: Der Gemeinderat der Stadt Bern hat in einer regelmässig revidierten Eignerstrategie die strategische Ausrichtung von Energie Wasser Bern festgelegt. Er legt darin nicht nur die Ziele der klassischen Energieversorgung sowie der Energieeffizienz fest, sondern gibt auch Spielraum für Aktivitäten im Bereich Haus- und Gebäudetechnik, Mobilität, Telekommunikation und für allfällige weitere Marktaktivitäten. In jüngster Zeit hat sich der Gemeinderat positiv zur Rolle von EWB als Rückgrat der smarten Stadt Bern ausgesprochen.

Ronny Kaufmann: Daniel Schafer, Sie kommen aus der Privatwirtschaft und sind jetzt CEO von EWB. Wie überlebt ein CEO mit einer Stadt als Eigentümerin? Und wie überlebt das Unternehmen?

Daniel Schafer: Es ist klar, dass sich der CEO dem Führungsrhythmus der Stadt anpassen muss und vielleicht auch umgekehrt. Im täglichen Leben findet aber das Sparring und die strategische Führung des Unternehmens durch den Verwaltungsrat statt. Dieses Gremium ist mit verschiedenen, ebenfalls privatwirtschaftlich orientierten Personen besetzt, und die politische Einflussnahme ist angenehm klein. Mir gefällt dieser Modus Operandi, der sich über die letzten Jahre in gemeinsamer Zusammenarbeit entwickelt hat. Es ist mir aber durchaus bewusst, dass die Rechtsform der öffentlich-rechtlich autonomen Gesellschaft nicht überall so gelebt wird.

Ronny Kaufmann: Ist aus Ihrer Sicht, Hans-Ruedi Hottiger, als Stadtpräsident von Zofingen eine politische Eigentümerschaft mehr Segen als ein Fluch?

Hans-Ruedi Hottiger: Ich empfinde sie eher als Segen denn als Fluch. Gut funktioniert es allerdings wirklich nur, wenn über die Eigentümerstrategie die Ziele klar definiert sind und ein kompetenter Verwaltungsrat die Zielerreichung regelmässig überprüft. Positiv wirkt sich die politische Eigentümerschaft auch bezüglich Nachhaltigkeit aus: Anstelle einer kurzfristigen Gewinnmaximierung werden neben den wirtschaftlichen Aspekten – die unbedingt genügend gewichtet werden müssen – die Umwelt- und die Gesellschaftsbelange ausgewogen berücksichtigt.

Ronny Kaufmann: Wie verhindert man denn mit einer solchen politischen Eigentümerschaft eine parteipolitische Instrumentalisierung des stadteigenen Unternehmens?

Hans-Ruedi Hottiger: Eine parteipolitische Instrumentalisierung kann durch eine klare Kompetenzzuordnung zwischen Eigentümervertretung, Verwaltungsrat und Geschäftsleitung verhindert werden. Kommunikative Transparenz unterstützt das noch zusätzlich. Ich möchte als VR-Präsident nicht nur der «politische Abgesandte» der Eigentümerin sein, sondern auch durch Fachlichkeit überzeugen, zum Beispiel in den Bereichen Strategie, Führung, Marketing und Kommunikation. Zudem versuche ich, meine Rollen klar zu trennen: Wenn es im Stadtrat um Angelegenheiten zwischen unserer Energie AG und der Eigentümerin geht, trage ich klar den Hut als VR-Präsident und gehe bei den entsprechenden Beratungen und Abstimmungen in den Ausstand. Zudem bin ich sicher als Parteiloser, der in der Mitte politisiert, der politischen Instrumentalisierung weniger ausgesetzt.

Ronny Kaufmann: Der Umbau des Energiesystems hin zu einer erneuerbaren Versorgung erfordert Investitionen und damit das rechtzeitige Eingehen von Markt- und Investitionsrisiken. Ist die heutige Governance der Energieversorger aus Ihrer Sicht dafür geeignet?

Daniel Schafer: Nicht generell, wenn aber von Seiten Verwaltungsrat akzeptiert wird, dass Engagements mit Risiken verbunden sind, damit mit Verlust gerechnet werden muss und sich der Verwaltungsrat bei einem Risikoeintritt auch entsprechend positioniert, dann funktioniert diese Governance. Die Politik, bei uns in Bern der Stadtrat – also das Parlament – wird allenfalls Fragen stellen. Diese können in einem konstruktiven Dialog durchaus beantwortet werden. In unserer Rechtsform und den gelebten Prozessen können wir bei Bedarf rasch und im richtigen Gremium Entscheide herbeiführen und sind damit auch unseren Partnern gegenüber handlungsfähig. Das ist ein absolut zentrales Asset in der heutigen Welt.

Ronny Kaufmann: Als Führungsperson eines Energieversorgers ist man täglich mit der Situation konfrontiert, dass man einerseits der Marktlogik folgend unternehmerische Entscheidungen treffen muss. Andererseits ist man als öffentliches Unternehmen zurecht auch dem Gemeinwohl verpflichtet. Fühlt man sich da mitunter wie zwischen Hammer und Amboss?

Daniel Schafer: Dieser Aspekt ist bei unseren jährlichen Strategie-, Planungs- und Budgetprozessen sehr zentral. Als Ingenieur spreche ich immer von einer multivariablen Optimierung; wir schauen nicht einseitig auf optimale Marktperformance oder möglichst hohen IRR, sondern versuchen auch die volkswirtschaftlichen Aspekte sowie die Langfristigkeit unserer Investitionen zu gewichten und in unsere Überlegungen einfliessen zu lassen. Das gelingt uns nicht immer perfekt, braucht aber eine permanente Diskussion innerhalb der operativen und der strategischen Führung.

Hans-Ruedi Hottiger: Daniel Schafer hat natürlich recht: Das Umgehen mit Marktrisiken ist eine der ganz grossen Herausforderungen eines Unternehmens mit politischer Eigentümerschaft. Bei diesen Rahmenbedingungen ist ein kompetenter und mutiger Verwaltungsrat sehr wichtig. Dazu ist natürlich auch eine gute Kommunikation mit den politischen Entscheidungsträgern, vor allem mit dem Parlament, nötig. Man muss eine Vertrauensbasis schaffen, die dann hilft, wenn man Risiken eingehen muss. Als Vorteil einer politischen Eigentümerschaft empfinde ich, dass hier eine «multivariable Optimierung» – wie Daniel Schafer es nennt – möglich ist, also das Einbringen von volkswirtschaftlichen und nachhaltigen Aspekten.

Ronny Kaufmann: EWB wurde mit Ihnen an der Spitze zu einem erfolgreichen und innovativen Stadtwerk. Welche Weichenstellungen waren für Sie im Rückblick die wichtigsten?

Daniel Schafer: Zentral war sicher der von meinem Vorgänger aufgegleiste Neubau der Kehrichtverbrennungsanlage, die dann als Energiezentrale realisiert wurde. Sie erzeugt aus Holz, Kehricht und Gas warmes Wasser, Dampf und Strom. Die Realisierung der Anlage durfte ich begleiten. Basierend darauf ist es uns gelungen, die marktwirtschaftlich richtige Antwort zur politischen Forderung nach Umsetzung des Energierichtplans zu finden. Mit unserer Wärmestrategie bringen wir die Bedürfnisse unserer Kundinnen und Kunden nach Komfort in Einklang mit unserer gewachsenen Infrastruktur und optimieren so die Cash-Flows, die zur Erreichung unserer Ziele notwendig sind. Zentral waren sicherlich auch der Ausbau des Produktionsportfolios, der Bau des FTTH-Netzes sowie die Neuorganisation im Querverbund.

Ronny Kaufmann: Die Vermeidung von Risiken steht bei Entscheidungen des Managements nicht selten im Vordergrund. Verpasste Chancen werden hingegen kaum vertieft beurteilt. Aus unternehmerischer Sicht sind aber die Folgen nicht ergriffener Chancen nicht weniger schädlich als die Folgen vermiedener Risiken. Wie erleben Sie das?

Daniel Schafer: Chancen und Risiken sind untrennbar miteinander verbunden. Das muss auch in der Diskussion von Risiken im Verwaltungsrat gelebt werden. Wir führen in unserem Riskmanagement seit mehreren Jahren bereits ein Chancenmanagement und wir investieren dort Zeit und Manpower. Wichtig ist, dass dieses Bewusstsein geschärft wird und dass auf Seiten der Politik im Gemeinderat der Stadt Bern diese integrale Betrachtungsweise gepflegt wird, hat doch die Politik traditionellerweise mehr Affinität zu Risiken als zu Chancen.

Hans-Ruedi Hottiger: Unternehmen, die konsequent die Chancen packen und sich nicht nur auf die Vermeidung von Fehlern konzentrieren, sind im Markt erfolgreicher. Das würde eigentlich auch für die Politik gelten. Aber leider funktioniert der Wahlmechanismus da etwas anders: Wer kaum etwas entscheidet, keine Risiken eingeht und damit auch keine Fehler macht, der wird meist gut wiedergewählt. Wer Chancen zu packen versucht – und dabei manchmal scheitert, kann hingegen an einem einzigen Fehler aufgehängt werden. Schwierig ist, dass die Politik häufig nur reaktiv handelt, also meist kaum in der Lage ist, Chancen zu antizipieren. Häufig bemerken so die politischen Entscheidungsträger gar nicht, wenn in ihrem Unternehmen eine Chance verpasst worden ist. Mit dieser Tatsache muss man umgehen können, sich davon aber nicht entmutigen lassen. Das Chancenmanagement ist daher immer auch ein wichtiges Thema in unseren Strategie-Workshops.

Ronny Kaufmann: Der CEO der SBB AG, Andreas Meyer, führte im Gespräch mit uns aus, dass Zusammenschlüsse grösserer Art in guten Zeiten fast nicht hinzubekommen seien, weil halt jeder für sein eigenes Tierchen schaue und nicht den ganzen Zoo im Blick habe. Wie beurteilen Sie das hinsichtlich Ihrer Eignerstrategie?

Daniel Schafer: Governancemässig sind wir absolut kooperationsfähig. Wir gehen Kooperationen dort ein, wo wir gemeinsam rascher zur Umsetzung unserer strategischen Ziele kommen. Dazu braucht es allerdings immer zwei, als grosses Stadtwerk sind wir immer verdächtig, weil wir auch Ressourcen bringen können und damit allenfalls die Kooperation wahrgenommen zu stark prägen. Ein weiteres Problem ist der fehlende Leidensdruck in der Branche, der immer noch finanziell suboptimale Lösungen zulässt und keinen finanziellen Druck zur Kooperation aufbaut. Swisspower zum Beispiel ist im Energiesektor ein gutes Gefäss, um bedarfsweise Kooperationen zu ermöglichen; und ich glaube, dass es halt auch Zeit braucht, bis dieser Spirit und das Vertrauen, dass man mit einem grossen Stadtwerk etwas machen kann, gewachsen sind. Der Weg ist lang – aber man muss ihn gehen.

Hans-Ruedi Hottiger: Kooperationen und Zusammenschlüsse im Energiebereich sind für mich kein Problem der Governance. Da spielt viel eher die emotionale Ebene. Uns geht es ähnlich wie der EWB, einfach auf einer tieferen Ebene. Unsere natürlichsten Kooperations- und Fusionspartner wären die anderen kommunalen Werke in der Region. Und eigentlich wissen diese, dass sie für die Herausforderungen des künftigen Energiemarktes zu klein sind – alle, auch wir! Aber aus emotionalen Gründen scheitern viele Bemühungen zur Kooperation oder gar Fusion. Die Eigenständigkeit wird hochgehalten, auch wenn diese höhere Kosten generiert. Und im Kanton Aargau hat die Kleinräumigkeit zudem politisch eine lange Tradition; ganz offensichtlich will man lieber das Beste derjenigen Unternehmen sein, die es nicht schaffen, als die Eigenständigkeit zu Gunsten einer grösseren erfolgreichen Organisationseinheit aufzugeben.

Staatliche Beherrschung und Unternehmenskleid

Zielkonflikte bei den Stadtwerken

Professor Matthias Finger ist Inhaber des Swiss Post Chair für Management von Netzwerkindustrien an der École Polytechnique Fédérale de Lausanne (EPFL) seit 2002. Seit 2007 ist er ebenfalls Mitglied der ElCom. Es handelt sich hier um persönliche Meinungen des Autors und nicht die der ElCom.

Susan Mühlemeier ist Doktorandin beim Laboratory for Human-Environment Relations in Urban Systems, École Polytechnique Fédérale de Lausanne (EPFL). In ihrer Promotionsarbeit befasst sie sich mit der Rolle der grossen Stadtwerke in der Energiewende der Schweiz und Deutschlands.

Stadtwerke sind traditionell Unternehmen der Städte, um deren Grundversorgung in den Bereichen Elektrizität, Gas, Wasser, Abwasser, Telekommunikation und anderen sicherzustellen. Als Kommunalversorger bedienen sie die Bürgerinnen und Bürger einer territorialen Einheit mit Public Services. Als Verbundunternehmen bauen sie auf den Synergien der verschiedenen Dienstleistungen auf. Typischerweise sind sie deshalb in öffentlicher Hand und in Haupteigentümerschaft der Städte. Mit der Liberalisierung des Elektrizitätsmarktes – und wohl bald auch des Gasmarktes – sind die Stadtwerke vor grosse Herausforderungen gestellt: Sie verlieren ihre grössten Kunden, ihre Netzaktivitäten werden reguliert, und sie können kaum mehr quersubventionieren. Wie können sie diese und andere Zielkonflikte überwinden? Ist die Schweiz ein Spezialfall?

Die Stadtwerke

Stadtwerke sind Teil der Netzwerkindustrien, gehen aber über diese hinaus. Als Netzwerkindustrien werden Industrien bezeichnet, die ihre Dienstleistungen auf der Basis von Infrastrukturnetzen erbringen. Dabei handelt es sich um natürliche Monopole, da eine parallele Netzinfrastruktur, die von einem zweiten Anbieter betrieben wird und den gleichen Service ermöglicht, volkswirtschaftlich nicht sinnvoll ist. Daneben umfassen Netzwerkindustrien meist kritische Infrastrukturen (wie das Stromnetz), die eine kritische Bedeutung für das Funktionieren der Wirtschaft und der Gesellschaft haben. Sie sind daher traditionell oft in öffentlichem Besitz und stark reglementiert, um einen gerechten und sicheren Zugang für alle Teile der Gesellschaft zu diesen kritischen Infrastrukturen zu ermöglichen (Service public).

Auf dem Gebiet einer Stadt (oder einer Gemeinde) kommen viele dieser Netzwerkindustrien zusammen: das Elektrizitäts- und Gasverteilnetz, Trink- und Abwasser, aber auch die verschiedenen Elemente des lokalen öffentlichen Verkehrs (Bahn, Metro, Bus, Tram). In den meisten Ländern sind diese lokalen Netzwerke häufig in öffentlicher Hand, das heisst, sie sind im Eigentum der Stadt, aber manchmal auch des Nationalstaates. In gewissen Ländern werden einige dieser lokalen Netzwerke von privaten Unternehmen betrieben. Das ist traditionellerweise (seit Anfang 20. Jahrhundert) in Frankreich im Wasser- und Abwassersektor sowie im öffentlichen Verkehr der Fall. In England wurde der Betrieb dieser lokalen Netzwerke erst in den 1980er Jahren an private (oft französische) Unternehmen ausgelagert. Eine Spezifizität der deutschsprachigen (Deutschland, Österreich, Schweiz) und der skandinavischen Länder sind die sogenannten «Stadtwerke». Es handelt sich hier um eine Organisationsform, in der die verschiedenen Netzwerke in einem lokalen öffentlichen Unternehmen zusammengefasst werden, was seinerseits Quersubventionierungen zwischen den verschiedenen Sektoren erlaubt. Das ermöglicht einen finanziellen Ausgleich zwischen mehr und weniger profitablen Dienstleistungen auf lokaler Ebene, ohne dabei zwingend auf nationale Unterstützung zurückgreifen zu müssen.

Liberalisierung

Das Stadtwerkmodell bekommt nun aber wegen der europaweiten Liberalisierung des Strom- und Gassektors Probleme. Die Liberalisierung in Europa hat zum Ziel, einen europäischen Binnenmarkt zu schaffen. Dazu werden die Netze in verschiedenen Liberalisierungsschritten von Produktion und Verkauf getrennt. Das ist das sogenannte «Unbundling» im Stromsektor. Und dieses betrifft in der EU nicht nur das Übertragungsnetz, sondern auch die grösseren Stadtnetze. Sie müssen also ihre Verteilnetze vom Verkauf der Elektrizität institutionell trennen, das heisst, die Stadtwerke aufspalten. Die Preise, welche die Stadtwerke für die Benutzung der Verteilnetze verrechnen dürfen, werden reguliert. Quersubventionierungen aus dem Netz heraus werden verboten. Bisher sind die Stadtwerke in der Schweiz nicht dazu verpflichtet, Produktion und Verkauf vom Betrieb des Verteilnetzes zu trennen. Es wird sich zeigen, wie die Schweiz mit diesen Entwicklungen in der EU in Zukunft umgehen wird. Absehbar ist jedoch, dass der Status quo in der Schweiz auf Dauer nicht aufrechterhalten werden kann.

Zudem ist der Elektrizitätsmarkt in Europa geöffnet, ebenso der Gasmarkt. Das heisst einerseits, dass die Kunden in einer Stadt vom städtischen Elektrizitätsanbieter (Stadtwerk) zu einem Konkurrenten wechseln können. Andererseits ermöglicht dieselbe Liberalisierung (zumindest theoretisch) einem Stadtwerk ebenfalls, Elektrizität in anderen Städten und an andere Kunden zu verkaufen: eine Chance, die aber nur einige wenige grosse Stadtwerke bisher wahrgenommen haben.

Um in diesem liberalisierten Markt bestehen zu können, werden Stadtwerke zunehmend «korporatisiert». Das bedeutet, dass sie in eigenständige Unternehmen, oftmals Aktiengesellschaften umgewandelt werden, die aber weiterhin im mehrheitlichen Besitz einer Stadt sind. In Tat und Wahrheit bleiben aber in den meisten europäischen Ländern, auch in der Schweiz, städtische Netzinfrastruktur und Vertrieb in öffentlicher Hand, da unter anderem weiterhin das Verständnis herrscht, dass der Service public dieser kritischen Infrastrukturen besser durch die öffentliche Hand organisiert sein sollte. Die ehemaligen Staatsbetriebe oder Verwaltungsdepartemente wurden lediglich korporatisiert, um im Wettbewerb effizient agieren zu können. Beides, Korporatisierung und Wettbewerb, schaffen Zielkonflikte, denen sich die Stadtwerke zu stellen haben.

Das Stadtwerk im Zentrum von Zielkonflikten

Aus einem Kommunalversorger, Verbundunternehmen und Service public-Anbieter werden nun korporatisierte Stadtwerke. Diese sind mit vier verschiedenen Zielkonflikten konfrontiert.

Wettbewerb zwischen öffentlichen und privaten Unternehmen
In der Produktion und im Vertrieb von Elektrizität und Gas konkurrieren öffentliche Stadtwerke gegen private Firmen. Letztere suchen sich dabei die lukrativsten Kunden und Märkte aus (sogenanntes «Cherrypicking» oder «Creamskimming»), was wiederum dazu führt, dass bei den Stadtwerken die weniger lukrativen Kunden hängen bleiben, was seinerseits die Wettbewerbs-

fähigkeit eines Stadtwerkes beeinträchtigt. Dies führt früher oder später dazu, dass ein Stadtwerk (wenn nicht schon regulatorisch dazu gezwungen) sein Verteilnetz vom Verkauf der Energie trennen wird und das Energiebusiness allenfalls sogar verkaufen muss.

Service public versus Profitorientierung
Als Kommunalversorger ist ein Stadtwerk ein (integriertes) Service-public-Unternehmen. Das gilt weiterhin für diejenigen (aber immer reduzierteren) Bereiche, in deren noch kein Wettbewerb stattfindet, zum Beispiel im Wasser- oder Abwassersektor. In den Bereichen, in denen nun Wettbewerb herrscht (Elektrizität, Gas, Abfallbewirtschaftung etc.), ist einerseits Profitorientierung (bei den Dienstleistungen) oder Regulierung (bei den monopolistischen Netzen) angesagt. Dieser Zielkonflikt ist institutionell nur so aufzulösen, in dem die von der Stadt (Gemeinde) aufgetragenen Service-public-Aufgaben präzis definiert und entsprechend abgegolten werden. Idealerweise nähme dies die Form eines Leistungsvertrages an.

Demokratische Kontrolle versus Wettbewerbsperformance
Die durch die Liberalisierung erfolgte Korporatisierung der öffentlichen Unternehmen, die zwar ein effizienteres Agieren im Wettbewerb ermöglicht, verändert gleichzeitig die Möglichkeiten demokratischer Kontrolle über das Unternehmen. Dieses Phänomen wird in der Literatur als Prinzipal-Agenten-Problem bezeichnet, da der Eigentümer (Prinzipal) nicht mehr die operative Führung (Agent) des Unternehmens innehat und somit ein Informationsgefälle entsteht. Dem wird versucht, durch Berichterstattungsauflagen und Eigentümerstrategien sowie -ziele entgegenzuwirken, um wieder die nötige Transparenz zu schaffen. Oftmals bergen die Eigentümerstrategien öffentlicher Unternehmen in Netzwerkindustrien aber enorme Zielkonflikte zwischen öffentlichem und privaten Interesse des gleichen Eigentümers (z. B. einer Stadt). Diese Konflikte erschweren das operative Geschäft der Unternehmen teilweise massiv und sind auch hinsichtlich der demokratischen Kontrolle und Transparenz nicht förderlich. Dieser Zielkonflikt ist schwierig, wenn nicht unmöglich, auf institutioneller Ebene aufzulösen und bleibt am Schluss oftmals bei Personen hängen (CEO, Verwaltungsratspräsident).

Föderalismus (Kleinräumigkeit) versus Effizienz (Skaleneffekte)
Stadtwerke sind typischerweise Teil und Ausdruck einer subsidiären und föderalen Staatsstruktur. Wettbewerb und Markt suchen umgekehrt ökonomische Effizienz durch Skaleneffekte. Lokales und kleinteiliges Management, das aus Redundanzen besteht (z. B. Verteilnetzbetreiber in jeder Kommune) und auch an den Wert der direkten demokratischen Kontrolle gebunden ist,

kann jedoch kaum grossflächig ökonomisch effizient sein und wird schliesslich zu einer gewissen Konzentration (Konsolidierung durch Fusionen) der Stadtwerke und politischer Zentralisierung (Gemeindefusionen) führen. Dieser Zielkonflikt lässt sich institutionell nicht auflösen, sondern muss politisch entschieden werden. Es ist letztlich eine Frage des Wohlstandes eines Landes, ob es sich dezentrale und ökonomisch weniger effiziente Strukturen leisten kann und will. Ist Zentralismus politisch nicht wünschbar, bleibt die Frage, wie ein föderales System ökonomisch effizient gestaltet werden kann.

Wir sind somit wiederum bei der Frage der Governance der Infrastrukturen. Und diese kann nicht nach einem einfachen Assessment-Prozess vor dem Hintergrund internationaler Standards abgehandelt werden. Sie ist auch nicht singulär hinsichtlich dessen zu beantworten, was technologisch am besten, ökonomisch am effizientesten oder politisch am gerechtesten wäre. Vielmehr handelt es sich – in demokratischen Gesellschaften – um einen gesellschaftlichen Aushandlungsprozess, in dem technologische Grundlagen sowie ökonomische und politische Maximen ausbalanciert werden. Gerade in Zeiten eines politisch und technologisch vorangetriebenen Wandels des Energiesektors (Dekarbonisierung, erneuerbare Energien, Digitalisierung) muss die Frage nach der Good Governance des Energiesektors und die Rolle der Stadtwerke darin neu und länderspezifisch beurteilt werden.

Quid de la Suisse?

Diese Zielkonflikte gibt es natürlich auch in der Schweiz. Dazu kommen aber noch ein paar weitere Spezifitäten, die es zu berücksichtigen gilt. Kommunale Energieversorger, Stadt- und Gemeindewerke haben in föderalen Energiesystemen eine lange Tradition und eine zentrale Rolle. Sie garantieren den Kommunen die direkte, lokale Kontrolle ihrer kritischen Netzinfrastrukturen (Strom, Gas und Wasser) sowie die lokale Energie- und Wasserversorgung. Kleine Gemeindewerke haben vor allem die Funktion des Verteilnetzbetreibers und Energieversorgers, grosse Stadtwerke sind traditionell auch an der Energieproduktion für die Stadt beteiligt. Sie halten deshalb entweder Anteile in Partnerwerken oder besitzen und betreiben eigene Kraftwerke, innerhalb der Stadt sowie in deren Umland. Die gesamte Verteilnetzebene föderaler Energiesysteme ist somit in kommunaler Hand.

Teilmarktöffnung

Die bis jetzt wichtigste Spezifität der Schweiz ist, dass der Elektrizitätsmarkt nur teilweise und der Gasmarkt überhaupt nicht liberalisiert worden ist. Das führt dazu, dass die Stadtwerke kaum dem Wettbewerb und der Konkurrenz ausgesetzt worden sind und meist von kostenbasierten, regulierten Energietarifen profitieren können. Als Resultat davon stehen die Kommunalversorger finanziell immer noch gut da, dies im Gegensatz zu denjenigen Unternehmen, die keine (tarif)gebundenen Endkunden mehr haben (vor allem Alpiq und Axpo). Das kann sich in Zukunft aber ändern.

Selbstproduktion
Ein Teil der schweizerischen Energieversorgungsunternehmen produzieren selber Elektrizität, heute noch vorwiegend aus (günstiger) Wasserkraft. In der Vergangenheit durften sie diese günstige Energie an ihre freien Kunden weiterverkaufen, was einige auch getan haben. Zwischenzeitlich hatte die ElCom diese Praxis unterbunden, so dass die EVU ihre Eigenproduktion anteilsproportional an alle ihre Kunden weitergeben müssen und somit nicht nur freie, sondern auch (tarif)gebundene Kunden in den Genuss günstiger Strompreise kommen. Das Bundesparlament hat im Kontext der Revision des Stromversorgungsgesetzes diese Durchschnittspreismethode jedoch wieder aufgeweicht. Zwar sind die Grundversorger weiterhin dazu verpflichtet, «Preisvorteile aus günstig zugekauftem Strom weiterzugeben», die inländische Produktion erneuerbarer Energien wurde jedoch von der Durchschnittspreismethode ausgenommen, und Preisvorteile müssen bis 2022 nicht weitergegeben werden.

Europa
Die Schweiz hat immer noch kein Stromabkommen mit der EU, und solange das der Fall ist, besteht auch die Teilmarktöffnung weiter und bleibt die finanziell komfortable Situation der EVU so. Das wird sich aber mit dem Stromabkommen ändern, die Schweizer Stadtwerke werden, wie alle europäischen auch, mit den obigen vier Zielkonflikten konfrontiert. Dazu kommen im Stromabkommen noch das Unbundling, jedoch nur für die grössten Stadtwerke, sowie eine stringentere Regulierung der Staatsbeihilfen. Letztere wird Quersubventionierungen aus monopolistischen Aktivitäten wie im Fall von Wasser und Abwasser in Zukunft unterbinden.

Energiewende
Die Schweiz hat 2017 per Referendum die Energiestrategie 2050 beschlossen. Das entsprechende Gesetz ist seit 2018 in Kraft. Das öffnet für die Stadtwerke neue Geschäftsopportunitäten in einem bis anhin relativ unregulierten Bereich und schafft neue Möglichkeiten, die oben genannten Zielkonflikte neu anzugehen. Welche Opportunitäten gibt es für die Stadtwerke, in der Schweiz und anderswo? Im Hinblick auf die oben identifizierten Zielkonflikte ergeben sich für die Schweizer Stadtwerke, insbesondere gerade im Kontext der Energiewende, neue Opportunitäten.

Wettbewerb, Wirtschaftlichkeit
Kommunalversorger sind auf Unternehmensebene nicht per se besonders effizient und sorgen im Energiesystem für Redundanzen, die kostenintensiver sind als eine zentrale Steuerung. Andererseits ist zum Beispiel das Lohnniveau egalitärer und transparenter, und Wertschöpfung wird auch in ländlichen Regionen gebunden. Ob eine föderale Governance-Struktur volkswirtschaftlich per se teurer ist als eine zentralisierte, bleibt gerade vor dem Hintergrund der Energiewende – die Innovation braucht – offen und sollte in entsprechenden politischen und wissenschaftlichen Diskursen stärkere Berücksichtigung finden.

Service public
Service public ist für die Stadtwerke oft eine Kernaufgabe. Dieser Auftrag ist damit nicht nur ein politisches Ziel, das extern des Unternehmens festgelegt wurde, sondern bildet einen integralen Bestandteil der Unternehmensstrategie. Die Stadtwerke bauen hier auf langjähriger Erfahrung des Systemmanagements und im Umgang mit lokal spezifischen Kundenbedürfnissen auf. Sie geniessen daher das Vertrauen der lokalen Bevölkerung und der Politik. Dieses Vertrauen können sie auch in einem Wettbewerbsumfeld nutzen.

Demokratische Kontrolle
Die meisten Kommunalversorger sind in öffentlicher Hand, und der Verwaltungsrat setzt sich aus politischen Vertretern zusammen; eine demokratische Kontrolle ist daher auf lokaler Ebene möglich. Da die Kommunalversorger meist in 100-prozentiger Eigentümerschaft der Gemeinden beziehungsweise der Städte sind, sind (politische) Entscheide meist leichter zu treffen. Dies kann als Vorteil verstanden und genutzt werden: Zielkonflikte können zum Beispiel gegenüber der Politik und Bevölkerung transparent gemacht sowie die Ziele für Unternehmen und Service public lokal neu ausgehandelt und definiert werden.

Föderalismus
Kommunalversorger sind integraler Bestandteil und die zentralen Akteure des föderalen Systems. Sie managen das Energiesystem vor Ort und spiegeln in ihrer Organisationsform und Funktionsweise die Werte der lokalen Gesellschaft wider. Sie tragen deshalb zur Diversität, Dezentralität und Resilienz der Energieversorgung bei.

Die Funktion der Stadtwerke

Die zentrale Funktion der Stadtwerke lässt sich an den drei Dimensionen Versorgungssicherheit, Dekarbonisierung und Resilienz klar aufzeigen.

Versorgungssicherheit

In der Tat leisten kleine Kommunalversorger auf Verteilnetzebene einen entscheidenden Beitrag zur Versorgungssicherheit. Sie übernehmen die Netzsteuerung und Instandhaltung der physischen Infrastruktur. Grosse Stadtwerke tun das auch im Bereich der Produktion, indem sie sich an der Energieproduktion beteiligen und zum Beispiel in erneuerbare Energien investieren.

Dekarbonisierung

Zudem haben Kommunalversorger das Potenzial, aktiv zur Dekarbonisierung des Energiesystems beizutragen, was aber stark von Einzelpersonen und dem politischen Willen der Gemeinde abhängig ist. Hier gibt es daher ebenso viele Positiv- wie Negativbeispiele. Der Beitrag grosser Stadtwerke zur Transition des Energiesystems ist jedoch eindeutig positiv, da die Städte in der Regel politisch progressiver ausgerichtet sind, über entsprechende finanzielle Mittel verfügen und somit ihre Stadtwerke zum Vorantreiben der Transition anhalten.

Resilienz

Welche Rolle spielen nun die Kommunalversorger für die Resilienz des Energiesystems? Kommunalversorger haben traditionell in kleinere und vielfältigere, oft erneuerbare Stromproduktionsanlagen und jüngst auch in Speicheranlagen investiert und managen zugleich die Prosumer in ihrem Verteilnetz. Die diversen, modularen Strukturen, die dennoch aus einer Hand von ihnen gemanagt werden, erlauben eine hohe Netzresilienz und können auch mit zur Resilienz des Übertragungsnetzes beitragen. Andererseits haben sie auf Basis ihrer Gasnetzstruktur auch in Projekte der Sektorenkopplung (Wärme, Verkehr) investiert und nutzen ihre Telekommunikationsnetze mehr und mehr zur digitalen Steuerung der Infrastrukturen. Im technischen Bereich spielen sie daher eine entscheidende Rolle für Diversität und Vernetzung des Energiesystems.

Zukünftige Rollen für Stadtwerke, EVU beziehungsweise Kommunalversorger

In Abhängigkeit der ihnen übertragenen Verantwortung und dem Grad der demokratischen Kontrolle lassen sich für Stadtwerke, EVU oder Kommunalversorger folgende drei «idealtypischen» zukünftigen Rollen herauskristallisieren. Alle drei Modelle bauen auf den Möglichkeiten der Digitalisierung auf.

Smarter Netzwerkbetreiber

Der Kommunalversorger wird sich auf das regulierte Geschäft zurückziehen, dafür jedoch weiterhin alle lokalen Netzwerke managen (Gas, Wasser, Elektrizität, Fernwärme) und die Service-public-Aufgabe auch im digitalen Bereich Daten übernehmen. Dieses Modell erlaubt demokratische Kontrolle über die kritischen Infrastrukturen (inklusive der Dateninfrastruktur), lässt gleichzeitig jedoch Raum für Wettbewerb in Produktion und Vertrieb.

Smarter regionaler Aggregator
Die Kommunalversorger ziehen sich auf das Netzgeschäft zurück, übernehmen zeitgleich jedoch auch die Rolle des Aggregators und damit die zentrale Rolle in der Steuerung der Verteilnetze und der dezentralen Produktion. Sie werden einerseits dem Übertragungsnetzwerkbetreiber Flexibilitäten zur Verfügung stellen, andererseits das Demand-Side-Management der Verbraucher (inklusive Smart Home) übernehmen. Sie werden damit nicht nur den Service public der Zurverfügungstellung der Daten übernehmen, sondern zeitgleich auch Dienstleistungen anbieten. Offen bleibt, inwiefern sie lediglich regulierte Systemdienstleistungen oder Services im Wettbewerb anbieten dürfen oder sollen. Dieses Modell wird (wenn nicht anders reguliert) zu einer gewissen Konsolidierung der Kommunalversorger führen, da diese Dienstleistungen erst ab einer gewissen Grösse ökonomisch sinnvoll sind, ihnen zeitgleich jedoch eine machtvolle Position eines dezentralisierten Energiesystems verleihen. Parallel ist auch eine ähnliche Rolle für gewisse Regionalversorger denkbar, um eine föderale Struktur im digitalisierten System darzustellen.

Smarter vollintegrierter Energieversorger
Das ist der voll integrierte Kommunalversorger, der auch in einem total liberalisierten Markt die ganze Wertschöpfungskette abdecken wird und regulierte und wettbewerbliche Bereiche in unterschiedlichen Tochterfirmen separiert. Diese Kommunalversorger werden ebenfalls in einem gewissen Masse konsolidiert, um sich im europäischen Wettbewerb behaupten zu können. Sie werden auch international investieren, um die ihnen nach wie vor öffentlich vorgegebenen strategischen Ziele zu erreichen. Die Kommunalversorger werden Smart Services anbieten und das auch in Konkurrenz zu privaten Aggregatoren. Das ist tendenziell bei den grossen Kommunalversorgern in Deutschland, aber auch der Schweiz bereits zu beobachten. Es erweitert die demokratische Kontrolle auf Produktion und Services und forciert damit einen demokratisch gesteuerten Ausbau der erneuerbaren Energien beziehungsweise des Ausstiegs aus nicht erneuerbaren Energien. Es verschafft den grossen Städten, in denen die grossen Kommunalversorger meist angesiedelt sind, Möglichkeiten für zusätzliches Einkommen. Es bleibt jedoch zu diskutieren, ob dieses Modell volkswirtschaftlich am effizientesten ist und wie ein Wettbewerb zwischen öffentlichen und privaten Firmen geregelt werden kann.

Es besteht auch die Möglichkeit, sowohl Netze als auch Produktion und

Vertrieb zu privatisieren. Dadurch würde die direkte demokratische Kontrolle verloren gehen, auch wenn über strenge Konzessionsrechte weiterhin Einfluss genommen werden könnte. Eine Privatisierung forciert jedoch die Profitorientierung und damit die Tendenz zu Skaleneffekten, so dass die Betreiber selten kleinteilig strukturierte und lokale Unternehmen sein werden, die dem föderalen Verständnis entsprechen und die Wertschöpfung regional binden. Der Service public und die Versorgungssicherheit müssten über strenge Regulierungen garantiert werden, die nicht mehr integraler Bestandteil der Unternehmensstrategien wären, sondern von diesen als externe Anforderungen betrachtet werden. Insgesamt müsste eine volle Privatisierung stark reguliert werden, um den oben erwähnten grundlegenden Werten zu entsprechen. Ob sich eine Privatisierung positiver auf die Energiewende auswirken würde, bleibt abzuwarten.

Fazit

Stadtwerke und Kommunalversorger stehen im Zentrum des föderalistisch organisierten Schweizer Energiesystems. Verteilnetze und lokale Energieversorgung sind in kommunaler Hand. Im Kontext der europäischen Integration und der damit einhergehenden Liberalisierung der Strom- und Gasmärkte stehen die Stadtwerke in der Schweiz, wie in anderen föderalen Staaten Europas, jedoch zwischen vier Zielkonflikten: dem Wettbewerb zwischen öffentlichen und privaten Unternehmen, dem Service public versus Profit-Orientierung, der demokratischen Kontrolle versus Wettbewerbsperformance sowie dem Föderalismus (Kleinräumigkeit) versus Effizienz (Skaleneffekte). Zusätzlich ergeben sich für Schweizer Stadtwerke weitere Herausforderungen wie die Teilmarktöffnung oder die Beziehungen zu Europa und die damit verbundene Regulierung des Energiesektors.

Die Stadtwerke stehen in der aktuellen Energiewende jedoch gut da: Sie tragen auf lokaler Ebene massgeblich zur Versorgungssicherheit, Dekarbonisierung und Resilienz des Energiesystems bei. Sie sollten diese guten Ausgangsbedingungen nutzen, um an Lösungen für die bestehenden Zielkonflikte zu arbeiten. Im direkten Austausch mit dem Eigner, der lokalen Stadtbevölkerung, anderen Stadtwerken sowie der Politik sollten sie ausserdem diskutieren, welche Rollen sie im zukünftigen Energiesystem übernehmen werden: smarter lokaler Netzwerkbetreiber, smarter regionaler Aggregator oder smarter, voll integrierter Energieversorger.

Governance von Stromnetzen

Yves Zumwald ist CEO von Swissgrid und ehemaliges Mitglied der Geschäftsleitung der im Verteilnetz aktiven Romande Energie.

Der Betrieb von Stromnetzen unterscheidet sich fundamental von anderen wirtschaftlichen Tätigkeiten, da ein Stromnetz ein natürliches Monopol darstellt. Gleichzeitig bilden die Stromnetze das Rückgrat der sicheren Stromversorgung, sind also ein wichtiger Baustein für die rund um die Uhr verfügbare Stromversorgung. Dieser Beitrag zeigt auf, worin die Herausforderungen der Governance im Betrieb von Stromnetzen liegen und wie diese in der Schweiz auf Stufe Verteilnetz und insbesondere auf der Stufe des Übertragungsnetzes geregelt sind.

Stromnetze als Rückgrat der sicheren Stromversorgung

Der Strom kommt aus der Steckdose. Würde man einen Blick hinter die im Alltag so unscheinbaren Steckdosen werfen, stiesse man auf Stromleitungen, welche zusammen ein Stromnetz bilden. Dem technischen Fortschritt verdanken wir es, dass elektrische Energie über weite Distanzen geleitet werden kann. Das ist einer der Gründe, weshalb die Stromproduktion meist in grossen Kraftwerken erfolgt und dann mittels Stromleitungen zu den Verbrauchern gebracht wird. Auch wenn Bemühungen zum Ausbau der dezentralen Stromproduktion bestehen (z. B. lokaler Verbrauch des auf dem eigenen Dach mittels Solarpanels produzierten Stroms), wird es mindestens in den nächsten Jahrzehnten weiterhin die Stromnetze als Rückgrat für die Versorgungssicherheit brauchen. Denn auch wenn die Sonne nicht scheint (Abend, Winter) oder der Wind nicht weht, will der moderne Mensch kaum auf eine lückenlose Stromversorgung verzichten.

Stromnetze sind natürliche Monopole

Stromleitungen können nicht beliebig durch die Landschaft verlegt werden. Erst recht gilt das für komplette Netze mit ihren zahlreichen Verästelungen und Verknüpfungen. Es wäre aus Kostengründen, aber auch aufgrund der Umweltbelastung, nicht sinnvoll, wenn jeder Stromlieferant sein eigenes Leitungsnetz bis zu seinen Kunden verlegen würde. Zu diesem Netz der Stromversorgung, wie es sich in über 100 Jahren herausgebildet und bewährt hat, gibt es aktuell keine Alternative. Es wäre weder möglich noch wünschenswert, die Landschaft mit weiteren solchen Netzen zu überziehen. Die Ökonomen räumen deshalb dem Stromnetz den Rang eines natürlichen Monopols ein. Sie wollen damit sagen, dass sich das Netzmonopol aus Sachzwängen ergibt, denen mit dem üblichen kartellrechtlichen Instrumentarium zur Beseitigung von Monopolen nicht beizukommen ist.

Monopole erfordern Regulierung

In einer Monopolsituation besteht das Risiko, dass die Stromkunden für die Nutzung der Stromnetze zu viel bezahlen müssen. So besteht z. B. das Risiko, dass vertikal integrierte Energieversorgungsunternehmen Kosten, die von der Produktion zu tragen wären, in die Netzkosten einrechnen (und damit die Energiekosten zulasten der Netzkosten reduzieren). Aus diesem Grund hat das Schweizer Parlament mit dem Bundesgesetz über die Stromversorgung

(Stromversorgungsgesetz, StromVG; SR 734.7) die gesetzliche Grundlage zum Schutz vor solchen Risiken erlassen. Dazu gehören einerseits Vorschriften zur maximalen Höhe von Netztarifen und andererseits Vorschriften zur Entflechtung (Unbundling) des Netzbetriebs von der Stromproduktion. Vor diesem Hintergrund möchte ich folgende Aspekte beleuchten: die historische Situation der Stromwirtschaft in der Schweiz, die Grundlagen des Unbundlings, die Entstehungsgeschichte von Swissgrid, heutige Governance-Ausgestaltung von Swissgrid und die bisherige, rund zehnjährige Erfahrung damit.

Historische Situation der Stromwirtschaft in der Schweiz

Die Stromwirtschaft unterscheidet sich von anderen Wirtschaftszweigen in mehrfacher Hinsicht. Die wichtigsten Unterschiede sind, dass die Anlagen sehr hohe Investitionen erfordern, der Transport des Stromes Leitungen sowie viel Boden für den Anlagenbau benötigt. Die Kapitalintensität, die technischen Besonderheiten sowie die Notwendigkeit der Beanspruchung öffentlichen Grundes für den Bau elektrischer Anlagen hatten zur Folge, dass sich in der Schweiz Kantone und Gemeinden auf dem Gebiet der Stromversorgung betätigten (und kaum Private). Im Zuge dieser Entwicklung wurde die Stromversorgung als ein öffentliches Gut und die flächendeckende Versorgung der Bevölkerung als eine öffentliche Aufgabe wahrgenommen. Deshalb ist die Energiewirtschaft in der Schweiz geprägt von der kleinräumig organisierten Aneinanderreihung von Gebietsmonopolen und von der tragenden Rolle öffentlicher Unternehmen. Hinzu kommt, dass sich die Mehrheit der Elektrizitätsversorgungsunternehmen in sämtlichen Bereichen der Wertschöpfungskette betätigen, also von der Stromproduktion über die Übertragung bis hin zur Lieferung an den Endverbraucher, also vertikal integriert waren.

Strom lässt sich in grossen Mengen nur über Leitungen transportieren. Da deren Bau und Unterhalt mit hohen Investitionen verbunden ist und zudem öffentlichen Grund und Boden beansprucht, ist aus wirtschaftlicher sowie ökologischer Sicht der Aufbau einer parallelen Infrastruktur höchst unattraktiv. Im Bereich der Energienetze verfügen die Netzeigentümer somit über ein natürliches Monopol. Aufgrund ihrer Eigentümerstellung hatten sie das Recht, darüber zu bestimmen, wer die am Netz angeschlossenen Endverbraucher beliefern darf. Dadurch, dass der Netzbetrieb, die Stromproduktion und der Handel in einer Hand sind, bestand kaum ein Anreiz, Dritten ihre Netze zur Belieferung der Endverbraucher zur Verfügung zu stellen. Die Strukturen vertikaler Integration hatten somit zur Konsequenz, dass das natürliche Monopol im Netzbereich sich auch auf den vor- und nachgelagerten Bereich der Produktion und des Handels erstreckte.

Natürliches Monopol erfordert Entflechtung der Wertschöpfungsstufen

Will man im Energiemarkt Wettbewerb schaffen, muss das natürliche Monopol vom vor- und nachgelagerten Bereich der Wertschöpfungskette abgetrennt und auf den Netzbereich beschränkt werden. Dieses Ziel wird in erster Linie dadurch erreicht, dass der Zugang zum Netz geöffnet und somit allen Marktteilnehmern diskriminierungsfrei zur Verfügung gestellt wird. Der gesetzliche Anspruch auf Netzzugang ist damit die eigentliche Schlüsselbestimmung zur Marktöffnung. Der freie Netzzugang ermöglicht dem Endverbraucher die Wahl seines Stromlieferanten. Der Netzzugang alleine ist jedoch noch nicht ausreichend, damit Wettbewerb in die Stromwirtschaft kommt. Es braucht weitere Massnahmen, um im Bereich des natürlichen Monopols (Netz) für alle Marktteilnehmer gleiche Bedingungen zu ermöglichen (Level Playing Field). Zum einen muss geregelt werden, welches Entgelt ein Netzbetreiber für die Nutzung seiner Leitungen verlangen kann (Ziel: Verhinderung einer Monopolrente) und wer es wirtschaftlich zu tragen hat. Zum anderen muss mittels Vorschriften verhindert werden, dass Netzbetreiber, die selbst in der Stromproduktion und im Handel tätig sind, den Wettbewerbsbereich mit Einnahmen aus dem Monopolbereich quersubventionieren (das heisst, indem sie Kosten aus dem Wettbewerbsbereich in den Monopolbereich verschieben und sich so einen Vorteil im Wettbewerbsbereich verschaffen). An dieser Stelle setzt das Instrument der Entflechtung an: Durch «Unbundling» soll die Trennung der unterschiedlichen Marktstufen innerhalb der Wertschöpfungskette im Energiesektor rechtlich umgesetzt werden, um dadurch die wettbewerbshemmenden Auswirkungen der vertikalen Integration zu eliminieren. Ziel ist die Unabhängigkeit des Netzbetriebes. Das StromVG differenziert hinsichtlich des Grades der Entflechtung zwischen den Bereichen des Verteil- und des Übertragungsnetzes.

Verteilnetz: buchhalterische Entflechtung

Im Bereich des Verteilnetzes schreibt das StromVG eine buchhalterische Entflechtung vor, wonach die Unternehmen für den Monopol- und den Wettbewerbsbereich jeweils getrennt Buch zu führen und Rechnung zu legen haben. Quersubventionierungen sind ausdrücklich untersagt und können besser aufgedeckt werden, wenn buchhalterisch Transparenz besteht. Der Gesetzgeber hat bei der Ausgestaltung der Entflechtungsvorschriften im Bereich der Verteilnetze bewusst auf eine eigentumsrechtliche oder organisatorische Entflechtung verzichtet. Damit bleibt die Schweiz hinter den Regeln des EU-Rechts zurück, die für vertikal integrierte Elektrizitätsversorgungsunternehmen mit mehr als 100 000 Endkunden verlangen, dass der Netzbetrieb auf eine eigene Gesellschaft ausgegliedert werden muss. Zur Begründung dieses Verzichts ist in der Botschaft des Bundesrates aus dem Jahr 2004 zum Erlass des StromVG nachzulesen, dass die schweizerische Elektrizitätsversorgung überwiegend durch kleinere Versorgungsunternehmen geprägt sei und eine über die buchhalterische Entflechtung hinausgehende organisatorische Entflechtung nur schwer überprüfbar wäre.

Übertragungsnetz: eigentumsrechtliche Entflechtung

Deutlich weiter geht die Entflechtung im Bereich des Schweizerischen Übertragungsnetzes: Gemäss StromVG muss das Übertragungsnetz auf gesamtschweizerischer Ebene von einer Gesellschaft (der sogenannten nationalen Netzgesellschaft, konkret Swissgrid AG) betrieben werden, die zugleich Eigentümerin der Netzanlagen sein muss. Zur Umsetzung dieser Vorgabe verpflichtete das StromVG die vormals vertikal integrierten Elektrizitätsversorgungsunternehmen, den Geschäftsbereich des Übertragungsnetzes vollständig aus ihrer Unternehmensstruktur herauszulösen und auf die nationale Netzgesellschaft zu übertragen. Im Vergleich zum Verteilnetzbetrieb stellte die eigentumsrechtliche Entflechtung eine weitaus einschneidendere Massnahme dar und war unter anderem deshalb politisch umstritten. Die Gründe, warum eine rein buchhalterische Entflechtung im Bereich der Übertragungsnetze für unzulänglich erachtet wurde, liegen in der zentralen Funktion des Übertragungsnetzes für den schweizerischen und internationalen Stromhandel und Stromaustausch sowie in der damit verbundenen höheren Komplexität der Materie. So ist zum Beispiel Swissgrid (und nicht die Verteilnetzbetreiber) für die Beschaffung und den Einsatz von Regelenergie verantwortlich. Diese ist notwendig, um das Gleichgewicht von Ein- und Ausspeisungen im Stromnetz sicherzustellen und so einen stabilen Netzbetrieb gewährleisten zu können.

Im Third Energy Package der EU werden den Mitgliedstaaten für die Entflechtung des Übertragungsnetzes grundsätzlich drei Modelle zur Wahl überlassen (Full Ownership Unbundling, Independent System Operator und Independent Transmission Operator). Es würde den Rahmen dieses Beitrages sprengen, die einzelnen Modelle (und noch interessanter: die Umsetzung der Modelle in den Mitgliedstaaten) vorzustellen. Festgehalten werden kann jedoch, dass die Ausgestaltung von Swissgrid keinem der drei Modelle telquel entspricht. Die Ausgestaltung der Governance hat sich bei Swissgrid in der Praxis jedoch bewährt, so dass unmittelbar kein Anlass zur Änderung besteht. Mittelbar könnten das Stromabkommen mit der EU und Änderungen im sogenannten Marktdesign zur Folge haben, dass die Ausgestaltung der Governance bei Swissgrid (und allenfalls auch bei den Verteilnetzbetreibern) Änderungen erfahren wird.

Governance von Stromnetzen

Mit den bisherigen Ausführungen ist nun die Basis gelegt, um zu verstehen, worin die grössten Herausforderungen für eine gute Governance von Stromnetzen liegen: in der Vermeidung von zu hohen Netztarifen (Stichwort: Monopolrenten) bei gleichzeitig genügender Finanzierung zur Aufrechterhaltung der hohen Versorgungssicherheit und sowie in der Vermeidung von unsachgemässen Kostenverschiebungen von den Wettbewerbsbereichen in das Netz (Stichwort: Quersubventionierung). Diese beiden Punkte sind entscheidend, um eine sichere und gleichzeitig wettbewerbsorientierte Elektrizitätswirtschaft zu erreichen. Der Begriff «Governance» stammt aus dem aktienrechtlichen Kontext. Das Konzept der Corporate Governance umschreibt das System der Leitung und Überprüfung von Unternehmen, oder präziser der Unternehmensführung und -kontrolle und bezweckt im Wesentlichen die Wahrung der Interessen der Unternehmenseigner unter gleichzeitigem Erhalt der Beschlussfähigkeit der Unternehmensführung. Mit anderen Worten soll ein Ausgleich zwischen Führung und Kontrolle erreicht werden. Überträgt man dieses Konzept auf den Netzbetrieb mit den oben dargelegten Besonderheiten, hat die Governance im Kern die Aufgabe, «angemessene» Tarife zu gewährleisten. «Angemessen» in diesem Kontext heisst: Die Tarife dürfen nur zur Deckung von für das Netz notwendigen Kosten verwendet werden; die Kosten des Betriebs sind unter Wahrung einer hohen Versorgungssicherheit so tief wie möglich zu halten; das eingesetzte Kapital (Eigen- und Fremdkapital) muss verzinst werden, die Verzinsung muss jedoch dem Risiko angemessen begrenzt sein.

In den nächsten Abschnitten werde ich zunächst die Entstehung von Swissgrid aufzeigen und sodann erläutern, wie die vom StromVG vorgegebene Governance von Swissgrid diese Aufgaben adressiert. Betreffend Verzinsung des eingesetzten Kapitals vorab noch diesen Hinweis: Die Angemessenheit der Verzinsung wird im Konzept des StromVG in erster Linie mit dem sog. regulatorischen WACC sichergestellt. Ausführungen zur Methodik des WACC würden den Rahmen dieses Beitrages sprengen.

Entstehungsgeschichte der nationalen Netzgesellschaft Swissgrid

Swissgrid als nationale Netzgesellschaft ist seit 2009 für den Betrieb, die Sicherheit und den Ausbau des schweizerischen Übertragungsnetzes zuständig. Deren Geburtsstunde reicht allerdings ein Stück weiter zurück: Spätestens seit dem folgenschweren Ausfall einer Nord-Süd-Transitleitung im September 2003, der einen mehrstündigen Stromausfall in weiten Teilen Italiens zu Folge hatte, setzte sich die Auffassung durch, dass der Betrieb des schweizerischen Übertragungsnetzes in einer Gesellschaft zusammengeführt werden muss. In der Folge gründeten die bisherigen Übertragungsnetzbetreiber, die sogenannten Überlandwerke, am 6. Januar 2005 unter der Firma Swissgrid AG eine Aktiengesellschaft mit Sitz in Laufenburg, die Ende 2006 ihre operative Tätigkeit aufnahm.

Seither ist Swissgrid die einzige Ansprechpartnerin im Bereich der Übertragungsnetze und vertritt die Schweiz auch im Ausland gegenüber deren Übertragungsnetzbetreiberinnen und anderen relevanten Gremien. Nebst einer nicht abschliessenden Aufzählung ihrer Aufgaben enthält das StromVG Vorgaben zu ihrer Ausgestaltung und Organisation, also zur Governance der nationalen Netzgesellschaft.

Der Gesetzgeber hat sich bei der Ausgestaltung von Swissgrid nicht auf eine Betriebsgesellschaft beschränkt, vielmehr wurde entschieden, dass sie auch Eigentümerin des Übertragungsnetzes sein muss. Die eigentumsrechtliche Entflechtung war indessen nicht von vornherein im Gesetzesentwurf vorgesehen. Die Idee, der nationalen Netzgesellschaft das Eigentum am Übertragungsnetz zu übertragen, fand erst im Rahmen der Beratungen im Ständerat als Zweitrat Eingang in den Gesetzesentwurf. Die Kommission für Umwelt, Raumplanung und Energie des Ständerats (UREK-S) war der Auffassung, dass es aufgrund des hohen Koordinationsaufwandes zwischen Eigentümer- und Betriebsgesellschaft sinnvoller wäre, wenn Betrieb und Eigentum an den Übertragungsnetzen zusammenfallen. Zudem müssten Entscheide über die Erneuerung, den Ausbau und den Unterhalt der Netze nicht mehr aufwendig zwischen den unterschiedlichen Beteiligten abgestimmt werden. Der von der UREK-S erarbeitete Vorschlag fand schliesslich nach eindeutigem Abstimmungsergebnis im Nationalrat Eingang in den heutigen Gesetzestext des StromVG.

Mit der eigentumsrechtlichen Entflechtung verfolgte der Gesetzgeber somit vor allem das Ziel, die Versorgungssicherheit sicherzustellen. Zudem sollte damit aber auch das Ziel eines wettbewerbsorientierten Elektrizitätsmarkts erreicht werden. Unter diesem Aspekt ist auch Art. 18 Abs. 6 StromVG zu würdigen, wonach sich Swissgrid sämtlicher, für den Übertragungsnetzbetrieb nicht notwendiger Aktivitäten in den übrigen Stufen der Wertschöpfungskette zu enthalten hat.

Schweizerische Beherrschung

Eines der zentralen Themen in der politischen Diskussion zur Ausgestaltung von Swissgrid war das Thema der Eigentümerschaft an Swissgrid-Aktien. Es gab Stimmen, die angesichts der weitreichenden Kompetenzen des Regulators (Elektrizitätskommission ElCom) und angesichts der gesetzlichen Vorgaben zur Berechnung der Tarife keine Notwendigkeit sahen, in das StromVG Vorschriften zur Zusammensetzung des Aktionariats von Swissgrid aufzunehmen. Die Mehrheit der Parlamentarier war aber letztlich überzeugt, dass zur Wahrung der Interessen der Schweiz (hohe Versorgungssicherheit und Wettbewerbsfähigkeit) das Kapital und die Stimmrechte an der nationalen Netzgesellschaft mehrheitlich direkt oder indirekt bei den Kantonen und Gemeinden liegen müssen. Der Gesetzgeber ging offenbar davon aus, dass ein kontrollierender Einfluss von ausländischen und/oder privaten Investoren den Interessen der Schweiz zuwiderlaufen könnte. So wäre zum Beispiel denkbar, dass solche Investoren eine höhere Verzinsung des gebundenen Kapitals einfordern würden; von den Gemeinden und Kantonen wurde eine solche Forderung wohl weniger erwartet, da letztlich die in der Schweiz ansässigen Endverbraucher (meist gleichzeitig Stimmbürger) die höheren Zinskosten zu tragen hätten. Ebenfalls dem Ziel der Sicherstellung der schweizerischen Beherrschung dienen im Übrigen auch das im StromVG verankerte Vorkaufsrecht an den Swissgrid-Aktien zugunsten der Kantone, Gemeinden und schweizerisch beherrschten Energieversorgungsunternehmen sowie das Kotierungsverbot in Artikel 18, Absatz 5 StromVG. Aufgrund der Vorgaben des Gesetzgebers zur Art der Eigentumsüberführung der Netzanlagen auf Swissgrid besteht das Aktionariat von Swissgrid derzeit aus über 30 Aktionären, wobei die meisten vertikal integrierte Elektrizitätsversorgungsunternehmen (EVU) sind. Eigentümer dieser EVU sind in der Regel Gemeinden und Kantone. Die EVU sind meist sowohl in den Bereichen Produktion, Handel, Vertrieb als auch Verteilnetz tätig. Mit Blick auf das Unbundling ist diese Situation zwar nicht ideal, in der Praxis hat aber kein EVU eine Kontrollmehrheit inne, so dass keines alleine entscheidende Änderungen am Status quo durchsetzen könnte. Zudem enthält das StromVG Vorschriften zur maximalen Höhe der Netztarife, deren Einhaltung von der ElCom von Amtes wegen oder auf Antrag hin überprüft werden kann.

Personelle Entflechtung

Zur Sicherstellung der Unabhängigkeit des Betriebs des Übertragungsnetzes ist sowohl in der Schweiz als auch in der EU auf der Ebene der Entscheidungsorgane (Verwaltungsrat, Geschäftsleitung) eine «personelle Entflechtung» vorgeschrieben. Das StromVG schreibt vor, dass die Mehrheit der Mitglieder sowie der Präsident des Verwaltungsrates nicht Organen von juristischen Personen angehören dürfen, die im Bereich Elektrizitätserzeugung oder -handel tätig sind oder in einem Dienstleistungsverhältnis zu einem solchen Unternehmen stehen (sog. Doppelmandatsverbot). Auf Stufe Geschäftsleitung gilt für alle Mitglieder ein Doppelmandatsverbot: Kein Mitglied darf für ein Unternehmen tätig sein, dass im Bereich Stromproduktion oder -handel tätig ist. Hingegen enthält die Schweizer Gesetzgebung keine sogenannte «cooling-off»-Periode, wonach mit dem Ziel der Stärkung der individuellen Unabhängigkeit der fraglichen Person eine bestimmte Zeitdauer zwischen einer Anstellung beim Übertragungsnetzbetreiber und einer Anstellung bei einem vertikal integrierten EVU liegen muss. Die Regelung des StromVG verfolgt das Ziel, die Unabhängigkeit der entscheidenden Funktionsträger vom Aktionariat von Swissgrid (vertikal integrierte EVU) sicherzustellen. Hingegen wollte man nicht riskieren, mittels Doppelmandatsverbot für alle Führungsorgane Personen mit wertvollem Know-how und langjähriger Erfahrung in der Energiebranche von einer Tätigkeit bei Swissgrid auszuschliessen. Aus diesem Grund wurde auf Stufe Verwaltungsrat bewusst auf ein vollständiges Doppelmandatsverbot verzichtet. Die Unabhängigkeit der Entscheidungsfindung im Verwaltungsrat ist dennoch durch mehrere Elemente gewährleistet: Die Branchenvertreter dürfen nicht in der Mehrheit sein, der Präsident untersteht einem Doppelmandatsverbot, und im Fall von konkreten Interessenkonflikten werden die für solche Fälle im Organisationsreglement vorgesehenen Massnahmen angewandt. Bei der mit dem operativen Betrieb betrauten Geschäftsleitung ortete der Gesetzgeber ein höheres Risiko und eine höhere Häufigkeit von Interessenkonflikten. Geht es beispielsweise um die Beschaffung von Regelenergie, um Systemdienstleistungen zu erbringen, besteht zumindest konzeptionell die Gefahr, dass die entsprechenden Entscheidungsträger die mit ihnen verbundenen Kraftwerke bevorzugt behandeln. Aus diesem Grund wurde für die Mitglieder der Geschäftsleitung von Swissgrid ein striktes Doppelmandatsverbot als gerechtfertigt erachtet.

Fazit

In der Praxis haben sich die Vorschriften des StromVG zur Ausgestaltung der Governance bei Swissgrid bewährt. Alle Entscheidungsträger sind sich ihrer Verantwortung für das System bewusst und gehen mit ihren Rollen verantwortungsvoll um. Ausserdem sind die Tarife des Schweizer Übertragungsnetzes im internationalen Vergleich niedrig. Dies insbesondere bei Berücksichtigung der engen Vermaschung des Netzes, der stark verteilten Erzeugung in den Alpen und der grossen Transitflüsse durch unser Netz. Diese Besonderheiten gehen ausweislich der entsprechenden Kennzahlen keinesfalls zulasten der Versorgungssicherheit der Schweiz.

Stromnetze sind natürliche Monopole. Diese Eigenschaft ist massgebend für die Ausgestaltung der Governance von Netzbetreibern. In der Schweiz enthält das Stromversorgungsgesetz für die Verteilnetze und für das Übertragungsnetz unterschiedliche Vorschriften. Die Vorschriften betreffen im Wesentlichen die Entflechtung (Unbundling) des monopolisierten Netzbereichs von den zum Netz vor- und nachgelagerten und im Wettbewerb stehenden Wertschöpfungsstufen Produktion, Handel und Vertrieb. Im Bereich des Übertragungsnetzes bestehen zudem noch Vorschriften zur Zusammensetzung des Aktionariats. Die Ausgestaltung der Governance in der Schweiz entspricht nicht telquel den EU-Vorschriften, hat sich in der Praxis aber bewährt.

Mit der neuen Energiepolitik zu glücklicheren Städten?

Martin Tschirren ist stellvertretender Direktor des Schweizerischen Städteverbandes, Vorstand des Trägervereins Energiestadt und Mitglied des Verwaltungsrates der Energie Thun AG.

Die wachsende Bedeutung der Städte macht diese zu wichtigen Akteuren für den Erfolg der neuen Energiepolitik. Welche Chancen, Probleme und Trends erwarten die städtischen Verantwortlichen? Grundsätzlich sind die Städte gut für die neue Energiezukunft gerüstet, auch wenn der Weg dahin noch lang und steinig ist. Für die Gemeinwesen sind öffentliche Unternehmen dabei wichtige Partner. Welchen Aspekten gilt es, besondere Beachtung zu schenken?

Steht uns ein urbanes Zeitalter bevor?

Der britische Architekt Cedric Price verglich die Geschichte der europäischen Stadtentwicklung 1982 mit einem Ei. Die mittelalterliche Stadt mit einem dichten kompakten Zentrum und ihren Stadtmauern sei das hart gekochte Ei. Die Industriestadt des 17. bis 19. Jahrhunderts mit ihren ausfransenden Rändern gleiche einem Spiegelei. Und die moderne Stadt des 20. Jahrhunderts, deren Siedlungsraum sich in die Fläche ausdehne, komme einem Rührei gleich. So eingängig das Bild der verschiedenen Eierspeisen ist, bildet es die Stadtentwicklung nur bis ins letzte Viertel des 20. Jahrhunderts ab. Seither haben sich die Städte weiterentwickelt. Nicht, dass die Zersiedelung (oder der «urban sprawl») wesentlich gebremst worden wäre – aber die Stadt als dichtes Zentrum und als Ort der Interaktion hat eine neue Bedeutung gewonnen.

In der Tat scheint uns ein Zeitalter der Städte bevorzustehen. Dies zeigt eine Reihe von Buchtiteln, die in den letzten Jahren die internationale Diskussion angeregt haben. So proklamiert der Ökonom Edward Glaeser in «Triumph of the City» den Boom der Städte damit, dass sie uns reicher, intelligenter, grüner, gesünder und glücklicher machen würden. Der Journalist Charles Montgomery argumentiert in ähnlicher Weise, wenn er in «Happy City» der Frage nachgeht, wie Stadtplanung zu einem glücklichen Leben beitragen kann. Beispiele dafür sind Investitionen in Parkanlagen, Fahrradspuren oder der öffentliche Verkehr, Förderung des sozialen Austauschs im Quartier und der Bau von Häusern mit tiefem Energieverbrauch. Der Politologe Benjamin R. Barber meint gar, dass man den Stadtpräsidentinnen und -präsidenten die Geschicke unseres Planeten überlassen sollte («If Mayors ruled the world»). In den Städten, so Barber sei man es gewohnt, Probleme pragmatisch anzupacken, dort sei es an der Tagesordnung, dass man zusammenarbeite, um gute Lösungen zu erreichen.

In manchen Punkten mögen Glaeser, Montgomery und Barber – sie stehen beispielhaft für weitere Autoren – ihre Argumentation etwas überzeichnen. Der globale Trend zur Urbanisierung ist aber ebenso eindeutig wie unbestritten. Seit 2008 lebt mehr als die Hälfte der Weltbevölkerung in städtischen Gebieten, 2050 werden es voraussichtlich zwei Drittel sein. Städte auf allen Kontinenten üben eine grosse Anziehungskraft aus – dies gilt nicht nur für Megacitys, sondern auch für den Grossteil der Städte in Europa.

Die Schweiz ein Stadtland

Von diesem Trend ist auch die Schweiz nicht ausgenommen. Gemäss Bundesamt für Statistik leben 84 Prozent der Schweizer Bevölkerung in Räumen mit städtischem Charakter – dies auf 41 Prozent der Landesfläche. In den 162 Städten im statistischen Sinn allein wohnen 47 Prozent der Bevölkerung und befinden sich 64 Prozent der Arbeitsplätze. Die Schweiz ist ein Stadtland. Prägend für die städtische Struktur sind nicht so sehr Grossstädte, sondern ein Städtenetz mit zahlreichen regionalen Zentren.

Die Schweizer Städte erleben seit der Jahrtausendwende ein stetiges Bevölkerungswachstum. Zuvor hatten insbesondere die grossen Kernstädte mit Schrumpfungstendenzen zu kämpfen, zeitweise war von sogenannten A-Städten die Rede: A stand für Arme, Alte, Ausländer, Auszubildende – also für diejenigen, die es sich nicht leisten konnten, aus der Stadt wegzuziehen. Die Trendwende war eindrücklich: Praktisch alle Städte und städtisch geprägten Gemeinden verzeichnen seit dem Jahr 2000 eine positive Bevölkerungsentwicklung. Das grösste Wachstum findet sich in den Agglomerationen rund um Zürich und im Arc lémanique; aber auch grosse Kernstädte wachsen stetig. So zählen die Städte Winterthur und Genf zu Beginn des Jahres 2017 rund 20 000 Einwohnerinnen und Einwohner mehr als im Jahr 2000. In der Stadt Zürich beträgt das Bevölkerungswachstum gar knapp 40 000 Personen.

Dieser Boom ist Herausforderung und Chance zugleich. Die Städte sind in vielen Fragen gefordert: Trotz einem eigentlichen Bauboom bleibt die Lage auf dem Wohnungsmarkt in vielen Städten angespannt. Über 90 Prozent der Staus bilden sich auf den Strassen der Städte und Agglomerationen. Die Nachfrage nach Schulen und Kinderbetreuungsstrukturen wächst. Die Infrastrukturen der Ver- und Entsorgung müssen angepasst und laufend erneuert werden. Die finanziellen Rahmenbedingungen sind meist knapp.

Städteradar 2030 zeigt Chancen, Probleme und Trends

Und doch bewältigen die Städte diese Herausforderungen durchaus erfolgreich – in der Schweiz wie auch international. Hierzulande blicken die städtischen Exekutiven grundsätzlich positiv in die Zukunft. Dies zeigt eine Befragung, die der Schweizerische Städteverband im Sommer 2017 bei den Exekutiven seiner Mitgliedstädte und -gemeinden durchführen liess. Beinahe drei Viertel schätzen die Entwicklung ihrer Gemeinde bis 2030 eher bis sehr positiv ein. Besonders optimistisch sind dabei die Befragten aus grösseren Städten sowie aus Kernstädten. Rund ein Viertel der Befragten beurteilt die Zukunftsaussichten neutral bis negativ.

Als grösste Chancen werden von den städtischen Exekutivmitgliedern das Schaffen von neuem attraktiven Wohnraum und die Verdichtung, die Stadtentwicklung und der Umgang mit dem Bevölkerungswachstum, das Schaffen von Arbeitsplätzen, aber auch die Verbesserung von Verkehr und Infrastruk-

Wahrscheinlichkeit Szenarien

«Ich erachte dieses Szenario als…»
in % Exekutivmitglieder von Städten/Gemeinden

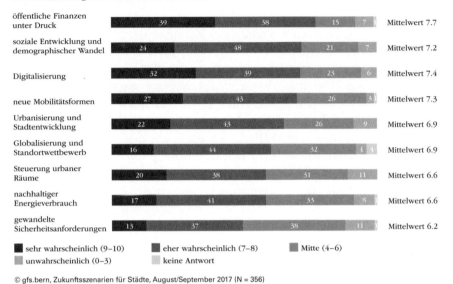

© gfs.bern, Zukunftsszenarien für Städte, August/September 2017 (N = 356)

turen gesehen. Vor allem die grösseren Städte sehen zudem grosse Chancen im Umweltschutz und in neuen Mobilitätslösungen.

Unter den Problemen, welche die städtischen Exekutiven bis 2030 erwarten, steht die Verkehrsbelastung an erster Stelle, gefolgt von der Finanzlage der öffentlichen Hand. Auch die Kostensteigerungen im Gesundheits- und Sozialwesen, der Erhalt der Infrastruktur respektive deren Anpassung an das Bevölkerungswachstum und die Wohnungspolitik werden häufig genannt. Die Probleme im Verkehrsbereich betrachtet man besonders häufig bei kleineren und mittelgrossen Städten als heikel, ebenso die Finanzlage und der Erhalt der Infrastrukturen.

Unter neun vordefinierten Szenarien erachten die Exekutivmitglieder am wahrscheinlichsten, dass die öffentlichen Finanzen unter Druck geraten werden. Ebenfalls als sehr wahrscheinlich erachtet werden die Digitalisierung, neue Mobilitätsformen sowie der demografische Wandel hin zu einer älteren und vielfältigeren Gesellschaft.

Neue Energiepolitik in Städten gut verankert

Das Szenario «Nachhaltiger Energieverbrauch» erhält im Vergleich zu den anderen zwar eine relativ geringe Zustimmung. Aber immerhin halten 77 Prozent der Antwortenden eine grösstenteils erneuerbare Energieversorgung bis 2030 für sehr oder eher wahrscheinlich. 70 Prozent erwarten, dass Strom künftig autonom und dezentral produziert wird. Und immer noch zu 58 Prozent wird ein tieferer Energieverbrauch pro Kopf als sehr oder eher wahrscheinlich erwartet. Namentlich die Exekutivmitglieder der grösseren Städte erachten es als wahrscheinlich, dass der Energieverbrauch pro Kopf sinkt und grösstenteils erneuerbare Energien verwendet werden (je zu 92 Prozent sehr oder eher wahrscheinlich) respektive dass der Strom autonom und dezentral produziert wird (zu 84 Prozent sehr oder eher wahrscheinlich).

Vor diesem Hintergrund erstaunt es nicht, dass die neue Schweizer Energiepolitik in den Städten auf eine hohe Zustimmung stösst. Während das neue Energiegesetz am 21. Mai 2017 schweizweit mit 58,2 Prozent angenommen wurde, stimmten städtisch geprägte Regionen überdurchschnittlich deutlich zu. In den Städten und Gemeinden, die dem Schweizerischen Städteverband angehören, lag die Zustimmung bei 64,3 Prozent, also gut 6 Prozent über dem Landesdurchschnitt.

Die neue Energiepolitik wird in vielen Städten und Gemeinden bereits umgesetzt. Insbesondere die mehr als 400 Energiestädte engagieren sich für eine Energiepolitik, die auf Effizienz und erneuerbare Energien ausgerichtet ist. Viele haben den Ausstieg aus der Kernenergie bereits vor Jahren beschlossen oder umgesetzt. Konzepte im Sinne der 2000-Watt-Gesellschaft, Energierichtpläne, Beratungs- und Förderprogramme für Energieeffizienz und erneuerbare Energien, nachhaltige Mobilität etc. sind vielerorts bereits eine Realität.

Lange Tradition der kommunalen Energieversorgung

Ein wichtiges Element der kommunalen Energiepolitik sind die Stadt- und Gemeindewerke. Zahlreiche Städte übernahmen von Beginn an eine aktive Rolle beim Aufbau ihrer Stromversorgung, so beispielsweise Genf, Zürich und Bern, wo die städtischen Elektrizitätswerke von Beginn weg in kommunaler Regie geführt wurden. Dies, weil man befürchtete, dass private Unternehmen in ausländischem Besitz vom Service public profitieren würden. 1918 verfügten bereits 44 Städte und Gemeinden über eine eigene Stromversorgung.

Weiterhin befinden sich viele der gut 650 Energieversorgungsunternehmen in der Schweiz in kommunalem Besitz. Schätzungsweise 55 bis 60 Prozent der Schweizer Bevölkerung erhalten den Strom von einem Stadt- oder

Gemeindewerk geliefert. Bei anderen Energieträgern wie dem Gas liegt dieser Anteil noch deutlich höher. Von den rund 100 Gasversorgern befindet sich der grösste Teil im Besitz der Städte und Gemeinden. Vielerorts sind Stadt- und Gemeindewerke Querverbundsunternehmen und versorgen die Bevölkerung neben Strom und Gas auch mit Wärme, Wasser und anderen Dienstleistungen wie zum Beispiel Kommunikationsdienstleistungen.

Sind die Städte bereit für die Energiezukunft?

Die Städte verfügen über gute Voraussetzungen, um die neue Energiepolitik voranzubringen. Sie haben nicht nur den politischen Willen, sondern meist auch die Ressourcen, das Wissen und die Kompetenzen, die Energiepolitik nachhaltiger zu gestalten. Selbst das neue Energiegesetz anerkennt grundsätzlich, dass die Gemeinden und Städte in der Energiepolitik aktiv sind, dass sie über Zuständigkeiten verfügen und bei der Umsetzung der Energiestrategie eine Rolle zu spielen haben. Dass das Energiegesetz allerdings die Rolle der kommunalen Ebene in den Bereichen Information, Beratung, Aus- und Weiterbildung sowie Forschung oder Energie- und Abwärmenutzung nicht konkretisiert, bleibt ein Versäumnis des Gesetzgebers.

Trotz der guten Voraussetzungen haben auch die Städte allerdings noch grosse Herausforderungen auf dem Weg in eine neue Energiezukunft vor sich. Um diese zu meistern, sind die öffentlichen Unternehmen – nicht nur in der Energiebranche – wichtige Partner. In der Zusammenarbeit zwischen dem Gemeinwesen und dem öffentlichen Unternehmen sind folgende Aspekte besonders zu beachten.

Mehr als Energiepolitik
Der Weg in eine nachhaltige Energiezukunft gelingt dann, wenn sich die Energiepolitik als ein Querschnittsthema im Dienste der Stadtentwicklung versteht. Vielerorts ist bereits anerkannt, dass Strom-, Gas- und Wärmeversorgung nicht mehr unabhängig voneinander zu betrachten sind, sondern ein konvergentes Gesamtsystem mit Speicher- und Austauschmöglichkeiten bilden sollen. Die Energiekonvergenz ist allerdings nicht mehr als ein erster Schritt. Eine umfassende nachhaltige Energiepolitik muss sich auch um weitere Themen kümmern. Besonders naheliegend sind dabei Mobilitätsfragen und der Gebäudebereich. Mit einem Drittel der CO_2-Emissionen und einem Anteil von 36 Prozent am Gesamtenergieverbrauch ist der Verkehr ebenso ein Schlüsselbereich wie die Gebäude, die für 46 Prozent des Gesamtenergieverbrauchs und einen Viertel der CO_2-Emissionen verantwortlich sind.

Die zuweilen als «Verkehrswende» bezeichneten Veränderungen im Verkehrs- und Mobilitätssektor hin zu ökologischeren Antriebsarten und einer vernetzten Mobilitätsnutzung schaffen für Stadt- und Gemeindewerke vielfältige Anknüpfungspunkte. In Städten, die über Energieversorgungsunternehmen und Verkehrsbetriebe verfügen, bieten sich zudem Zusammenarbeitsmodelle an.

Um im Gebäudebereich der neuen Energiepolitik zum Durchbruch zu verhelfen, gilt es, die konventionellen Versorgungsansätze weiterzuentwickeln. Dabei geht es nicht nur darum, Dienstleistungen für spezifische Kundenbedürfnisse anzubieten. Weiter sollte das Gebäude nicht mehr isoliert betrachtet werden, sondern von seiner Funktion her und als Teil des Quartiers.

Nicht von ungefähr gehören das Schaffen von Wohnraum, die Stadtentwicklung sowie Verkehrsfragen zu den Chancen und Problemen, die beim Städteradar 2030 am häufigsten genannt wurden.

Chancen der Digitalisierung nutzen

Die Digitalisierung ist eine der derzeit am intensivsten diskutierten Veränderungen in Politik, Gesellschaft und Wirtschaft – auch in Städten und Gemeinden. Oft wird allerdings vergessen, dass die Digitalisierung keine Zukunftsvision, sondern in vielen Bereichen längst eine Realität ist. Diese entwickelt sich rasant weiter und eröffnet dank neuer Vernetzungsmöglichkeiten Chancen im Hinblick auf die Steuerung und effizientere Nutzung der Energie.

Die neuen digitalen Möglichkeiten sind zudem eine wichtige Voraussetzung für die Umsetzung von Smart-City-Konzepten. Daten und die Möglichkeit, diese zu nutzen, sind die Treiber für die Entwicklung der Städte zu Smart Cities. Infrastrukturen zur Datenübertragung sind dabei zentral, und für die Energiebranche, die traditionellerweise über grosse Erfahrungen mit Infrastrukturen verfügt, ergeben sich dabei erst recht neue Möglichkeiten. Im Städteradar 2030 gehen 72 Prozent der städtischen Exekutivmitglieder davon aus, dass sich ihre Stadt bis 2030 zur Smart City entwickeln wird. In den grösseren Städten erachten dies gar 96 Prozent für sehr oder eher wahrscheinlich.

Klares Rollenverständnis pflegen

Wenn Gemeinwesen und öffentliche Unternehmen zusammenarbeiten, haben sie dafür unterschiedliche Voraussetzungen und Rahmenbedingungen. Dies gilt für öffentliche Unternehmen, deren Eigentümer das betreffende Gemeinwesen ist, ebenso wie für andere. Das gegenseitige Verständnis für die jeweiligen Rahmenbedingungen ist für die Zusammenarbeit entscheidend. So muss sich das öffentliche Unternehmen bewusst sein, dass es in einem politischen Umfeld tätig ist. Der Ursprung eines öffentlichen Engagements, auch eines öffentlichen Unternehmens, ist ein politischer Entscheid, dem in der Regel ein Kompromiss zugrunde liegt. Mit anderen Worten: Die Ziele und Ansprüche an das Unternehmen haben mitunter auch politische oder ideelle Elemente.

Gleichzeitig braucht es auf der Seite des Gemeinwesens das Verständnis, dass ein Unternehmen auch in öffentlichem Gewand ein Unternehmen bleibt, das nach betriebswirtschaftlichen Grundsätzen zu führen ist. Dies bedingt, dass der politische Einfluss auf die Unternehmensführung auf strategische Zielvorgaben beschränkt bleiben muss. Dennoch bleibt für ein öffentliches Unternehmen der Primat der Politik und damit ein letztlich schwer auflösbares Spannungsfeld bestehen.

Um in diesem Spannungsfeld erfolgreich agieren zu können, ist die Kommunikation zwischen beiden Seiten ein Schlüsselfaktor. Das Gemeinwesen wie das öffentliche Unternehmen müssen sich über ihre Vorstellungen und Strategien aktiv und permanent informieren und miteinander diskutieren. Dabei muss man sich beileibe nicht immer einig sein; unterschiedliche Sichtweisen liegen zuweilen gar in der Natur der Sache. Hingegen sollte zu diesem anspruchsvollen Verhältnis von Gemeinwesen und öffentlichem Unternehmen auch gehören, dass beide Seiten trotz zeitweiligen Meinungsunterschieden bestrebt sind, vereinbarte Ziele erfolgreich umzusetzen.

Lebensqualität und Nutzen für die Bevölkerung

Um auf dem Weg in eine neue Energiezukunft voranzukommen, braucht es schliesslich den Einbezug und das Engagement der Bevölkerung. Substanzielle Fortschritte in der Energieeffizienz sind längerfristig nur mit einem bewussteren Energiekonsum und Verhaltensänderungen zu erreichen. Dabei sind wohl auch Anreize und «Anstupsen» Instrumente, die in Betracht gezogen werden müssen. Inwiefern dies als eine Bevormundung der Bevölkerung gesehen wird, mag kontrovers diskutiert werden. Allerdings dürfte unbestritten sein, dass eine nachhaltige Energiepolitik nur gelingen kann, wenn sie von der Bevölkerung getragen wird. Sie ist kein Selbstzweck, sondern muss ihr einen Nutzen bringen und zu deren Lebensqualität beitragen. Was das konkret heisst, mag für die einzelne Person unterschiedlich aussehen. Wenn sich die neue Energiepolitik lohnt – materiell oder ideell –, ist sie auch ein Beitrag zu einem glücklicheren Leben.

Geduld und Beharrlichkeit führen zum Ziel

Energiepolitik ist eine langfristige Angelegenheit. Die Auswirkungen von energiepolitischen Weichenstellungen und Investitionsentscheiden sind oft erst Jahre später sichtbar. Auch der Weg zu einer nachhaltigen Energiezukunft ist noch lang. Dies zeigt sich beispielsweise in Städten, die sich den Zielen der 2000-Watt- und 1-Tonne-CO_2-Gesellschaft verpflichtet haben. So sind in der Stadt Zürich seit 2006 der Energieverbrauch um 1000 Watt und die Treibhausgasemissionen um 1,5 Tonnen pro Person und Jahr gesunken. Aber mit einem Energieverbrauch von 3900 Watt und Treibhausgasemissionen von 4,7 Tonnen bleibt der Weg zum Ziel der 2000-Watt- und 1-Tonne-CO_2-Gesellschaft weiterhin lang und anspruchsvoll.

Neben Beharrlichkeit und Geduld, die es braucht, um in der Energiepolitik voranzukommen, gilt es immer auch auf die lokalen Besonderheiten Rücksicht zu nehmen. Nicht alle Instrumente und Massnahmen sind überall einsetzbar oder geeignet. Jede Stadt und Gemeinde muss den für sie passenden Mix selbst finden.

Fazit

Weltweit wie in der Schweiz treiben die Städte eine neue, auf erneuerbare Energien und Energieeffizienz ausgerichtete Energiepolitik voran. Die Städte blicken positiv in die Zukunft und verfügen mit ihren Stadt- und Gemeindewerken über gute Voraussetzungen, um eine neue Energiezukunft umzusetzen. Dabei sind folgende Aspekte zu beachten:
- Die Energiepolitik muss sich vermehrt um Themen wie Mobilität, Gebäude und Wohnungspolitik kümmern. Sie versteht sich als Querschnittsthema im Dienste einer umfassenden Stadtentwicklung.
- Die Digitalisierung bietet vielfältige Chancen im Hinblick auf die Steuerung und die effizientere Nutzung der Energie. Und sie ist Voraussetzung für die Umsetzung von Smart-City-Konzepten.
- Die Zusammenarbeit von Gemeinwesen und öffentlichen Unternehmen gelingt dann, wenn sich beide Seiten über ihre Rollen und Rahmenbedingungen im Klaren sind. Unter dem Primat der Politik bleibt Kommunikation zentral.
- Ohne den Einbezug der Bevölkerung geht es nicht. Die neue Energiepolitik muss zur Lebensqualität von allen beitragen.
- Der Weg in eine nachhaltige Energiezukunft ist noch lang und bedingt Geduld und Beharrlichkeit.

Interview mit Stefan Kessler und Gianni Operto

«Dass man einen Staatsbetrieb ausgliedert und ihm das Rechtskleid einer AG gibt, der Staat aber zu 100 Prozent Eigentümer bleibt, bringt nichts.»
Gianni Operto

Stefan Rechsteiner im Gespräch mit Gianni Operto, Präsident AEE Suisse und ehemaliger CEO des EWZ, und mit Stefan Kessler, selbständiger Unternehmensberater und Mitglied des Verwaltungsrats der Axpo Holding AG. Zuvor war er CFO bei Repower AG.

Stefan Rechsteiner: Herr Kessler, Sie waren CFO der Repower AG, eines internationalen Stromproduzenten und -händlers. Die Aktien der Repower AG werden zum Teil direkt vom Kanton Graubünden gehalten, zum Teil von Energieversorgern, die ihrerseits kantonal beherrscht sind. Was sind Ihre speziellen Erfahrungen als CFO eines solchen Unternehmens im Kontext der Governance?

Stefan Kessler: Hervorzuheben ist in diesem Zusammenhang die Kohleinitiative, die im Kanton Graubünden – zuerst gegen den Willen der tragenden politischen Parteien – von umweltorientierten Interessengruppen lanciert wurde. Die Initiative forderte eine verfassungsrechtliche Bestimmung, wonach Unternehmen, an denen der Kanton beteiligt ist, einem Investitionsverbot in Kohlekraftwerke unterliegen. Dementsprechend zielte sie direkt auf die Unternehmenstätigkeit, konkret gegen das Projekt der Repower in Saline Joniche. Die tragenden politischen Parteien lenkten schliesslich ein, indem sie einen Gegenvorschlag erarbeiteten. Ich denke, das ist ein Mahnmal und zeigt, wie ein staatlich kontrolliertes Unternehmen unvermittelt im Fokus der Politik stehen kann. Hervorzuheben ist, dass die Initiative rechtlich nur auf die Verfassung Einfluss nehmen kann. Sie enthält jetzt ein Technologieverbot; konkret darf sich der Kanton Graubünden nicht an Unternehmen beteiligen, die Kohlekraftenergie in ihrem Portfolio aufweisen. Dies hatte einen massiven Einfluss auf das Unternehmen, der bei einem privaten Unternehmen ohne staatlichen Aktionär so nicht vorstellbar wäre.

Stefan Rechsteiner: Solche politischen Vorgaben kommen wohl zum Teil überraschend; wie geht man damit um? Nimmt man dies als Unternehmen im Staatsbesitz einfach so hin und fügt sich der politischen Vorgabe?

Stefan Kessler: Auf einen Schlag haben sich sehr viele verschiedene Fragen gestellt. Erstens: Wie verhält man sich als Unternehmen in der Kommunikation? Kann ein Unternehmen aktiv Wahl- oder Abstimmungspropaganda betreiben? Wie positioniert sich das Unternehmen im Abstimmungskampf? Man musste einen geeigneten Weg finden, um sich nicht zu sehr in den Abstimmungskampf hineinziehen zu lassen und neutral und objektiv zu informieren. Zweitens: Wie wird so etwas durchgesetzt, wenn es in der Bündner Verfassung steht? Konkret müssten die vom Kanton Graubünden nominierten Verwaltungsräte dafür sorgen, dass das verfassungsrechtliche Technologieverbot, das auf die Unternehmen nicht direkt anwendbar ist, von diesen dennoch beachtet wird.

Stefan Rechsteiner: Der gewählte Verwaltungsrat ist persönlich haftbar, das heisst, unabhängig von der Vorgabe sind die Verwaltungsräte gegenüber dem Kanton nicht weisungsgebunden und müssen jene Entscheidungen fällen, die dem Unternehmen dienen. Waren sich die Involvierten dieser Verantwortlichkeit und insbesondere einer allfälligen Haftung bewusst? Hat dies überhaupt eine Rolle gespielt, oder gingen die Verwaltungsräte davon aus, dass die politische Vorgabe dermassen über allem stehe, dass sie sich so verhielten, als ob sie weisungsgebunden wären?

Stefan Kessler: Die Verwaltungsräte waren sich dessen schon bewusst und haben damit auch gerungen, insbesondere in Situationen, in denen sie zwar sehr gerne in ein Kohlekraftwerk investiert hätten, dies aber aufgrund des Verfassungsartikels faktisch nicht konnten. Die Entwicklung der Strompreise und der Repower haben diese Situation insofern erleichtert, als es aufgrund der veränderten Umstände nicht mehr möglich gewesen wäre, die Investitionen in dem Ausmass zu tätigen, wie dies ursprünglich geplant war. Die Frage, wie man sich in einer solchen Situation verhalten würde, blieb dadurch aber unbeantwortet.

Stefan Rechsteiner: Beim EWZ, das eine Verwaltungseinheit der Stadt Zürich ohne eigene Rechtspersönlichkeit ist, gibt es auch die politische Vorgabe, Beteiligungen am Atomstrom zu verkaufen. Eine Thematik fällt weg, nämlich jene der persönlichen Verantwortlichkeit der Führungspersonen, da die Führung in der städtischen Hierarchie weisungsgebunden ist. Was ist hier, Herr Operto, Ihre Wahrnehmung der Aufgaben einer Führungsperson in einem solchen Unternehmen? Es stellt sich dasselbe Dilemma: Soll man für das Unternehmensinteresse einstehen oder die politischen Vorgaben unkommentiert umsetzen?

Gianni Operto: Wenn man ein Teil der Verwaltung ist, hat man keine andere Wahl, als den politischen Entscheid umzusetzen. Die einzige Chance, die man hat, ist, dass man während des Meinungsbildungsprozesses Einfluss nimmt. Das EWZ ist ein Teil der Verwaltung und wird immer zu den Gemeinderatssitzungen eingeladen. In der Vernehmlassung ist das EWZ sehr stark involviert. Ist der Entscheid aber erst einmal gefällt, so muss man ihn umsetzen. Konkret ist der Entscheid, die Nuklearbeteiligungen zu verkaufen jedoch reines Wunschdenken, diese sind nicht verkäuflich.

Stefan Rechsteiner: Kommen wir zur Eigentümerrolle der öffentlichen Hand. Man fragt sich: Wo ist der Markt? Nachdem man eine Weile lang gesagt hat, man müsste in Richtung Privatisierung gehen, scheint das Pendel zurückzuschwingen. Was ist die Rolle des Eigentümers in diesem Kontext?

Stefan Kessler: Heute beobachtet man ja teilweise faktisch wieder eine Verstaatlichung, zum Beispiel wenn man die Produktion ansieht. Durch all die Subventionen, sei es jene der Wasserkraft oder die vorrangige Gestehungskostenberücksichtigung eigener Wasserkraft, sind wir auf dem Schnellzug in Richtung Verstaatlichung. Die grosse Frage ist jetzt, wie das Strommarktmodell aussieht. Wenn man dazu steht, dass 60 Prozent des Gesamtstrommixes auch in Zukunft aus Wasserkraft bestehen sollen, dann wird es nicht ohne irgendeinen staatlichen Schutz dieser Produktionskapazitäten gehen.

Gianni Operto: Meiner Meinung nach hat der Staat bei der Stromversorgung höchstens die Rolle, einen gewissen Rahmen zu setzen, zum Beispiel die Internalisierung externer Kosten und gewisse Sicherheitsvorschriften vorzusehen, aber niemals in dem Masse, in dem er heute versucht, Einfluss darauf zu nehmen, was wie wo gemacht wird.

Stefan Rechsteiner: Das würde eigentlich bedeuten, dass der Staat sich aus diesen Unternehmen zurückziehen und sie verkaufen soll?

Gianni Operto: Ja, das würde problemlos funktionieren. Der Finanzbereich hat gewisse Hemmungen, in Technologien zu investieren, die in naher Zukunft potenziell gestraft werden könnten. Ich meine damit die Internalisierung externer Kosten, das sind zum Beispiel CO_2-Abgaben. Die UBS und die CS haben bereits ein Vehikel errichtet, um in Infrastrukturanlagen zu investieren.

Stefan Rechsteiner: Aber Sie gehen eigentlich nur in Bereiche, in denen staatlich garantierte Preise herrschen, oder?

Gianni Operto: Der Finanzbereich geht dorthin, wo das Risiko-Rendite-Verhältnis stimmt. Wenn das Risiko die Renditemöglichkeiten übersteigt, investiert der Finanzbereich nicht in diese Bereiche.

Stefan Kessler: All die geplanten Transaktionen, in denen es um die Veräusserung von Wasserkraftkapazitäten ging, sind gescheitert, wenn es um Investoren aus dem institutionellen beziehungsweise Finanzbereich ging. Ohne staatliche Abnahmegarantien scheitern sie an den Preisvorstellungen.

Gianni Operto: Ich muss hier etwas widersprechen. Es geht nicht nur um Einspeisevergütungen oder Ähnliches. Die nehmen weltweit rapide ab. Trotzdem werden erneuerbare Energien immer noch finanziert, und es wird auch von der Schweiz aus in grosse Parks investiert. Für die institutionellen Investoren waren die Einspeisevergütungen natürlich eine Traumlandschaft. Der Markt war völlig unelastisch, Lieferanten gaben einem 15 bis 20 Jahre Garantie, weshalb das technische Risiko abgehakt werden konnte. Auch ein Marktrisiko bestand dabei keines. Als die Einspeisevergütungen aufhörten, musste sich die institutionelle Welt daran gewöhnen. Es gibt genügend Geldgeber, die in diesem Bereich Anlagemöglichkeiten suchen. Investitionsmöglichkeiten gibt es genauso wie Investitionsappetit. Zukunftstechnik wird finanziert, konventionelle Technik nicht.

Stefan Rechsteiner: Soll denn ein Staatsunternehmen überhaupt in neue Märkte vordringen?

Gianni Operto: Ein Staatsunternehmen hat natürlich einen klassischen, engen Versorgungsauftrag und nicht mehr. Aber wenn man es in den freien Markt entliesse, dann könnte es wachsen oder versagen und untergehen, und dann käme ein anderer. Politik, die das EWZ nicht in den freien Markt entlassen will, verhindert, dass ein Unternehmen, das auf dem Markt extrem positiv gesehen wird, expandieren und wachsen kann. EWZ ist dazu verdonnert, weiterhin die Stadt Zürich und gewisse Regionen zu beliefern. Energie ist grundsätzlich ein unelastischer Markt, wobei Strom die extremste Form eines unelastischen Marktes darstellt. Wenn EWZ den Schirm zumacht, stehen fünf bereit, die einspringen.

Stefan Kessler: Das EW Buchs hat sich beispielsweise in den letzten Jahren nicht nur als Grundversorgerin positioniert, sondern sie ist auch mit dem Kommunikationsnetz in der gesamten Region positioniert. Das Unternehmen ist erfolgreich am Markt und wächst. Es spielt auch eine wichtige Rolle für die finanzielle Situation der Stadt Buchs. Der Markt ist extrem dynamisch, es stellt sich die Frage, wie es weitergeht. Darin sind grosse Risiken für Buchs enthalten. Insbesondere stellt sich die Frage, wie die Stadtverwaltung mit dem immer grösser werdenden unternehmerischen Risiko (und auch den Chancen) umgeht. Wahrscheinlich wird man irgendwann entscheiden müssen, die Strukturen ein bisschen mehr zu entflechten, damit man für den Fall, dass irgendwann auch tatsächlich ein Risiko einschlägt, besser aufgestellt ist und nicht der Steuerzahler direkt die Rechnung begleichen muss.

Gianni Operto: Dass man einen Staatsbetrieb ausgliedert und ihm das Rechtskleid einer AG gibt, der Staat aber zu 100 Prozent Eigentümer bleibt, bringt nichts. Wenn schon muss man wirklich privatisieren. Dann muss privates Kapital rein, das man auch findet. Das Problem ist, dass es Initiativen wie die oben erwähnte gibt, durch welche die Verwaltungsräte, die rein formal eigentlich nur dem Wohlergehen der Firma verpflichtet sein sollten, gezwungen werden, sich gegen etwas zu stellen, das zumindest aus momentaner Sicht für die Firma vorteilhaft wäre. Die Firmen, die zwar AGs geworden sind, aber im Staatsbesitz verbleiben, haben immer noch Politiker im Verwaltungsrat, die eine andere Agenda haben als ein erfolgreiches Unternehmen, da kommen energiepolitische Aspekte etc. rein. Das ist die Problematik, die in einer Firma, bei der wirklich wesentlich mehr als nur die Mehrheit privates Kapital dahintersteht und die Verwaltungsräte anders rekrutiert werden, so nicht bestünde, da Entscheidungen anders gefällt werden und viel unternehmerischer gehandelt wird.

Stefan Kessler: Ich teile die erste Aussage vollumfänglich. Erfolg hängt nicht direkt mit dem Rechtsformkleid eines Unternehmens zusammen. Insbesondere wenn man Teil der Verwaltung ist wie das EW Buchs, muss man Instrumente schaffen, die sicherstellen, dass die externe Sicht integriert wird und dass gewisse Governance-Schranken eingehalten werden. So kann man zum Beispiel gewisse Kommissionen schaffen, an denen externe Experten beteiligt sind. Ich habe trotzdem das Gefühl, dass es eine bessere Ausgangslage ist, wenn man ein dediziertes Rechtskleid hat. Dies muss nicht unbedingt eine AG sein, es gibt ja auch die öffentlich-rechtliche Anstalt wie die Industriellen Betriebe Chur. Dort ist aber trotzdem ein Verwaltungsrat mit externen Experten eingesetzt. Das sind Modelle, die ich befürworte, wenn man sich über viele Themen viel bewusster Gedanken macht und entscheidet. Die Berücksichtigung öffentlicher Interessen kann in einem Verwaltungsrat zum Beispiel offen diskutiert werden. Ein klar dediziertes Rechtskleid gibt einfach einen sauberen Rahmen für Diskussionen und Entscheide, vor allem wenn es kriselt oder schwierig wird. Dann bestehen die Gremien mit ihren klar abgegrenzten Kompetenzen bereits. Dies ist schwieriger, wenn alles verwaltungsintern ist.

Gianni Operto: Die Schwierigkeit der EWZ ist natürlich, dass jegliche strategische Diskussion in absoluter Öffentlichkeit geführt wird. Eine andere besteht darin, dass das EWZ einen Verwaltungsrat mit 125 Gemeinderäten hat. Das sind Handicaps für ein Unternehmen. Man leidet auf dem Markt auch darunter, dass man nicht als zuverlässiger Partner gesehen wird, da unter Umständen ein politischer Querschuss kommt. In diesem Zusammenhang ist zudem zu erwähnen, dass ein Verwaltungsrat im Energiegeschäft einen Planungshorizont von mindestens zehn Jahren aufweisen sollte, wobei die nächsten zwei bis drei Jahre jeweils Sache der Geschäftsleitung sind. Der Planungshorizont eines Politikers hingegen erstreckt sich lediglich bis zu den nächsten Wahlen. Diese Tatsache behindert ihn in der Führung eines solchen Unternehmens, sei dieses nun ausgegliedert in eine Aktiengesellschaft oder eine Verwaltungseinheit wie das EWZ.

Anforderungen an Führungspersonen

Im Spannungsfeld zwischen Leistungsauftrag und Unternehmertum

Guido Schilling ist Managing Partner bei der schilling partners ag und Herausgeber des «schillingreports».
Malte Müller ist Partner bei der schilling partners ag mit Fokus auf die Suche von Spitzenpersönlichkeiten für die Energiewirtschaft.
Die Autoren bringen zusammen über 35 Jahre Executive-Erfahrung mit und arbeiten regelmässig für die wichtigsten Organisationen der Energiewirtschaft und für Unternehmen im öffentlich-rechtlichen Besitz.

Bei der Besetzung von Schlüsselpositionen in der Energieversorgung sehen sich Verwaltungsräte, Vorsitzende der Geschäftsleitungen und Executive-Search-Unternehmen mit einem Dilemma konfrontiert. Einerseits sind Persönlichkeiten gefragt, die das Unternehmen weiterentwickeln sowie neue Märkte und Opportunitäten aufspüren. Andererseits sind öffentlich-rechtliche Energieversorger in erster Linie ihrem Leistungsauftrag verpflichtet – nämlich der Bevölkerung eine maximale Versorgungssicherheit zu bieten. So bewegen sie sich bezüglich Versorgungssicherheit in einem engen Korsett politischer Vorgaben punkto Absatz in einem zunehmend freien, umkämpften Markt. Neben den Unternehmerpersönlichkeiten sind vor allem kommunikationsstarke Personen mit der Fähigkeit gefragt, übergeordnete Ziele sowie strategische Herausforderungen im Dialog mit ihrer Organisation und im Spannungsfeld zwischen Regulation und freiem Markt zu führen. Hierfür braucht es eine aktive konsensfähige Kommunikation mit Botschaften, welche die Transformation fördern sowie einen Orientierungsrahmen und Zielbilder vermitteln. Dieses spezifische sowie anspruchsvolle Anforderungsprofil schränkt die Zahl möglicher Kandidaten stark ein. Umso wichtiger ist für die Energieversorger eine konsequente interne Mitarbeiterentwicklung, wobei der internen Frauenförderung besondere Aufmerksamkeit zu schenken ist.

Der Wandel der Energiebranche

Die Energiewende verändert das traditionelle Geschäftsfeld der Energieversorger. Dies war schon lange angekündigt und absehbar, doch die Auswirkung ist erst jetzt, auch durch weitere Einflussfaktoren wie Strompreiszerfall und stärkeren Wettbewerb, wirklich sichtbar: Zu dem bestehenden Leistungsauftrag im Sinne von Versorgungssicherheit, Umweltverträglichkeit, effizienten Strompreisen und politischer Unabhängigkeit kommen zusätzliche Zielsetzungen im Bereich Unternehmertum, Wettbewerbsfähigkeit und Geschäftsfeldinnovation. Sowohl der Verwaltungsrat als auch die operative Führung sind stark gefordert und sehen sich regelrecht einer Zerreissprobe gegenüber. Die alte Welt war stark öffentlich-rechtlich geprägt und befindet sich im Wandel. In der Konsequenz wird die Besetzung von Verwaltungsräten von der Politik in Richtung Wirtschaft verschoben. Im Verwaltungsrat der grossen Energieversorger ist aktuell kein einziger Politiker mehr zu finden und in regionalen nur noch vereinzelt. Die Ansprüche an die Verwaltungsratsmitglieder hinsichtlich der inhaltlichen Kompetenz haben sich angesichts der zunehmenden Herausforderungen gesteigert und die Besetzung von vakanten Sitzen durch entsprechende Fachexperten gefördert.

Jahrzehntelang hatte die Schweiz ein stabiles Geschäftsmodell in Stromerzeugung und Distribution, lediglich der Handel bot Raum für unternehmerisches Agieren. Nun steckt die gesamte Branche in einem fundamentalen Wandel. Mit der Ablösung der Kernkraft sind stabile Ertragspfeiler ins Wanken geraten, die Klimapolitik stellt den Mix an Energieträgern grundlegend in Frage, und der Zerfall des Strompreises setzt der inländischen Produktion stark zu. Die Unternehmen sind gefordert und erschliessen zunehmend neue Geschäftsfelder – sei es im Bereich Gebäudetechnik, Ladeinfrastruktur für E-Mobility oder integrierte digitale Apps für «Prosumers». Vor diesem Hintergrund sind Verwaltungsräte sowie CEOs und Geschäftsleitungen, aber auch die Personalabteilungen bei der Besetzung von Schlüsselpositionen von Energieversorgern mit grundlegenden Fragen konfrontiert: Welches sind die idealen Anforderungen an Führungskräfte im heutigen Umfeld? Welche Kompetenzen brauchen das Management, die Aufsicht und die Eigner von Energieunternehmen, um die heutigen und zukünftigen Herausforderungen erfolgreich zu meistern und aktiv zu gestalten? Ausschlaggebend ist eine fundierte Analyse der Ausgangslage und der zukünftigen strategischen Herausforderungen. Daraus lässt sich das ideale Anforderungsprofil herleiten. Im Vergleich zu bestehenden Positionsbeschreibungen werden eine Reihe von neuen Fähigkeiten und Erfahrungen im zukünftigen Anforderungsprofil abgebildet. Dies sind fachliche Fähigkeiten wie Geschäftsfeldentwicklung, Effizienzsteigerung, Digitalisierungs-Know-how ebenso wie persönliche Kompetenzen, zum Beispiel unternehmerische Risikofreudigkeit und Change-Management-Kompetenz.

Wesentlich schwieriger ist meist die Frage zu beantworten, welche Anforderungen gestrichen werden können. Denn der Leistungsauftrag existiert weiterhin, und bisherige Anforderungen wie Sicherheit bei Versorgung und Betrieb gelten nach wie vor.

Eine Folge des Wandels in der gesamten Branche ist, dass die neuen Profile in der Regel nicht beim Mitbewerber zu finden sind, sondern in privatwirtschaftlichen Unternehmen, die bereits jetzt agil mit Veränderungen umgehen und marktorientiert mit starkem Kundenfokus operieren. Je nach Unternehmensbereich ist das Spannungsfeld zwischen alter und neuer Welt unterschiedlich ausgeprägt. So ist ein Energieunternehmen beispielsweise als Netzbetreiber und Stromlieferant einem klaren Leistungsauftrag verpflichtet, während es bei der Stromlieferung an Grosskunden dem Wettbewerb ausgesetzt ist. Dies bedeutet, dass die gesuchten Kandidatenprofile je nach Situation des Unternehmens und des Auftrags der Geschäftsleitung oder des Verwaltungsrats sehr unterschiedlich sind. Wenn eine Führungskraft gesucht ist, die das Unternehmen einer kosteneffizienten Reorganisation unterzieht und dieses am Markt ausrichtet, dann sollte sich der Kandidat in der Privatwirtschaft bewährt haben. Er muss in der Lage sein, ein Unternehmen, das jeden Tag einem maximalen Preisdruck ausgesetzt ist, zu führen und die entsprechenden Kompetenzen wie Eigeninitiative, Verhandlungsgeschick und Durchsetzungsvermögen mitbringen.

Neben der spezifischen Definition des Anforderungsprofils ist es notwendig, dass die Versorger ihre Lohnsysteme flexibilisieren. Sie müssen den unterschiedlichen Funktionen Rechnung tragen und beispielsweise für Verkäufer eine variable Komponente zulassen, die an die vertriebliche Performance gebunden ist. Da die Lohnsysteme oft aus der Vergangenheit stammen, sind sie häufig so aufgebaut wie diejenigen der öffentlich-rechtlichen Arbeitgeber. Sie müssen zukünftig in der Lage sein, die Performance der Mitarbeitenden marktorientiert zu entschädigen, was bedingt, dass Leistung gemessen und in variablen Salärkomponenten entlohnt wird.

Mit widersprüchlichen Erwartungen und Zielvorgaben konfrontiert

In der Realität sind die öffentlich-rechtlichen Besitzer der Energieunternehmen – der Bund, die Kantone und Gemeinden – nicht in erster Linie an Marktöffnung, Effizienzsteigerungen und neuen Experimentierfeldern interessiert, sondern vor allem an der Erfüllung des öffentlichen Leistungsauftrages. Der Wettbewerb in der Branche wird gegenwärtig durch Eingriffe und Vorgaben so sehr verzerrt wie kaum in einer anderen Branche. In der Schweiz existieren 800 Energieunternehmen. Viele davon überleben nur, weil sie in öffentlicher Hand sind. Aber selbst diejenigen, die nicht mehrheitlich in staatlichem Besitz sind, sind der Einflussnahme durch die Politik ausgesetzt. Dies hängt damit zusammen, dass Energie ein öffentliches Gut darstellt und die sichere Versorgung im Interesse der Öffentlichkeit liegt. Auch Telekommunikationsunternehmen oder Verkehrsbetriebe bewegen sich in einem ähnlich reglementierten Umfeld. Entsprechend benötigt die Führungskraft eines Energieunternehmens wie auch jene öffentlich-rechtlicher Unternehmen anderer Branchen die Fähigkeit, mit den unterschiedlichsten Ansprechpartnern der öffentlichen Hand zu interagieren und zu kooperieren, um wichtige Entscheide sowie die öffentliche Erwartung in Bezug auf ihr Unternehmen durch aktiven Austausch mit den wichtigsten Vertretern der öffentlichen Meinung mitzugestalten.

So haben Energiekonzerne milliardenschwere Investitionen in Wasserkraftwerke getätigt, die im Zuge rekordtiefer Strompreise teilweise unrentabel geworden sind. Rein marktwirtschaftlich ausgerichtete Manager müssten versuchen, diese wieder rentabel zu machen, zum Beispiel durch Neuverhandlung der Konzessionsabgaben, oder letztlich die Anlagenwerte veräussern. In einem regulierten und politisch dominierten Umfeld ist dies jedoch nicht praktikabel. Stattdessen wird sich die Führungskraft nun beispielsweise darauf fokussieren, im politischen Prozess eine Umverteilung der Subventionen respektive eine Flexibilisierung des Wasserzinses anzustreben.

Unternehmertum allein reicht bei staatsnahen Betrieben nicht

Öffentlich-rechtliche Betriebe anderer Branchen sind ähnlichen Restriktionen ausgesetzt. Die Post leidet beispielsweise im Briefverkehr seit Jahren unter einem starken Volumenrückgang. Gleichzeitig ist der dynamisch wachsende Paketversand bereits liberalisiert und wird von vielen Wettbewerbern herausgefordert. Betriebswirtschaftlich naheliegend wäre es nun, dass die Post ihren Marktanteil in diesem Segment gegen Paketdienste wie DHL verteidigt und weiter ausbaut. Die Idee, die Postabfertigung für ausländische Onlineversandhändler wie Zalando oder Amazon zu übernehmen, ist ein entsprechend konsequentes Handeln. Aber was dann in der Regel folgt, ist ein politischer Aufschrei. In diesem Fall lautet die Kritik, dass die Zusammenarbeit der Post mit den Onlineversandhändlern den hiesigen Detailhandel massiv unter Druck setze. Unternehmerisch würde es vielleicht auch durchaus Sinn ergeben, wenn sich die Post von ihrem Retail-Netz trennen und diese Dienstleistung beispielsweise den Detailhändlern Coop oder Migros übertragen würde. Dadurch könnten beide Seiten einen grossen Mehrwert erzielen. Doch solche Lösungen lassen sich politisch nicht durchsetzen und würden vom Verwaltungsrat nicht abgesegnet, da die wenig dicht besiedelten Regionen im freien Markt zu kurz kommen würden.

Diese Beispiele veranschaulichen, dass ein CEO in einem grossen Spannungsfeld operiert. Einerseits soll zunehmend unternehmerisches Handeln die Unternehmen wettbewerbsfähig machen. Andererseits gilt es, im Leistungsauftrag eine Vielzahl an qualitativen Kriterien und Wünschen zu befriedigen. Es braucht deshalb für solche Führungspositionen verhandlungsstarke Kommunikatoren mit taktischem Geschick: Sie müssen in der Lage sein, Kompromisse zu schmieden, Beeinflusser im Dialog abzuholen und mit auf den Weg zu nehmen. Gefragt sind Personen, die innerhalb eines Systems mit widersprüchlichen Zielvorgaben operieren und erfolgreich sein können. Im Idealfall verfügen Kandidaten über ein breites politisches Netzwerk. Je stärker der Einfluss der Politik ist, desto mehr müssen sie aktiv mit dieser Interessengruppe interagieren können. Auch Kriterien wie Nationalität, Beherrschung der Mundart oder politische Ausrichtung spielen bei der Rekrutierung von Spitzenkräften öffentlich-rechtlicher Unternehmen oftmals eine zentrale Rolle. Kandidaten aus dem benachbarten europäischen Umfeld scheiden damit von vornherein aus. Dies ist bedauerlich, zumal beispielsweise Deutschland seinen Energiemarkt bereits vor zwanzig Jahren liberalisiert hat. Das Nachbarland verfügt damit nicht nur über einen grösseren Ressourcen-Pool, auch haben Manager aus deutschen Versorgungsunternehmen bereits mehr Know-how und marktwirtschaftliche Erfahrungen auf diesem Gebiet vorzuweisen.

Herausforderung – stark eingeschränkter Kandidaten-Pool

Insgesamt sieht man sich mit einem Anforderungskatalog konfrontiert, den es in der Privatwirtschaft in dieser Form selten gibt. Nicht wenige erfolgreiche Manager, die gewohnt sind, Entscheidungen nach rein betriebswirtschaftlichen Kriterien zu treffen, stossen in einem solchen Umfeld auf unüberbrückbare kulturelle Hürden, kündigen und kehren schliesslich wieder in die Privatwirtschaft zurück. Das ist mit ein Grund, weshalb sich staatsdominierte Unternehmen der Energiewirtschaft schwer damit tun, externe Kräfte zu gewinnen, einzubinden, weiterzuentwickeln und zu halten. Es handelt sich um ein Dilemma: Gerade die Staatsbetriebe sind im Zeitalter der Energiewende darauf angewiesen, unternehmerische, risikofähige Persönlichkeiten als branchenfremde Quereinsteiger zu gewinnen.

Das spezielle Anforderungsprofil, das für Spitzenkräfte öffentlich-rechtlicher Unternehmen gilt, schränkt den Pool möglicher Kandidaten stark ein. Gleichzeitig haftet solchen Unternehmen oftmals eine verwaltungsnahe Kultur an, die von Kandidaten als schwerfällig und verstaubt wahrgenommen wird. Mittels gezielter Rekrutierungen aus der Privatwirtschaft versucht man, dieses alte Image zu überwinden. Es ist ein Huhn-oder-Ei-Problem.

Energieversorger im Wettkampf um Talente

Im Zuge der Digitalisierung ist derweil ein starker Wettbewerb um die talentiertesten Köpfe entbrannt. Allein schon aufgrund der schieren Zahl der Energieunternehmen ist es ausgeschlossen, dass jedes von ihnen die erforderliche Anzahl an Experten für sich gewinnen kann, die es für den digitalen Wandel und die Energiewende benötigt. Persönlichkeiten, die neue Geschäftsmodelle entwickeln, digitale Produkte produzieren und neue Einkommensquellen generieren, sind Mangelware. Die ineffiziente Kleinteiligkeit der Energiewirtschaft erschwert einerseits den Unternehmen den Zugang zu den Talenten. Andererseits schreckt der politische Leistungsauftrag potenzielle Kandidaten ab.

Umso mehr sind staatsnahe Betriebe darauf angewiesen, ihre Talente und Führungskräfte zielgerichtet und proaktiv intern zu entwickeln. Dies gilt für öffentliche Transportunternehmen wie die SBB, BLS, RHB genauso wie für die Energieunternehmen Axpo, Alpiq, BKW und alle anderen. Sie tun gut daran, in die interne Weiterentwicklung von Talenten und Führungskräften zu investieren – in weit stärkerem Ausmass als die Privatwirtschaft. Denn sie sind bei der Rekrutierung auf dem freien Markt eingeschränkt und stehen in den gesuchten Profilen im direkten Wettbewerb mit anderen potenziellen Arbeitgebern mit grösserem unternehmerischem Freiraum.

Öffentlich-rechtliche Unternehmen – Wettbewerbsvorteil für Karrieren von Frauen

Eine Schlüsselrolle spielt hierbei die Förderung von Frauen. Es gibt eine Vielzahl von Gründen, weshalb ihnen staatsnahe Betriebe in deutlich stärkerem Ausmass als bisher Aufstiegschancen bieten sollten. Zum einen gewähren sie gerade Frauen in der Regel ein gutes Karriereumfeld – das heisst eine gewisse Kontinuität und Stabilität. Sie haben ein langfristig orientiertes Aktionariat, das genügend Raum lässt, um in die erforderliche Kaderausbildung zu investieren. Zum anderen können Frauen mit der Vielfalt verschiedener Einflussfaktoren oft besser umgehen. Männer neigen dazu, sich primär auf eine Strategie zu fokussieren. Frauen sind in der Regel besser darin, das soziale Umfeld einer Gesamtanalyse zu unterziehen, bei Entscheidungen verschiedene Einflussfaktoren zu berücksichtigen und innerhalb einer Gruppe eine ausgleichende Balance zu schaffen – alles Fähigkeiten, die für die Funktionsfähigkeit öffentlich-rechtlicher Unternehmen vital sind. Deshalb lautet unsere provokative These: Öffentlich-rechtliche Unternehmen bieten viel Potenzial, um starke Frauen bis an die Spitze zu entwickeln.

Frauenförderung in der öffentlichen Verwaltung trägt Früchte

Tatsächlich ist der Frauenanteil im Topkader öffentlicher Verwaltungen, gemäss unseren im «schillingreport 2018» veröffentlichten Zahlen, mehr als doppelt so hoch wie in den Geschäftsleitungen der Privatwirtschaft. Dies kommt nicht von ungefähr, zumal sie Frauen geeignete Rahmenbedingungen wie flexible Arbeitszeitmodelle, weniger unvorhergesehene Reisetätigkeiten und geregeltere Arbeitszeiten bieten, was die Vereinbarkeit von Familie und Karriere fördert. Gleichzeitig profitieren staatsnahe Unternehmen von einer breiteren Gender-Diversity-Pipeline als der private Sektor. Eine Vorbildfunktion nimmt hier beispielsweise die SBB ein. Dank konsequenter interner Frauenförderung weist das Transportunternehmen auf der unteren und mittleren Kaderstufe bereits einen Frauenanteil von 25 Prozent auf. Auf Stufe Topkader ist die SBB auf dem besten Weg, einen ähnlich hohen Wert zu erreichen.

Magere Bilanz in der Energiewirtschaft

Mit Jasmin Staiblin bei Alpiq und Suzanne Thoma bei BKW stehen sehr prominent zwei Frauen an der Spitze der grössten Schweizer Energieunternehmen. Insgesamt ergibt sich in der Branche jedoch ein ernüchterndes Bild. Viele andere der 800 Energieunternehmen haben keine einzige Frau in der Geschäftsleitung, und auch im mittleren Management ist der Anteil sehr gering. Der Frauenanteil auf Managementstufe beträgt gerade einmal neun Prozent. Die Spitzenpositionen der technisch geprägten Energiebranche sind vor allem mit Männern besetzt. Es handelt sich nach wie vor um ein ausgeprägt traditionelles Umfeld. Es wäre an der Zeit, dies zu ändern. Das Argument, dass es sich um eine Branche handelt, die vorwiegend von Ingenieuren und anderen technischen Berufen dominiert wird, sticht dabei nicht. Denn wie beschrieben, befänden sich die Energieunternehmen in einer ausgesprochen guten Lage, um vermehrt Frauen anzuziehen. Doch im Gegensatz zu anderen staatsnahen Betrieben wie der Post oder eben der SBB ist die Energiebranche in punkto Frauenförderung noch am Anfang. Als Executive-Search-Unternehmen erleben wir zwar, dass unsere Kunden an weiblichen Führungskräften interessiert sind und explizit auch Kandidatinnen präsentiert bekommen wollen. Doch oftmals scheiden diese im Laufe des Rekrutierungsprozesses aus, weil sie sich aus kulturellen Überlegungen zurückziehen oder weil sie an den primär auf Männer massgeschneiderten Anforderungsprofilen scheitern. Dies hängt nicht zuletzt mit den alten Denkmustern und vorherrschenden Stereotypen zusammen: Sie führen dazu, dass motivierte Kandidatinnen im Auswahlprozess besonders streng und kritisch durchleuchtet werden.

Frauenförderung ist Chefsache und sollte gleichzeitig auf allen Hierarchiestufen ansetzen. Gezielte Diversity-Programme sind bei den Energieversorgern jedoch noch zu wenig etabliert. Entsprechend sollte das oberste Management lieber heute als morgen über die Bücher gehen und Massnahmen ergreifen, damit bei künftigen Rekrutierungen vor allem intern, aber auch extern genügend potenzielle Kandidatinnen zur Verfügung stehen. Es reicht bei weitem nicht, erst zum Zeitpunkt der Rekrutierung nach Frauen Ausschau zu halten. Es handelt sich um einen längerfristigen Prozess, der konsequentes Handeln und Zeit beansprucht.

Energieversorger müssen einen internen Talente-Pool entwickeln

Nur 20 Prozent der Kaderpositionen werden extern besetzt. 80 Prozent der Rekrutierungen erfolgen intern. Auch dies spricht dafür, dass die Unternehmen bei der Entwicklung ihres bereits vorhandenen Potenzials ansetzen und in die interne Mitarbeiterentwicklung investieren. Executive-Search-Unternehmen können bei der Rekrutierung von Kandidaten und Kandidatinnen ausserhalb des Unternehmens gleichwohl eine wichtige Stütze sein. Sie sind in der Lage, zu analysieren, welche Qualifikationen, Leistungsausweise und welcher Mindset für gesuchte Positionen erforderlich sind und wo entsprechendes Know-how rekrutiert werden kann. Sie pflegen ein breites Netzwerk an Kontakten und sind auf einen längeren Anbahnungsprozess eingestellt. Gerade für Frauen braucht es teilweise mehr Zeit, um zu einem neuen potenziellen Arbeitgeber Vertrauen zu gewinnen. Sie hinterfragen auch intensiver als Männer, ob sie für eine Position die erforderlichen Qualifikationen mitbringen. Ein Anruf und kurzfristiges Terminangebot für ein Vorstellungsgespräch ist hierbei in der Regel nicht zielführend.

Ein Wandel wäre nötig

Entscheidend ist der Selektionsprozess. Es wäre hierbei wichtig, darauf zu bestehen, dass in der Schlussrunde nach wie vor Kandidatinnen vorhanden sind. Höhere Attraktivität bietet den Frauen eine verstärkte Flexibilisierung der Arbeitszeitmodelle – nicht zuletzt auf Kaderstufe. Auch Führungsjobs sind im Zeitalter der Digitalisierung mit einem Teilzeitpensum vereinbar. Es gibt keinen Grund, Kaderpositionen nicht im Teilzeitpensum von 80 Prozent auszuschreiben. Die Zahl potenzieller Kandidatinnen würde allein schon dadurch deutlich steigen. Aber was solche Rahmenbedingungen betrifft, hinken Energieversorger der Entwicklung noch deutlich hinterher. Ein Kulturwandel wäre dringend nötig. Gerade Energieversorger hätten ideale Voraussetzungen, um bei der Ausschöpfung des weiblichen Talente-Pools zu den Vorreitern zu gehören.

Es sind leider erst wenige zeitgemäss geführte Unternehmen, die dieses Zusammenspiel der vielfältigen Anforderungen an ihre Führungskräfte erkannt haben. Dies sind auch die Unternehmen, die mit dem Zielkonflikt von Umsetzung des Leistungsauftrages und marktwirtschaftlichen Herausforderungen nachhaltig erfolgreich umzugehen wissen. So wird es nicht verwundern, dass sie sich über die nächsten Jahre zu Leuchtturm-Unternehmen entwickeln werden, mit einem Mix an Erfahrungen, langjährigen Changebereiten Mitarbeitenden und aus ganz anderen Branchen rekrutierten, agilen Persönlichkeiten, die sich freuen, in einem Unternehmen, zu arbeiten, das in der Talententwicklung führend ist. Gemeinsam können sie sich den vielfältigen Chancen widmen, die sich in dieser spannungsgeladenen Branche auftun.

Fazit

Richten sich die Energieversorger auf die veränderten Rahmenbedingungen aus, haben sie grosse Chancen, sich sowohl als «Employer of choice» zu positionieren als auch eine gut gefüllte Nachwuchstalente-Pipeline aufzubauen. Konsequenterweise müssen sich Verwaltungsräte und Geschäftsleitungen folgende strategische Ziele vornehmen: Führung von Produktion/Netz vom Markt separieren, Synergien durch strategische Allianzen/Zusammenschlüsse erschliessen, strategische HR-Massnahmen definieren. Die Human-Resource-Massnahmen könnten folgende Themenfelder umfassen: spezifische Anforderungsprofile definieren, strategische Rekrutierungen forcieren, beispielsweise im Top- und Middle-Management, Positionierung als starker Employerbrand, zeitgemässe Anstellungsformen ermöglichen (Entlöhnung, Teilzeitmodelle auch für Kader, Work@anywhereoffice etc.), Talentpipeline entwickeln und Geschlechterzusammensetzung messen (Ziel Frauenquote erhöhen).

Wir werden die Branche eng begleiten und unsererseits zum notwendigen Transformationsprozess beitragen.

Der «Clash of Values» in hybriden Energieunternehmen

Dr. Johannes Schimmel hat als CEO und Berater mehr als 20 Jahre Erfahrungen in Schweizer Energieunternehmen gesammelt. Heute begleitet Johannes Schimmel Transformationsprozesse für Unternehmen und Einzelpersonen.

Schon gut 20 Jahre zieht sich die Energiemarktöffnung in der Schweiz halbherzig dahin. Diese Ungewissheit führt zu einem dauernden Aufeinanderprallen von Wertewelten in den Energieunternehmen. Auf der einen Seite die Wertewelt der «Werkbetriebe», die eine hohe Versorgungssicherheit gewährleisten und dazu eine Null-Fehler-Kultur entwickelt haben, deren Stärke aber nicht die Innovation und Marktorientierung ist. Auf der anderen Seite die der innovativen Energiedienstleister, die für ihre Entwicklung Risiken eingehen und Rückschläge in Kauf nehmen müssen. Zwischen diesen Wertewelten wird, solange über die Marktöffnung Unklarheit herrscht, ein «Clash of Values» befeuert, der die Marktausrichtung der Unternehmen behindert und damit eine erfolgreiche Umsetzung der Energiewende verzögert.

Die Energiewende gelingt nicht ohne Markt

Die Energiewende gelingt nicht ohne Markt. Jedoch: Nur mit diesem als Treiber wird sie auch nicht gelingen. Notwendig sind zusätzlich politische Ziele und Massnahmen, Forschung und Entwicklung sowie Unternehmen, die mutig Innovationen zum neuen Energiesystem fördern und entsprechende Produkte und Dienstleistungen anbieten. Deren Führungskräfte und Mitarbeitende müssen die Vision dieses erneuerbaren, klimaneutralen Energiesystems prägen und mit Begeisterung vorantreiben. Am Schluss der Kette sind es sowohl in Haushalten wie in Unternehmen immer Menschen, Kundinnen und Kunden, die entsprechende Produkte und Dienstleistungen kaufen und nutzen. Deshalb müssen sich alle an der Energiewende Beteiligten auf die Bedürfnisse dieser Kunden einstellen.

Wie der Markt in der Schweizer Energiewirtschaft Einzug hält

In den 1990er Jahren hat sich das Schreckgespenst der Strommarktöffnung zunächst in den EU-Staaten ausgebreitet. Es hiess «NAI»: Nicht amortisierbare Investitionen. Man befürchtete einen Preiszerfall für Strom aufgrund der Marktöffnung und damit sinkende Renditen für die Kraftwerke. In der Schweizer Energiewirtschaft glaubten und hofften nicht wenige, eine vollständige Strommarktöffnung werde zu verhindern sein. Sie sollten bis heute recht behalten. Als Deutschland den Strom- und Gasmarkt im Jahr 1998 in einer Hauruckübung vollständig öffnete, kam es zu Fehlentwicklungen, vor allem weil die Marktöffnung über eine Verbändevereinbarung und praktisch ohne behördliche Vorgaben erfolgte. In der Schweiz reagierte man mit Häme, doch einige Energieversorger begannen, sich trotzdem auf den Markt vorzubereiten. Smarte Verkäufer wurden eingestellt, die mit Anzug und Krawatte die Teppichetagen der Grosskunden besuchten. Ein Hauch von Kundenorientierung wehte durch die Unternehmen. Erste Wahlmöglichkeiten in Form von ökologisch orientierten Stromprodukten wurden geschaffen. Grössere Stadtwerke begannen zusammenzuarbeiten und gründeten Swisspower, eine strategische Allianz der Stadtwerke der Schweiz. Sie konnten damit die ersten gesamtschweizerischen Verträge mit Bündelkunden abschliessen und zahlreiche marktorientierte Projekte in Kooperationen vorantreiben.

Als die eidgenössischen Räte das Elektrizitätsmarktgesetz (EMG) verabschiedeten und die Abstimmung für das Jahr 2002 anberaumt wurde, nahm die Dynamik nochmals deutlich zu. Vorauseilend wurden günstige Stromlieferverträge mit Grosskunden abgeschlossen. Die Skeptiker, die sich auch in den Energieunternehmen zu Wort meldeten, sprachen von «verschenktem Geld». Sie behielten Recht, denn im Jahr 2002 lehnte das Volk das EMG überraschend mit 52,6 Prozent ab. Es gab keinen Plan B in der Energiewirtschaft. Vielerorts wurden Vertriebs- und Marketingabteilungen wieder rückgebaut oder die Budgets drastisch gekürzt. Führungskräfte und Mitarbeitende, die den Wettbewerb im Strommarkt als spannendes Element für ihren Job angesehen hatten, kehrten der Energiewirtschaft wieder den Rücken. Die Skeptiker der Strommarktöffnung triumphierten.

Der Bundesrat nahm den Ball rasch wieder auf; aus dem Elektrizitätsmarktgesetz wurde ein Stromversorgungsgesetz gezimmert, das mit dem Zückerchen einer kostendeckenden Einspeisevergütung (KEV) für erneuerbare Energien mehrheitsfähig gemacht wurde und 2009 in Kraft trat. Zunächst wurde eine Teilmarktöffnung für Grosskunden realisiert, die volle Marktöffnung wurde für 2014 angekündigt. Wir warten immer noch darauf.

Indessen sanken aus verschiedenen Gründen die Marktpreise für Strom auf dem europäischen Markt dramatisch. Die Stromproduzenten kamen unter Druck, und die Margen im liberalisierten Energiehandel sanken gegen null. Das Schreckgespenst der nicht amortisierbaren Investitionen «NAI» trat nach fast 20 Jahren wieder auf. Denjenigen Energieunternehmen, die Kundinnen und Kunden im Monopolbereich belieferten, ging es weiterhin relativ gut, denn die Strombeschaffung war günstig, und die kleineren Gewerbe- und Haushaltskunden zahlten gegenüber dem Markt sehr hohe Preise. Städte und Gemeinden freuten sich über die willkommenen Ablieferungen ihrer Versorgungsunternehmen in die allgemeinen Haushalte. Die Marktskeptiker triumphierten abermals.

Als Folge der – als vermeintlich guten Kompromisses – eingeführten Teilmarktöffnung blieben viele Energieunternehmen ambivalent gegenüber dem Markt. Sie stellen nun quasi «Hybride» dar: einerseits marktwirtschaftlich aufgestellte Dienstleistungsunternehmen, die die Chancen der Digitalisierung nutzen wollen und dazu ihr Geschäft radikal umbauen müssen; andererseits öffentlich-rechtliche Versorgungsbetriebe, die einem Leistungsauftrag verpflichtet sind und sich in einem engen Korsett aus politischen Vorgaben und zum Teil widersprüchlichen Erwartungen der Öffentlichkeit bewegen müssen. Dieses Dilemma äussert sich auch darin, dass es quasi zwei Wertewelten gibt, die in den Energieunternehmen und ihrer (öffentlichen) Eignerschaft um die Vorherrschaft ringen. In hybriden Energieunternehmen kommt es zu einem «Clash of Values», und dieser verzögert die konsequente Ausrichtung auf den Markt und die Kundenbedürfnisse und verlangsamt die Umsetzung der Energiewende.

Der «Clash of Values»

Auf der einen Seite steht die Wertewelt eines traditionellen, auf die Versorgung von gebundenen Kunden ausgerichteten öffentlich-rechtlichen Energieunternehmens, nennen wir es den klassischen Werkbetrieb. Sie lässt sich etwa wie folgt beschreiben: Höchstes Gut ist die Versorgungssicherheit. Das Vermeiden von Fehlern und Risiken hat oberste Priorität. Mit Erfolg: Die Sicherheit der Stromversorgung ist hervorragend, das Niveau liegt weit über den einschlägigen Normen und wird fast nur durch Naturgewalten beeinträchtigt. Wie regelmässig durchgeführte Umfragen zeigen, ist das Vertrauen der Bevölkerung in die Werkbetriebe in der Schweiz sehr hoch, speziell auch im Vergleich zu Deutschland. Kundinnen und Kunden gestehen ihnen hohe technische Kompetenz zu, sie schätzen deren Freundlichkeit, aber sie halten sie nicht unbedingt für innovativ und lösungsorientiert. Innovationen haben es in dieser Werkkultur tatsächlich schwer, denn in der Null-Fehler-Kultur ist ein Scheitern quasi verboten. Das Mindset ist eher auf das Vermeiden von möglichen Problemen ausgerichtet als auf die Verwirklichung von neuartigen, eventuell risikobehafteten Lösungen. Ich erinnere mich an eine Präsentation innovativer Produkte, die im nahen Ausland erfolgreich auf den Märkten eingeführt sind, und daraufhin den verzweifelten Ausruf eines Kollegen: «Unglaublich, es ist alles da, und es läuft, und bei mir im Unternehmen erklärt man mir ständig, warum es nicht funktionieren kann.» Die Null-Fehler-Kultur geht einher mit dem Bedürfnis, alles selbst im Griff zu haben und alle Eventualitäten zu berücksichtigen. Der durchaus menschliche Vorbehalt gegen alles «not invented here» befeuert diese Kultur zusätzlich. So entstehen Lösungen, die nur für ein Unternehmen passen, die Zusammenarbeit in Kooperationen und Shared Services wird erschwert oder gar verunmöglicht. Es besteht auch kein wirklicher Druck dazu, denn sowohl die Erträge für die Leistungen im Netzbereich als diejenigen für die gebundenen Kunden sind kostenorientiert.

Diese Kultur äussert sich zudem auch in einer Führung, die eher hierarchisch und kontrollorientiert als partizipativ aufgebaut ist. Die Abteilungen oder Geschäftsbereiche werden zum Teil wie Subfirmen in der Firma geführt, ein «Silodenken» erschwert die Zusammenarbeit, führt zu Ineffizienzen und erschwert den konsistenten Auftritt der Unternehmen nach aussen. Die Lohnsysteme müssen vielerorts von der Verwaltung übernommen werden. Honoriert wird, wenn überhaupt, eher die Leistung des Einzelnen als die Teamleistung und das Erreichen der Unternehmensziele. Das Lohnniveau ist auf Mitarbeiterstufe relativ hoch, auf Managementstufe jedoch tiefer als in wettbewerbsorientierten Unternehmen. Diese Wertewelt der Werkbetriebe wird vielerorts gestützt und sogar eingefordert durch eine politische Führung mit enger Anbindung an die Verwaltung. Die ist an einem kommunalen Betrieb interessiert, der sich keine Fehler leistet und keine negativen Schlagzeilen provoziert. Compliance mit den Werten und Regeln der Verwaltung wird verlangt. Die langfristige Entwicklung der Unternehmen über mehrere Legislaturperioden hinaus steht dabei nicht immer im Vordergrund.

Auf der anderen Seite steht die Wertewelt eines Dienstleistungsunternehmens im Wettbewerb: Es ist strategisch auf Wachstum und Innovation ausgerichtet. Es ist sich bewusst, dass das Kerngeschäft deutlich weniger Ertrag bringen wird und die Zukunft in neuen Geschäftsfeldern liegt. Es nutzt die Chancen der Digitalisierung, investiert in Mitarbeitende, die neue Skills ins Unternehmen bringen, und kooperiert mit Unternehmen, die bereits erfolgreich in komplementären Wissensgebieten unterwegs sind. Ein Innovationsmanagement ist als Prozess installiert, zahlreiche Ideen werden weiterverfolgt. Man arbeitet in kürzeren Taktraten: «Try often, fail early.» Teams bekommen nicht mehr Monate Zeit, um ein Produkt zu entwickeln, sondern nach Tagen oder wenigen Wochen muss eine erste Entscheidungsgrundlage stehen. Das Bewusstsein, dass Projekte scheitern können, hat die Null-Fehler-Kultur abgelöst. Mitarbeitende aus allen Wertschöpfungsstufen bis hin zum Kunden werden von Anfang an in Entwicklungsteams mit einbezogen. Das Zusammenarbeiten in bereichsübergreifenden Netzwerken hat die Silokultur abgelöst. Auch die Zusammenarbeit über die Unternehmensgrenzen hinaus ist intensiv, obwohl man im Wettbewerb steht. Die Vorteile von Open Innovation sind erkannt, und das «not invented here»-Syndrom ist nicht mehr ganz so ausgeprägt. Man kann es sich schlicht und einfach weder zeitlich noch finanziell leisten, alles selbst zu entwickeln.

Die Arbeitswelt hat sich gegenüber derjenigen des klassischen Ingenieurs radikal verändert. Die jungen, «digitalen» Kolleginnen und Kollegen sprechen eine neue Sprache, verwenden neue Methoden wie Scrum oder Design Thinking und erproben Organisationsformen wie Holocracy. Sie arbeiten viel, aber sie tun es wann und wo es für sie gerade effizient und inspirierend ist. Ja, sie wollen inspiriert sein und Beiträge zu etwas Grossem – wie eben der Energiewende – leisten. Sie suchen Chefs, die eine begeisternde Vision haben und diese vermitteln können.

In der Governance untersteht ein solches Unternehmen einem Aufsichtsgremium aus Fachleuten, das sich entwicklungsorientiert auf die Unternehmensstrategie fokussiert, klare Ziele definiert und operative Themen dem Management überlässt.

Natürlich gibt es diese beiden Wertewelten nicht mehr oder noch nicht in reiner Form. Den reinen Werkbetrieb gibt es kaum mehr und den innovativen Dienstleister gibt es noch nicht wirklich ausgeprägt. Viele Unternehmen bewegen sich aktuell in einer Transformation hin zu Letzterem. Wie schnell sie sich entwickeln, wird geprägt sein durch die Vision und Strategie der Eigner und durch das Management, das sie einsetzen. Während der Transformation jedoch zieht sich der «Clash of Values» noch mitten durch die Unternehmen und die Belegschaft. Das führt da und dort zu internen Reibungsverlusten, Demotivation und suboptimalen Ergebnissen in Bezug auf die Innovationskraft. Oder, noch schlimmer, der Clash liegt zwischen dem Management und den politischen Vorgesetzten. Rückschläge sind dann unvermeidbar. Einige marktorientiert ausgerichtete CEOs haben in den letzten Jahren vor der Wertewelt ihrer politischen Vorgesetzten kapituliert. Oder sie mussten gehen, weil sie als politisches Risiko empfunden wurden oder weil die Politik ein Bauernopfer brauchte. In öffentlich-rechtlichen Unternehmen oder Betrieben kann sich mit jedem Wechsel in der politischen Führung, also mindestens bei jedem Wahlgang, die Wertewelt radikal verändern. Ein Risiko, das es so offensichtlich in der Privatwirtschaft weniger gibt. Bewerberinnen und Bewerber für Topkaderpositionen erkennen das immer mehr, und damit drängt sich die Frage auf, welche Topkader bereit sind, in eng politisch geführten Unternehmen zu arbeiten. Doch davor kommt noch die Frage, welche Topkader ein Energieunternehmen eigentlich braucht.

Welche Führungskräfte brauchen die Energieunternehmen?

Wie einleitend als These formuliert, kann die Energiewende nicht ohne marktwirtschaftliche Instrumente gelingen. Das heisst, die Eigner müssen ihre Energieunternehmen auf den Markt und die oben geschilderte Wertewelt des innovativen Dienstleistungsunternehmens ausrichten. Nur so können diese eine prägende Rolle in der Energiewende spielen. Und das müsste eigentlich das Ziel der Eigner sein, denn spätestens seit der Volksabstimmung im Mai 2017 ist klar, dass die Energiestrategie 2050 dem Willen der Mehrheit der Schweizer Bürgerinnen und Bürger entspricht. Welche Führungskräfte brauchen also Energieunternehmen, um sich konsequent auf den Markt auszurichten?

Die zentrale Herausforderung ist der Wandel, die Transformation zum marktorientierten Unternehmen, das Einstellen auf den Wettbewerb und damit das Orientieren an den Bedürfnissen der Kundinnen und Kunden. Das bedeutet die Entwicklung einer neuen Kultur, die die traditionellen durch neue Werte ergänzt oder ersetzt. Den Wandel zu gestalten erfordert Know-how, technisches und kommerzielles, aber auch das Wissen, wie Humansysteme im Vergleich zu technischen Systemen funktionieren. Sie sind komplexer, langwieriger und weniger systematisch planbar und folgen kaum deterministischen Prinzipien. Das heisst, einem Steuerungsimpuls folgt nicht zwangsläufig eine vorhersehbare Reaktion wie bei technischen Systemen. Arbeiten mit

Humansystemen bedeutet, Wahrscheinlichkeiten zu schaffen, damit diese sich in eine gewünschte Richtung entwickeln. Die Gewissheiten, wie wir sie aus technischen Systemen kennen, gibt es nicht. Die Topkader müssen daher erstens hervorragende Change-Manager sein, und sie müssen zweitens Leadership verkörpern, um die Transformation der Energie- zu innovativen Dienstleistungsunternehmen im Wettbewerb aktiv mitgestalten zu können. Es gilt, zusammen mit den Mitarbeitenden eine starke Vision zu leben und laufend weiterzuentwickeln, damit daraus nicht nur das Verständnis für die Notwendigkeit der Transformation wächst, sondern diese zur treibenden Motivation wird. Gemeinsam die Zukunft zu gestalten, konsequent und mutig einen Weg zu gehen: Dafür gilt es, die Mitarbeitenden zu begeistern.

Der Kulturwandel ist differenziert entlang der Wertschöpfungskette anzugeben: In der Stromproduktion und im Netzbetrieb wird es weiterhin die Sicherheitskultur ohne Abstriche geben müssen. Bei Kraftwerken, Staudämmen und Netzen steht immer noch die Personen- und Versorgungssicherheit im Zentrum. In der Entwicklung von neuen Geschäftsfeldern aber werden neue Werte gebraucht: Der Fokus auf die Kundenbedürfnisse, auf Geschwindigkeit und Agilität, das kalkulierte Eingehen von Risiken und das Lernen aus Fehlern stehen dort im Vordergrund. In einem Unternehmen der Telekommunikation gibt es durchschnittlich alle drei Minuten ein Update der ICT-Systeme. Der Umgang mit Fehlern und Neuem ist zum Alltag geworden – im Minutentakt. Wie Ulf Brandes und die Mitautoren es in ihrem Buch «Management Y» formulieren, braucht es für den Umgang mit den komplexen Aufgaben gerade auch in agilen Unternehmen Mitarbeitende in verschiedenen Rollen: «Siedler» und «Pioniere». Die Siedler festigen das Bestehende, sie ermöglichen darin ein einigermassen planbares Leben; sie sind zum Beispiel für den Betrieb zuständig. Die Pioniere hingegen erschliessen Neuland, sie schaffen Produkte und sehen Kundenbedürfnisse voraus. Wenn es in einer neuen Kultur beide Typen von Mitarbeitenden braucht, dann sind auch Chefs gefragt, die beide Typen mit ihren jeweiligen Fähigkeiten wertschätzen, Brücken bauen und die Zusammenarbeit herstellen.

Das Umfeld der Energiewirtschaft ist immer mehr Teil der sogenannten VUKA-Welt: Es ist von volatilen Fakten gekennzeichnet (z. B. die rasche Veränderung der Energiepreise), in weiten Teilen unvorhersehbar (z. B. die vollständige Marktöffnung in der Schweiz und ihre Ausprägung), komplex (z. B. das Zusammenwirken von technischen und sozialen Systemen) und voller Ambiguitäten (z. B. Marktszenarien, die sich gegenseitig ausschliessen). Diese VUKA-Welt, in der es immer weniger feste Regeln, Gewissheiten und kausale Abhängigkeiten gibt, hat nicht nur die Energiewirtschaft erreicht. Sie erlaubt immer weniger geplantes Vorgehen und fordert immer mehr Agilität. Sie ist für die Mitarbeitenden aus der Generation Y etwas Gewohntes, die Millennials sind damit aufgewachsen. Für den älteren Ingenieur ist sie hingegen ein Albtraum. Die Führungskräfte in den Unternehmen müssen die Fähigkeit haben, sich selbst in dieser Welt zurechtzufinden und gleichzeitig ihren Mitarbeitenden – auch den älteren Ingenieuren oder Betriebswirten – Orientierung zu bieten. Dazu müssen sie authentisch und transparent sein: akzeptieren, dass sie selbst nicht alles wissen und Fehler machen; mutig zu sich selbst stehen, auch wenn das nicht immer toll aussieht, und sich engagiert für ihre Mitarbeitenden einsetzen. Sie sind entwicklungsorientiert, nicht zuletzt in Bezug auf ihre persönliche Entwicklung. Eine gute Selbstführung gilt für sie als Voraussetzung für erfolgreiche Mitarbeiterführung. Sie kennen ihre eigenen Ressourcen und setzen diese effizient und effektiv ein. Sie sind reflektiert genug, ihre Grenzen zu erkennen und empathisch genug, um rechtzeitig zu spüren, wenn Mitarbeitende Gefahr laufen auszubrennen. Resilienz, die psychische Widerstandsfähigkeit und die Fähigkeit, Krisen und Unerwartetes zu bewältigen, ist ihre Stärke. Sie führen auf Augenhöhe, verstehen sich mehr als Trainer, Coaches und Lerngestalter für ihre Mitarbeitenden und weniger als Vorgesetzte, die mit Machtdistanz Untergebene führen. Sie haben erkannt, dass Führung kein Privileg gegenüber den Mitarbeitenden, sondern eine Dienstleistung an ihnen ist. Sie geben einerseits einen hohen Vertrauensvorschuss, und andererseits unmittelbares Feedback, und sie wollen dieses auch zu sich selbst erhalten. Wie Ulf Brandes schreibt, sind die Chefs in der neuen Arbeitswelt menschlicher, authentischer, reflektierter und demütiger vor der zunehmenden Komplexität der Welt.

Welche Führungskräfte bekommen die Energieunternehmen?

Gerade bei Unternehmen, die einerseits einen öffentlichen Leistungsauftrag erfüllen und sich andererseits gleichzeitig nach marktwirtschaftlichen Kriterien weiterentwickeln sollen, stehen die Verwaltungsräte oder politischen Vorgesetzten wieder vor dem «Clash of Values». Wie Guido Schilling ausführt, sind einerseits Persönlichkeiten gefragt, die neue Märkte und Opportunitäten aufspüren und Impulse für eine Veränderung der Unternehmenskultur leisten können. Andererseits bewegen sich diese in einem relativ engen Korsett von politischen Vorgaben und müssen den öffentlichen Eigentümern detailliert Rechenschaft ablegen. Neben den Unternehmerpersönlichkeiten braucht es Personen mit einer hohen Kompromissfähigkeit, die auch innerhalb eines Systems teilweise widersprüchlicher Zielvorgaben erfolgreich operieren können. Wo der Schwerpunkt liegen soll, ist grundsätzlich eine Frage der strategischen Vorgaben und liegt letztlich im Ermessen der Verwaltungsräte und politischen Vorgesetzten, die Topkader auswählen und einstellen.

Wie gut soll der neue Chef oder die neue Chefin in das Unternehmen passen? Und wie gut darf die Passung sein, damit er oder sie noch genug Komplementarität ins Unternehmen bringen kann? Liegt der Fokus auf einer möglichst guten Passung, so werden Topkader aus der Energiebranche oder anderen Ver- und Entsorgungsunternehmen interessiert sein. Sie haben den Vorteil, mit hohen fachlichen Kenntnissen zu starten, und können sich in der Kultur der Unternehmen rasch zurechtfinden. Damit sind sie hoch anschlussfähig und können in kürzester Zeit die Kontinuität im Management sicherstellen – wenn das denn das Ziel wäre. Liegt der Fokus eher auf komplementärem Know-how und Erfahrungen in anderen Unternehmenskulturen, so werden branchenfremde Bewerber interessiert sein. Branchenfremde neue Topkader brauchen insbesondere eine hohe Belastbarkeit und Durchsetzungsfähigkeit. Ihre Mitarbeitenden werden zu Beginn einen grossen Wissensvorsprung haben, und mangelnde Fachkenntnisse erschweren die Akzeptanz. Die Frage ist dann, wie gut eine neue Führungskraft beim Einstieg ins Unternehmen begleitet werden kann, damit sie nicht zu schnell zu grosse Angriffsflächen bietet und von der Organisation wirkungslos gestellt wird. Das Risiko des Scheiterns ist bei der Breite des Anforderungsprofils relativ gross. Die Gratwanderung zwischen Passung und Komplementarität ist eng und wird von branchenfremden Bewerberinnen und Bewerbern sorgfältig ausgelotet. Dazu kommen oft Anstellungsbedingungen, die für Topkader im Vergleich mit der Privatwirtschaft weniger attraktiv sind. Und das Risiko, nach dem nächsten Wahlgang veränderte politische Zielvorstellungen vorzufinden und wieder von Neuem beginnen zu müssen. Diese Faktoren schränken den Kreis von Bewerbern ein. Es akzentuiert sich daher tatsächlich die Frage: Welche Topkader bekommen öffentlich-rechtliche, eng an die Verwaltung angebundene Energieunternehmen?

Damit Energieversorgungsunternehmen im Besitz der öffentlichen Hand die Topkader bekommen, die sie für eine Entwicklung zum marktorientierten Dienstleister brauchen, müssen in der Governance der Unternehmen die entscheidenden Weichen gestellt werden:
- eine Führung durch mit Fachleuten besetzte Verwaltungsräte anstelle von rein politisch besetzten Verwaltungsgremien,
- die Beschränkung der politischen Einflussnahme auf die Umsetzung der Eignerstrategie,
- eine klare strategische Ausrichtung auf Wachstum und Innovation im Hinblick auf die Energiewende,
- daraus folgend die Auswahl von Topkadern mit klar fokussierten Profilen,
- die «Entlassung» der Energieunternehmen aus Reglementen, Rahmenbedingungen und Systemen der Verwaltung, die nicht für marktorientierte Unternehmen geschaffen wurden.

Auf der politischen Ebene braucht es seitens der öffentlichen Eigner der Energieunternehmen ein klares Bekenntnis zur Marktöffnung. Das heisst auch, nicht weiter auf Monopolrenten zu schielen. Und es ist ein Engagement für Rahmenbedingungen nötig, die den Unternehmen die nötigen Handlungsräume geben.

Fazit

Solange infolge der halbherzigen Marktöffnung die öffentlichen Eigner weiterhin mit Monopolrenten rechnen dürfen, hat es die konsequente Ausrichtung der Unternehmen auf den Markt und damit die Energiewende schwer. Das Schielen der einen auf eine doch nicht kommende Marktöffnung und das Spekulieren der anderen auf diese, befeuert den «Clash of Values» weiter. Ein endgültiger Entscheid in der einen oder anderen Richtung würde mehr Klarheit und Planungssicherheit schaffen. Dann wäre auch der Fokus für die Wunschprofile der Topkader klarer gegeben, was den Bewerberinnen und Bewerbern besser vermitteln könnte, worauf sie sich einlassen und welche Fähigkeiten gefragt sind.

Die Zukunft der Energiebranche

Megatrends der Energiewirtschaft von morgen

Dr. Christian Opitz leitet an der Universität St. Gallen ein auf strategische und quantitative Fragestellungen spezialisiertes Kompetenzzentrum für Energy Management (ior/cf-HSG). Im Rahmen von Forschungs- und Praxisprojekten befasst er sich intensiv mit dem strategischen Management von Energieversorgungsunternehmen.

Megatrends sind derzeit in aller Munde: Dekarbonisierung und Dezentralisierung gelten als Auslöser des sich vollziehenden Transformationsprozesses des Energiesystems. Die rasant fortschreitende Digitalisierung soll diesen noch begünstigen und zugleich bisherige Branchengrenzen verschwimmen lassen. Der vorliegende Beitrag setzt sich systematisch mit den relevanten Megatrends der Energiewirtschaft auseinander und zeigt auf, inwiefern diese als Bestandteil der strategischen Umweltanalyse unmittelbar in den unternehmerischen Strategieentwicklungsprozess von Energieversorgern eingehen sollten.

Antizipation von Trends

In einem immer komplexer werdenden Umfeld kommt für Energieversorger in den kommenden Jahren dem systematischen Scanning und Monitoring ihres Unternehmensumfelds eine immer grössere Bedeutung zu. Bereits 1998 betonte der renommierte Managementvordenker Peter Drucker die Bedeutung von Wissen über Vorgänge und Bedingungen ausserhalb der eigenen Organisation und bezeichnete dieses als zentrale Voraussetzung für eine erfolgreiche Unternehmensstrategie. Eine von McKinsey & Company durchgeführte Umfrage aus dem Jahr 2008 unter weltweit 1300 Führungskräften bestätigte, dass Trends im Unternehmensumfeld stark an strategischer Relevanz gewonnen haben – wies jedoch gleichzeitig darauf hin, dass vielen Unternehmen die notwendigen Strukturen, Möglichkeiten und Kompetenzen zur frühzeitigen Antizipation relevanter Entwicklungen fehlen würden. Dieser Sachverhalt dürfte auch zehn Jahre später noch für zahlreiche Schweizer Energieversorger zutreffen.

In Abgrenzung zur Marktforschung, die sich auf den aktuellen Zustand bestimmter Märkte konzentriert, beschäftigt sich die Trendforschung mit der frühzeitigen Identifizierung, Analyse und Bewertung relevanter Veränderungen und Wandlungsprozesse – beispielsweise im gesellschaftlichen, technologischen und politischen beziehungsweise regulatorischen Bereich. Die Beschäftigung mit Trends soll dabei helfen, relevante Entwicklungen frühzeitig zu erkennen, einzuordnen und damit Orientierung in einer immer komplexer werdenden Welt zu geben. Trends gelten als komplexe, mehrdimensionale Phänomene mit hoher Reichweite und Wirkungsmächtigkeit, die breite Bevölkerungskreise umfassen und mitunter Werte, Verhaltensweisen und Kaufverhalten beeinflussen. Sie sind stets kontextgebunden und vernetzt, stehen in Wechselwirkung miteinander und erzeugen Gegentrends, die dem Basistrend ergänzend – jedoch nicht auflösend – entgegenwirken. Grundsätzlich lassen sich zwei Arten von Trends unterscheiden: quantitative und qualitative. Bei ersteren handelt es sich um signifikante, über einen bestimmten Zeitraum fortlaufende, gleichgerichtete Entwicklungen einer oder mehrerer Variablen, die mit Hilfe mathematisch-statistischer Verfahren gemessen werden. Qualitative Trends werden dagegen verbal-argumentativ beziehungsweise -logisch abgeleitet, da eine zahlenmässige Erfassung nicht möglich oder nicht sinnvoll ist. Als sogenannte Megatrends gelten übergeordnete, langfristige und substanzielle Veränderungen von Strukturen, Prozessen, Werten und Einstellungen. Im Gegensatz dazu beschreiben Markt-/Branchentrends die in einer spezifischen Industrie besonders dominanten Entwicklungen. Sie werden von den Megatrends zu Clustern zusammengefasst, die zur adäquaten Erfassung aller subsumierten Entwicklungen oftmals abstrakt formuliert werden.

Vor einer Auseinandersetzung mit den in der Energiewirtschaft vorherrschenden Megatrends sind zwei Einschränkungen zu berücksichtigen: Zum einen existieren zahlreiche für die Energiewirtschaft relevante Phänomene, die weniger als Entwicklungen denn als über die Zeit weitestgehend konstante Rahmenbedingungen zu interpretieren sind – wie die politische Einflussnahme auf kommunaler Ebene auf die Geschäftstätigkeit von Stadtwerken mit den jeweiligen Implikationen für die (lokale) Governance. Obwohl diesen Rahmenbedingungen eine nicht zu unterschätzende Bedeutung im Rahmen der strategischen Umweltanalyse zukommt, gelten sie – im Einklang mit der vorherigen Definition – nicht als Trends. Zu rechnen ist – zum anderen – mit unerwarteten zukünftigen Entwicklungen von für alle Beteiligte gleichermassen geltenden, schwer prognostizierbaren Ereignissen oder Entwicklungen mit enormen Auswirkungen beziehungsweise einschneidendem Anpassungsbedarf für die Energieversorger, sogenannte Black Swans (wie die Nuklearkatastrophe von Fukushima). Frühzeitiges Erkennen und die adäquate Bewertung schwacher Signale für derartige «Game Changer» – wie beispielsweise disruptive Innovationen mit dem Potenzial, die ursprünglichen Regeln des Marktes grundlegend zu verändern (wie möglicherweise die Blockchain-Technologie) – ist beim systematischen Scanning des Unternehmensumfelds besonders wichtig.

Die relevanten, die Energiewirtschaft von morgen massgeblich prägenden Megatrends lassen sich drei Bereichen zuordnen: «Technologie», «Kunde/gesellschaftlicher Wandel» sowie «Politik/Regulierung».

Megatrends im Bereich Technologie

Bereits heute lässt sich erkennen, dass einzelne intelligente Technologien – beispielsweise in den Bereichen Smart Metering, Smart Grids, Smart Home/Buildings beziehungsweise Smart Storage – zu dramatischen Veränderungen in der Energiewirtschaft führen werden. Andere Technologien befinden sich dagegen erst im Entstehen. Zu den übergeordneten Veränderungsprozessen im technologischen Bereich gehören die Dezentralisierung von Erzeugungskapazitäten und die damit verbundene Flexibilisierung des Energiesystems, eine immer stärkere Sektorkopplung – in Gestalt einer zunehmenden Elektrifizierung vieler Sektoren oder einer Konvergenz der Netze – sowie die rasant fortschreitende Digitalisierung, die den Transformationsprozess des Energiesystems beschleunigt und bisherige Branchengrenzen verschwimmen lässt.

Dezentralisierung/Flexibilisierung

Die Dezentralisierung der Stromerzeugung durch den Zubau erneuerbarer Stromproduktion wird insbesondere durch das derzeit geltende Marktdesign, durch Lernkurveneffekte zentraler Technologien sowie durch das totalrevidierte Energiegesetz begünstigt. In Letzterem wurden die Möglichkeiten für gemeinsamen Eigenverbrauch deutlich verbessert, indem Zusammenschlüsse zum Eigenverbrauch nun gesetzlich vorgesehen und geregelt sind. Das fördert das Entstehen sogenannter Multi-Energy-Hubs – das heisst mit erneuerbarer Energieproduktion ausgestattete, quasi autarke, dezentrale Energienetzwerke auf Quartierebene, die verschiedene Energieträger kombinieren sowie Umwandlungs- und Speichertechnologien beinhalten. Die dezentralere und zunehmend stochastische Einspeisung erneuerbarer Stromproduktion wird ein immer komplexeres Flexibilitätsmanagement in Verbindung mit dem Aufbau eines (noch) «intelligenteren» Stromnetzes (sog. Smart Grid) nach sich ziehen.

Elektrifizierung/Sektorkopplung
Infolge der beabsichtigten Steigerung des Anteils der Elektrofahrzeuge an den Neuzulassungen in der Schweiz bis 2022 auf 15 Prozent zeichnet sich im Verkehrssektor eine zunehmende Elektrifizierung ab. Neben ihrer Rolle als zusätzlicher Verbraucher trägt die Elektromobilität zukünftig auch wesentlich zur Integration stochastisch erzeugten Stroms und damit zur Flexibilisierung des Energiesystems bei. Im Wärmebereich wird die Elektrifizierung dagegen insbesondere durch den verstärkten Einsatz dezentraler Wärmepumpen im Haushaltsbereich, von zentralen Grosswärmepumpen in Wärmenetzen und in der Industrie sowie von Elektrodenkesseln in den Bereichen Fernwärme und Industrie vorangetrieben. Eine verstärkte Sektorenkopplung dürfte zu einer Senkung der Treibhausgasemissionen, einer Steigerung der Flexibilitäten und der Energieeffizienz sowie zu einer Optimierung des perspektivisch weitestgehend dekarbonisierten Energiesystems beitragen. Offen bleibt, ob das zukünftige Energiesystem auf einer breiten Elektrifizierung aller Sektoren basiert oder auf einem eher technologieoffenen Ansatz, bestehend aus einem Mix an Technologien mit einem höheren Anteil an gasförmigen und flüssigen (synthetischen) Brenn- und Kraftstoffen.

Digitalisierung
In der Energiewirtschaft gilt die Digitalisierung als grosse Chance für eine zukünftig effizientere, ökologischere und kundennähere Energieversorgung. Grosse Bedeutung erlangt sie aufgrund ihres Potenzials, einst feste System- und Prozessgrenzen der Wertschöpfungsstufen aufzubrechen, die Entwicklung von dynamischen Wertschöpfungsnetzwerken mit neuen Produkten und Geschäftsmodellen zu fördern und damit bisherige Branchengrenzen zu verwischen. Obwohl man in der deutschsprachigen Energiebranche den Begriff «Digitalisierung» recht unterschiedlich interpretiert, werden die wesentlichen

Veränderungen hier im Bereich der Wertschöpfungskette – insbesondere bei den Geschäfts- und Unterstützungsprozessen –, bei der Gestaltung des (digitalen) Kundenerlebnisses sowie bei der Entwicklung digitaler Geschäftsmodelle zu finden sein. Letzteres bezieht sich insbesondere auf das Potenzial der Digitalisierung, auf der Basis von Daten Kundenbedürfnisse sichtbar zu machen. Daneben verspricht der zunehmende Einsatz von künstlicher Intelligenz bei Energieversorgern deutliche Effizienzgewinne.

Megatrends im Bereich Kunde/gesellschaftlicher Wandel

Zu den massgeblichen Veränderungsprozessen im gesellschaftlichen Bereich zählt das Entstehen neuer Konsummuster – einhergehend mit neuen Kundentypen – sowie ein von der ersten Generation sogenannter «Digital Natives» eingeleiteter Wandel der Arbeitswelt.

Neue Konsummuster

Das Konsumverhalten befindet sich weltweit im Wandel: Neue Konsummuster gewinnen an Bedeutung; in der Folge werden sich einzelne Kundentypen noch klarer herauskristallisieren. Neben einem zunehmenden Bedürfnis nach Regionalisierung (bspw. im Sinne der Nachfrage nach lokalen Angeboten) und Transparenz – insbesondere beim Umgang mit personenbezogenen Kundendaten – wird die Nachfrage nach individualisierten Produkten steigen. Ferner wird das vermehrte Aufkommen sogenannter Sharing-Economy-Angebote – verstanden als gegenseitiges Vermieten oder Teilen von Gütern oder Dienstleistungen über Onlineplattformen – die Geschäftsmodelle der Energieversorger dramatisch beeinflussen. Beispiele zeigen sich bereits heute im Mobilitäts- (Car-Sharing) beziehungsweise im Energiebereich (auf Peer-to-Peer-Netzwerken basierende Community-Lösungen).

«Neue» Kundentypen

Abgeleitet von einem Bedürfnis nach mehr Convenience sowie einem zunehmenden Umweltbewusstsein werden sich zukünftig zwei grundsätzlich verschiedene Kundentypen noch klarer unterscheiden lassen: Zum einen der «Versorgt-werden-Woller», der ein bezüglich Energiethemen passives Verhalten aufweist und den Umgang damit an Dritte (in der Regel dem lokalen Energieversorger) delegiert. Zum anderen der «Autarkie-Sucher» – oftmals Pragmatiker mit einem Kontroll- bzw. Sicherheitsbedürfnis bezüglich der eigenen Energieversorgung beziehungsweise Idealisten hinsichtlich ökologischer Aspekte. Nachhaltigkeit zu leben (Stichwort: «Neo-Ökologie»), wird für Letztere zum persönlichen Anliegen. Aufgrund der zunehmenden Erfahrbarkeit des Themas Energie – beispielsweise durch die Photovoltaikanlage auf dem eigenen Hausdach – setzen sich besagte Kunden bewusster mit diesem auseinander. Der überwiegende Teil der Haushaltskunden wird sich jedoch auch zukünftig noch den sogenannten «Commodity-Kunden» zuordnen lassen, für die Komfort und Einfachheit als entscheidender Faktor bei der Wahl von Produkten und Dienstleistungen gilt. Energie wird als Low-Involvement-Produkt angesehen, das heisst, der Kernnutzen bei der Energieversorgung liegt für den Verbraucher in der Aufrechterhaltung seiner Alltagsnormalität, bei der das Thema Energie vollkommen aus dem eigenen Bewusstsein verschwindet.

Neue Arbeitswelt

Es zeichnet sich bereits ein tiefgreifender Wandel der Arbeitswelt ab, der sich im Bereich der Organisationsformen, Tätigkeitsprofile und Kompetenzanforderungen ebenso vollzieht wie bei den Arbeitsmitteln. Arbeit wird zeitlich flexibilisiert, zukünftige Generationen von Arbeitnehmern werden mobiler und arbeiten ortsungebundener – vermehrt von zuhause oder von sogenannten Coworking-Spaces aus. Das traditionelle Bereichsdenken, bei dem sich jede Sparte primär am eigenen Erfolg orientierte, wird durch agile, einheiten- und hierarchieübergreifende Projektmanagement-Teams abgelöst. Das Aufbrechen der herkömmlichen Silos zugunsten offener Strukturen geht dabei mit einer Zunahme der Eigenverantwortung der Arbeitnehmer sowie mit einer Neudefinition der Rolle des Kaders einher. Digitale Assistenzsysteme fungieren zudem als «Enabler» neuer Formen der Zusammenarbeit und Automatisierung.

Megatrends im Bereich Politik/Regulierung

Die globale Klimaerwärmung und die damit verbundene Notwendigkeit zur Dekarbonisierung der Energieversorgung, ein zunehmender Einfluss der Europäischen Union auf die Schweiz sowie immer umfangreichere und komplexere Vorgaben – etwa in den Bereichen Raumplanung, Netzregulierung sowie beim Datenschutz beziehungsweise in der -sicherheit – prägen die übergeordneten Veränderungsprozesse im politischen Bereich.

Globale Klimaerwärmung/Dekarbonisierung
Durch das Voranschreiten der globalen Klimaerwärmung wird die fossile Energiegewinnung zunehmend in Frage gestellt. Dekarbonisierung der Energieversorgung mit dem Umstieg von fossilen auf erneuerbare Energiequellen

wird in internationalen, nationalen sowie regionalen oder lokalen Energiekonzepten mit unterschiedlichen Geschwindigkeiten vorangetrieben. Klima- und Energiepolitik sind dabei eng verzahnt, zumal die energetische Nutzung fossiler Brenn- und Treibstoffe für drei Viertel der in der Schweiz anfallenden Treibhausgasemissionen verantwortlich ist. Die beiden Stossrichtungen der Energiestrategie 2050 – vermehrter Einsatz erneuerbarer Energien sowie eine steigende Energieeffizienz in den Bereichen Gebäude, Mobilität, Industrie und Geräte – werden gleichzeitig einen Beitrag zur Verminderung der Treibhausgasemissionen leisten. Vor dem Hintergrund der Ratifizierung des Übereinkommens von Paris und der damit verbundenen Verpflichtung zur Verminderung der Treibhausgasemissionen bis 2030 um 50 Prozent gegenüber 1990 sind im Rahmen der Totalrevision des CO_2-Gesetzes für die Zeit nach 2020 ambitionierte (verpflichtende) Zielvorgaben zu den Treibhausgasemissionen zu erwarten. Die Klima- und Energieziele lassen sich jedoch mit Hilfe von (Lenkungs-)Abgaben und den damit verbundenen Anreizen wirksamer und kostengünstiger erreichen als durch Förder- und regulatorische Massnahmen. Trotz der Ablehnung der Vorlage des Bundesrates zum Verfassungsartikel über ein Klima- und Energielenkungssystem – der ursprünglich als zweite Etappe in der Energiestrategie 2050 vorgesehen war – ist mittelfristig von einem Übergang vom Förder- zum Lenkungssystem auszugehen.

Zunehmender Einfluss der Europäischen Union
Seit 2007 verhandelt die Schweiz mit der Europäischen Union über ein bilaterales Abkommen im Elektrizitätsbereich. Dessen Abschluss dürfte einen noch weiteren Angleich an europäische Vorschriften mit sich bringen – mit potenziell einschneidenden Konsequenzen für hiesige Energieversorger. Das Verhältnis zwischen der Schweiz und der Europäischen Union hat hinsichtlich der Versorgungssicherheit – neben der wirtschaftlichen Effizienz sowie der Marktintegration erneuerbarer Energien auf dem Strommarkt eines der zentralen Ziele des Bundes – einen entscheidenden Einfluss auf die anhaltenden Diskussionen bezüglich eines zukünftigen Strommarktdesigns. Abgesehen von einer Weiterführung des derzeitig geltenden «Energy-Only-Markts» werden die Einführung von Speicherreserven zur Absicherung unvorhergesehener Situationen sowie eine vollständige Strommarktöffnung diskutiert. Letztere ist seit einigen Jahren eine Forderung von Seiten der Europäischen Union und gilt weiterhin als Voraussetzung für ein bilaterales Stromabkommen. Mit einem Anlauf zur vollständigen Öffnung des Schweizer Strommarktes ist im Rahmen der Revision des Stromversorgungsgesetzes zu rechnen. Verbunden damit könnten auf die vertikale Desintegration zwischen dem Netz und den übrigen Aktivitäten abzielende strengere (Entflechtungs-)Vorgaben erlassen werden, die tiefgreifende Anpassungen zur Folge haben dürften.

Verstärkte Regulierung

Es zeichnet sich bereits ab, dass die regulatorischen Vorgaben zukünftig weitaus umfangreicher und komplexer ausfallen werden – beispielsweise im Bereich der Raumplanung durch den vermehrten Einsatz städtischer oder kantonaler Energierichtpläne mit verbindlichen Vorgaben zum Einsatz gewisser Technologien und zur Gebäudeeffizienz. Auch die Auskunftspflichten der Energieversorger gegenüber der Eidgenössischen Elektrizitätskommission ElCom im Rahmen der Tarifprüfungen werden weiter anwachsen. Eine Weiterentwicklung des Regulierungssystems in Richtung auf die in zahlreichen europäischen Nachbarländern geltende Anreizregulierung könnte volkswirtschaftliche Vorteile bringen, würde jedoch zu einem deutlich höheren Regulierungsaufwand führen. Sektorübergreifende Regelungen – beispielsweise zur Vermeidung von Quersubventionierung von Elektrizitäts- und Kommunikationsnetzen – werden die bislang auf einen Sektor beschränkten regulatorischen Vorgaben ergänzen. Aufgrund der zunehmenden Digitalisierung sowie einer damit einhergehenden Vernetzung moderner informationstechnischer Systeme und kritischer Infrastruktureinrichtungen gewinnen Vorgaben hinsichtlich des Datenschutzes – wie die 2018 in Kraft getretene Datenschutz-Grundverordnung der Europäischen Union – sowie der Datensicherheit massiv an Bedeutung.

Chancen und Risiken für Energieversorger

Im Rahmen der strategischen Analyse sind die identifizierten Megatrends für die Energiewirtschaft positiv (Gelegenheiten) beziehungsweise negativ (Bedrohungen) zu bewerten und mit den unternehmensspezifischen Stärken und Schwächen der einzelnen Energieversorger in Bezug zu setzen. Chancen entstehen, wenn unternehmensspezifische Stärken dazu verwendet werden, um Gelegenheiten im Umfeld zu nutzen; bei Risiken hingegen treffen Bedrohungen auf Schwächen des jeweiligen Energieversorgers. Erst die integrierte systematische Auseinandersetzung von externer Umwelteinbettung und interner Unternehmensanalyse erlaubt im Rahmen des Strategieprozesses, relevante Veränderungsnotwendigkeiten oder Entwicklungsfelder für die zukünftige Positionierung und Weiterentwicklung einer Organisation abzuleiten.

Aufgrund der aufgezeigten Abhängigkeit von organisationsspezifischen Ressourcen und Kompetenzen ist eine pauschale Aussage über Chancen und Risiken von Energieversorgern lediglich eingeschränkt aussagekräftig. Zur Illustration seien je zwei idealtypische Stärken und Schwächen Schweizer Stadtwerke herangezogen und mit für die Energiewirtschaft im spezifischen Kontext als positiv beziehungsweise negativ bewerteten Megatrends kombiniert:

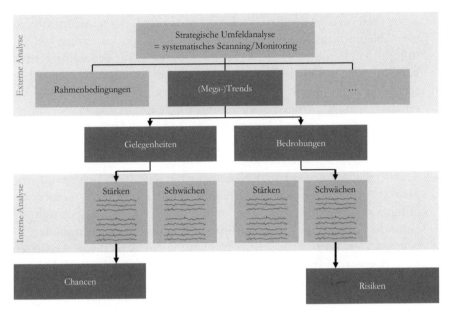

Elemente einer strategischen Umweltanalyse
(eigene Darstellung, in Anlehnung an: Müller-Stewens und Lechner 2016, S. 190)

- Aufgrund des breiten Aufgabengebietes sind Stadtwerke (zur Ermöglichung einer spartenübergreifenden Versorgung) oftmals als Querverbund organisiert. Diese Stärke, kombiniert mit dem zunehmend verstärkten Einsatz sektorübergreifender Anwendungen und Technologien, eröffnet die Chance einer ganzheitlichen Optimierung (Strom, Gas, Wärme, Wasser etc.) des Versorgungsgebiets durch den Einsatz zentraler (bspw. Power-to-Gas-Anlage in Verbindung mit einer Kehrichtverwertungsanlage) beziehungsweise dezentraler (bspw. strom- bzw. wärmegeführte Wärme-Kraft-Kopplungs-Anlagen) Elemente.
- Stadtwerke gelten als kommunaler, verlässlicher Versorger der Menschen vor Ort und geniessen aufgrund der lokalen, langjährigen Verankerung sowie dem oftmals öffentlichen Auftrag einen hohen Vertrauensvorschuss. Diese lokale Verbundenheit könnte sich, in Kombination mit dem zunehmenden Bedürfnis nach regionalen Angeboten, als entscheidender Wettbewerbsvorteil beim Angebot (neuer) Produkte und Dienstleistungen – zum Beispiel im Bereich dezentraler Energielösungen – gegenüber der überregionalen oder national tätigen Konkurrenz erweisen.
- Aufgrund der langjährigen Konzentration auf den vom Monopol geschützten Commodity-Bereich fehlt Stadtwerken in der Regel das notwendige

Know-how im digitalen Bereich. Eine Anpassung der unternehmensinternen Abläufe zum Angebot digitaler Dienstleistungen ist zudem oftmals mit grossem bürokratischem Aufwand verbunden. Vor dem Hintergrund zunehmender technischer Möglichkeiten bei der Analyse komplexer Datenmengen (wie bspw. Verbrauchsmuster) mit Hilfe fortgeschrittener Analysemethoden drohen Stadtwerke die sich aus der Digitalisierung ergebenden Potenziale zum Aufbau neuer Geschäftsfelder zu verpassen und damit branchenfremden Wettbewerbern auf diesem Gebiet das Feld zu überlassen.
- Stadtwerke zeichnen sich in der Regel durch stabile, historisch gewachsene Strukturen sowie durch wenig dynamische und innovative Arbeitsbedingungen aus. Die oftmalige Verankerung in der öffentlichen Verwaltung behindert zudem eine schnelle Anpassung an die Anforderungen des Arbeitsmarktes. Diese Schwächen, kombiniert mit dem zuvor skizzierten tiefgreifenden Wandel der Arbeitswelt – beispielsweise hinsichtlich der von den Arbeitnehmern geforderten, wachsenden, zeitlichen und räumlichen Flexibilität –, birgt das Risiko einer zunehmenden Konkurrenzsituation zwischen Energieversorgern und anderen Unternehmen um die besten Arbeitnehmer bis hin zum Fachkräftemangel.

Konsequenzen für die Governance

Corporate Governance – verstanden als die Gesamtheit der organisatorischen und inhaltlichen Ausgestaltung der Führung und Überwachung von Unternehmen – beinhaltet die Festlegung der Zuständigkeiten und Verantwortlichkeiten für die Entwicklung und Umsetzung der Strategien der jeweiligen Energieversorger. Da sich diese mehrheitlich im Eigentum der öffentlichen Hand befinden, ist ihre Führung, Steuerung, Kontrolle und Aufsicht deutlich komplexer als in der Privatwirtschaft.

Neben einer Gewährleistungsfunktion gegenüber der Bevölkerung hinsichtlich einer adäquaten Erfüllung ausgelagerter (Versorgungs-)Aufgaben entsprechend dem gesellschaftlichen Interesse, kommt dem Gemeinwesen im Rahmen der Public Corporate Governance auch die Eigentümerfunktion des ausgelagerten (öffentlichen) Unternehmens zu. Über seine Beteiligung behält es sich daher einen besonderen Einfluss auf die Art und Weise der Aufgabenerfüllung. Bei sich mehrheitlich in öffentlicher Hand befindenden Energieversorgern werden die normativen Leitplanken von der politische Ebene im Rahmen von Eignerstrategien formuliert. Die strategische Führungsebene dagegen ist für die Erstellung der Unternehmensstrategie und die operative Führungsebene für deren Umsetzung verantwortlich.

Der Prozess unternehmerischer Strategieentwicklung lässt sich dabei in die strategische Analyse – bestehend aus (interner) Unternehmens- und (externer) Umweltanalyse –, die eigentliche Strategieentwicklung sowie in die operative Massnahmenplanung unterteilen. Die strategische Umweltanalyse beinhaltet eine systematische und kontinuierliche Analyse des Marktes, der relevanten Rahmenbedingungen sowie der die Energiewirtschaft massgeblich prägenden Megatrends. Im Rahmen der Strategieentwicklung werden die relevanten Umweltveränderungen kontextspezifisch bewertet und zur Herleitung strategischer Optionen mit den organisationsspezifischen Stärken und Schwächen abgeglichen.

Megatrends gehen damit als langfristig wirkende Annahmen unmittelbar in die Strategiebildung ein. Wie bereits vor 20 Jahren von Peter Drucker festgestellt, ist die Schaffung adäquater Strukturen und Kompetenzen zur frühzeitigen Antizipation von Veränderungen und Wandlungsprozessen – insbesondere im gesellschaftlichen, technologischen und politischen beziehungsweise regulatorischen Bereich – für Schweizer Energieversorger zentrale Voraussetzung für eine erfolgreiche Unternehmensstrategie.

Fazit

Als Bestandteil der strategischen Umweltanalyse sollten relevante Megatrends direkt in den unternehmerischen Strategieentwicklungsprozess von Energieversorgern eingehen. Verstanden als übergeordnete, langfristige und substanzielle Veränderungen von Strukturen, Prozessen, Werten und Einstellungen lassen sich die Megatrends der Energiewirtschaft von morgen den Bereichen Technologie, Kunde/gesellschaftlicher Wandel sowie Politik/Regulierung zuordnen. Erst eine integrierte systematische Auseinandersetzung von externer Umwelteinbettung und interner, energieversorgerspezifischer Unternehmensanalyse erlaubt es im Rahmen einer Chancen-/Risiken-Analyse, relevante Veränderungsnotwendigkeiten beziehungsweise Entwicklungsfelder für die zukünftige Positionierung und Weiterentwicklung der Organisation abzuleiten.

Energieversorgungsunternehmen 2035 – agil, zukunftsorientiert und lokal verankert

Dr. Claudia Wohlfahrtstätter ist Inhaberin von sinnovec GmbH und begleitet die oberste Führungsebene von Energieversorgern in Strategie- und Innovationsprozessen. Sie ist Verwaltungsrätin bei mehreren Energieunternehmen, die in mehrheitlich privatem Besitz sind, und Start-up-Coach bei Innosuisse.

Ist der Eigentümer ausschlaggebend für den Erfolg und die zukunftsorientierte Ausrichtung eines Versorgers, oder sind es andere Faktoren? Werfen wir einen Blick in die Zukunft und besuchen eine Verwaltungsratssitzung im Jahre 2035 bei einem lokalen Energieversorgungsunternehmen (EVU), das die Energiewende erfolgreich gemeistert hat. Wie muss ein solches Unternehmen aufgestellt sein? Welches sind die Herausforderungen? Und nicht zuletzt: Welcher Weg führt von heute zu diesem Sommertag im Jahr 2035?

Expertenwissen im Verwaltungsrat

Der Verwaltungsrat tagt an diesem Julitag im Jahre 2035 im neuen Gebäude, das am Wärme- und Kältenetz des eigenen Werks angeschlossen ist. Die Temperatur und die Frischluftzufuhr werden von der Gebäudeautomatisation geregelt. Auch die Kaffeemaschine ist Teil des Smart-Home-Systems und hat sich pünktlich eingeschaltet. Das Vorratsmanagement hat die Verpflegung selbständig bestellt – für Nüsse und Früchte, die uns beim Denken unterstützen, ist gesorgt. Das Internet der Dinge ist längst Realität. Mein Elektroauto steht in der Garage, ohne aufzuladen. Das ist nicht notwendig, denn die Reichweiten sind grosszügig und die neue Folie auf dem Dach, der Motorhaube und dem Kofferraum des Autos lädt sogar bei trübem Wetter zusätzlich auf. Den Strom für das Unternehmen liefern grösstenteils die intelligenten PV-Zellen, integriert im Dach, an den Wänden und den Fenstern des Gebäudes. Überschüssige Energie füllt den Quartierspeicher, welcher über Contracting auch verschiedene andere Prosumer bedient und gleichzeitig zur Stabilität im eigenen Verteilnetz beiträgt. Gas mit einem guten Anteil Biogas von 30 Prozent überbrückt Schwankungen. Wir sind im Winter jedoch noch immer auf Grosskraftwerke angewiesen. Die Schweiz hat entschieden, nach dem Abstellen der Kernenergie Gaskraftwerke zu bauen, teilweise auch als Kapazitätsreserven.

Wir sind ein EVU in mehrheitlich privatem Besitz. Ein breit gestreutes Aktionariat besteht aus Privatpersonen der Region sowie Pensionskassen und Fonds mit grösseren Tranchen um 3 bis 5 Prozent. Kreuzbeteiligungen mit anderen Energieversorgern gibt es keine mehr. Der Markt spielt, und wir sind alle Wettbewerber und Kollegen. Die öffentliche Hand – ebenfalls lokal – hält mit rund 20 bis 30 Prozent einen bedeutenden Anteil am Unternehmen. Ihre Vertreter im Verwaltungsrat verhalten sich jedoch wie wir unternehmerisch. Die Zusammensetzung der Verwaltungsräte entspricht professionellen und fachlichen wie auch unternehmerischen Kriterien. Wir ergänzen uns und sind ein gutes Team.

So kennt sich mein Kollege Silvan sehr gut in der Gebäudetechnik aus. Er weiss, welche Vorschriften welche Technologien im Energiebereich wie auch in der Elektroinstallation tangieren. Er kennt die Komfortansprüche der Wohnungseigentümer und die einfachsten Steuerungen. Eine andere Kollegin, Noemi, ist auf ICT – Informations- und Kommunikationstechnologie – spezialisiert und hat einen guten Überblick über Start-ups und Innovationen im digitalen Umfeld. Ein permanentes Screening der Entwicklungen in diesem Bereich begleitet sie erfolgreich, was sich als Wettbewerbsvorteil erweist.

Luis ist Spezialist für Finance, Mergers and Acquisitions. Seine Risikobeurteilungen und seine Erfahrung beim Kauf und bei der Integration von Unternehmen haben uns in den letzten Jahren grosse Dienste geleistet.

Der zukunftsorientierte «Virus» hat sich auch auf die Vertreter der öffentlichen Hand im Verwaltungsrat ausgedehnt. Seit zwei Jahren ist Dejan als Regionalpolitiker und Stadtpräsident in unserem Gremium dabei. Der Zusammenarbeit mit uns verdankt er es, dass einige seiner Visionen für seine Stadt verwirklicht werden konnten. Auch für uns ist diese enge Zusammenarbeit interessant. Im vergangenen Jahrzehnt waren wir vor allem bei der Verkehrsplanung und -steuerung aktiv. Die selbstfahrenden Autos haben den Individualverkehr auf den Kopf gestellt. Es musste definiert werden, welche Gebiete selbstfahrend genutzt werden und wo es noch Fahrer braucht. Unser Unternehmen war für die Steuerung, Erfassung von Verkehrsflüssen, Signale für Autofahrer zur Verkehrssituation, Parkplätzen etc. verantwortlich.

Weiter sind lokale Unternehmergrössen mit Weitsicht und breiter Verankerung in der Region im Verwaltungsrat. Maurizio, Geschäftsführer eines regionalen Produktionsunternehmens im Bereich Medtech ist seit fünf Jahren dabei. Damit stellen wir sicher, dass wir nahe am Markt sind und unsere Finanzkennzahlen marktorientiert diskutieren. Gleichzeitig geben wir unserem Unternehmen auf strategischer Ebene ein Gesicht, das die lokale Bevölkerung kennt.

Ein weiteres Mitglied, Yovanna, ist Marketing- und Sales-orientiert. Spätestens seit der Marktöffnung im Jahr 2024 ist die konsequente Ausrichtung der Dienstleistungen und Produkte auf den Kunden, wie die Interaktion mit ihm, essenziell. Yves ist ein Fachmann aus dem Bereich Human Resources (HR). Auch das eine Schlüsselposition, denn es ist nicht einfach, Mitarbeitende zu finden, die über das Know-how und das Engagement verfügen, um unsere Zukunftsvisionen zu verwirklichen.

Ich selbst decke strategische Kompetenzen in der Energiebranche ab. Auch bringe ich mich stark bei den kulturellen Themen und Fragen der Organisationsentwicklung ein und habe einen guten Einblick in Start-ups im Energiebereich.

Geleitet wird unser Team von Lena, einer guten Moderatorin. Sie ist offen für Visionen, verliert aber unsere althergebrachten Assets nicht aus den Augen. Sie eröffnet die Sitzung. Es gibt einige interessante und brisante Traktanden zu besprechen.

Auf Trends rasch reagieren

Die folgenden zwei Stunden wird intensiv diskutiert. Silvan nimmt Stellung zu einem neuen Projekt im Bereich Smart Home. Eine Kooperation mit einem der grössten Anbieter von Sensoren steht im Raum. Soll das Unternehmen hier investieren? In den letzten Jahren ist es uns dank wegweisenden Investitionen gelungen, zu einem modernen Dienstleister für unsere Kunden zu werden. Auch dieses Mal stimmt der Business-Case – nicht zuletzt in der Gesamtbetrachtung des Unternehmens. Die Gelder können rasch gesprochen und investiert werden. Wir sind agil genug, Trends zu nutzen. Ein grosser Vorteil.

Doch nicht nur kurzfristige Investitionen stehen bei uns auf dem Radar. Einer unserer wichtigsten Assets ist und bleibt unsere Infrastruktur. Hier denken wir langfristig. Die Nähe zur öffentlichen Hand ist in diesem Bereich besonders wichtig, sind viele der Infrastrukturinvestitionen doch leitungsgebunden und damit auf Konzessionen und die Zusammenarbeit mit den politischen Institutionen angewiesen. Der ursprüngliche Zweck, die Versorgungssicherheit zu gewährleisten, gilt vor allem im Bereich der Netze und Leitungen nach wie vor und bleibt Schlüsselkriterium für den Erfolg.

Diese beiden Stossrichtungen – zum einen rasches Reagieren auf kurzfristige Entwicklungen, zum anderen die Pflege und der Ausbau unserer langfristigen Assets – erfordern ein hohes Niveau an Fähigkeiten beim operativen Management des Unternehmens. Einerseits gilt es, langfristige Investitionen in leitungsgebundene Assets mit Monopolcharakter und folglich mit regulierten Finanzkennzahlen und Erträgen zu managen, andererseits sind kurzlebige, kundenorientierte Trends ausfindig zu machen, rasch aufzunehmen und umzusetzen, wenn sie einen Beitrag zum Erfolg und zur Kundenbindung garantieren. Dies auch mit dem Ziel, den nächsten Trend frühzeitig an den Mann beziehungsweise die Frau zu bringen, um Margen mitnehmen zu können. Vom Verwaltungsrat und Management erfordert das eine permanente Weitsicht im Markt mit Konkurrenzanalysen, Mengengerüsten von Ertragspotenzialen, Ressourceneinsatz und ein Denken in Szenarien, um Risiken abzuschätzen. Wir agieren nicht mehr nur regional, sondern teilweise weit über die ursprünglichen Grenzen des Versorgungsgebietes hinaus.

Unsere Anforderungen an das Management und auch an die Mitarbeitenden machen es unerlässlich, dass wir attraktive Arbeitsplatzbedingungen bieten können, inklusive marktgerechter Löhne mit Bonuskomponenten und neuen Arbeitsformen. Unsere Mitarbeiter arbeiten von überall und jederzeit, auch in virtuellen Teams. Trotz optimaler Arbeitsbedingungen ist es eine grosse Herausforderung, Mitarbeitende zu finden, die das von uns gewünschte Know-how- und Erfahrungsprofil haben. Unser GL-Mitglied und HR-Spezialist berichtet von den neusten Entwicklungen. Seit rund drei Jahren bieten wir Start-ups im Energiebereich in einer unserer ausrangierten Werkhallen Büros an. Die jungen Unternehmen haben sich gut eingelebt. Die neuste Initiative ist eine gemeinsame Cafeteria im ehemaligen Kontrollraum. Hier trinken die jungen, unkonventionellen Gründer ihren veganen Cappuccino zusammen mit unseren Mitarbeitenden. Vom HR organisierte gemeinsame

Anlässe werden gut besucht und schaffen ein Netzwerk. Unser Unternehmen profitiert von diesen «jungen Wilden». Einige der von ihnen entwickelten Produkte konnten wir bereits auf dem Markt bringen. Und nicht zuletzt sind diese Leute und ihr Netzwerk als potenzielle Mitarbeitende für uns attraktiv.

Vom Monopol zur Dienstleistungsorientierung

Beim nächsten Traktandum geht es um die geplante Zusammenarbeit mit einem Energiedienstleister der Nachbarstadt. Gemeinsam soll ein Unternehmen gegründet werden, das die Energie-App, die wir entwickelt haben, vermarktet. Diese App wird heute bereits bei zahlreichen EVU in der Deutschschweiz eingesetzt. So erhält der Kunde jederzeit auf seiner Smartwatch Informationen zur Energieoptimierung in seinen Immobilien und hat gleichzeitig Zugriff auf alle Anwendungen seines Smart Homes. Die App ist eine Erfolgsgeschichte, wie unsere ICT-Spezialistin Noemi anerkennend kommentiert. Eine Statistik zeigt, dass sie intensiv genutzt wird. Das neue Unternehmen soll nun einerseits die App selbst weitervermarkten und andererseits Partner gewinnen, die ihre Produkte über sie verkaufen möchten. Für uns bedeutet das neue Einkommensquellen. Solche Partner müssen genau geprüft werden. Denn ihr Angebot soll zu uns und unseren Qualitätsansprüchen passen. Themen, die uns im Verwaltungsrat auch in Zukunft beschäftigen werden, da diese Partnerschaften strategischen Charakter haben können.

Kooperationen mit anderen Energiedienstleistern haben sich in den letzten Jahren sehr bewährt. Trotzdem taten sich viele politisch wie privat geführte Unternehmen damit schwer. Die Offenheit zur Zusammenarbeit mit Nachbarn war der zäheste Entwicklungsschritt für alle Versorger. Zuerst die schärferen Effizienzvorgaben des Regulators, dann die Liberalisierung und der Wettbewerb von branchenfremden Marktteilnehmern unterstützten hier. Wer es nicht früh genug lernte – Management wie Verwaltungsrat –, erstickte bald an hohen Kosten, wurde unwirtschaftlich und unattraktiv im Markt.

Unser Markt hat sich in den letzten Jahren grundlegend verändert. Noch vor 15 Jahren waren alle Kleinkunden im Strom «gefangen» und konnten ihren Energieversorger nicht wählen. Der Gasmarkt war fast vollständig im Monopol, so auch das Messwesen. Wir hatten damals sehr gut an Monopolrenten verdient, im Netz- wie im Energiebereich. Unser Unternehmen hatte diese Zeit genutzt und Reserven gebildet, die uns später zugutekamen. Gleichzeitig hatten wir schon früh unsere Organisation gestrafft und unser Unternehmen agil und kosteneffizient ausgerichtet. Das hat sich bewährt, denn die in den folgenden Jahren umgesetzte Liberalisierung reduzierte Margen und verlangte nach einem sehr effizienten Wirtschaften.

Wer damals die Megatrends verfolgte, sah bereits die Entwicklung hin zu Dienstleistungen und dezentralen Modellen. Die Teilmarktliberalisierung und die damit verbundene zwingende Kundenbindung zum lokalen Versorger waren vom Gesetzgeber ja über 15 Jahre gegeben. Wir nutzten diese Zeit bereits intensiv, um Kunden zu pflegen, zu informieren und mit uns zu verbinden sowie das Unternehmen zu modernisieren. Das Marketing arbeitete dazu eng mit der Produktentwicklung zusammen. Es beschäftigte sich mit den damals aktuellen Themen Nachhaltigkeit und dezentrale Versorgung und entwickelte Produkte und Instrumente, die wir als Dienstleister heute fast flächendeckend in der Region, jedoch auch ausserhalb, erfolgreich betreiben.

Mut, neue Wege zu gehen

Unser Unternehmen hat Produkte, die dem Design von Apple, der Freude am Vernetzen von Facebook, der Sicherheit für Transaktionen von Paypal sowie der Bedienerfreundlichkeit von Uber in nichts nachstehen. Ihre Attraktivität lässt uns noch immer Marktanteile gewinnen. Unsere Vision der Positionierung als Ansprechpartner Nummer eins für alle Fragen rund um Energie wurde Realität. Intelligente Lösungen für Kunden konnten wir früh als White Label in unsere Produktpalette integrieren. Dies verlangte Nähe zum jungen und innovativen Markt der Apps. Das erkannten wir frühzeitig und bauten entsprechend Know-how auf allen Stufen, inklusive im Verwaltungsrat auf.

Die Tradition der Versorger, neue Entwicklungen erst bei einem gewissen Reifegrad anzuwenden, mussten wir teilweise brechen, und wir wagten auch mal den Schritt in unbekannte Gewässer. Wir investierten damals beispielsweise in einen Dienstleister im Photovoltaikbereich. Hier zeigte sich leider erst nach der Akquisition, dass andere schneller, innovativer und besser aufgestellt waren. Wir mussten den Laden ziemlich rasch wieder schliessen. Die glücklicherweise gut ausgebildeten Mitarbeiter konnten wir in unser Unternehmen integrieren. Unser Verhalten hat sich jedoch über alle Investitionen im experimentellen Bereich schliesslich bezahlt gemacht, wir haben aber auch Lehrgeld auf der Strecke liegen lassen. Gelernt haben wir auf Stufe Management und Verwaltungsrat viel aus den Akquisitionen und dem Einkauf von Dienstleistern oder von White-Label-Produkten. Die Akquisition und Integration von Start-ups beispielsweise war noch bis vor rund 15 Jahren neu in der Branche. Zu Zeiten des Monopols konnten die Versorger selbst mit viel Zeit Themen planen und umsetzen wie neue Kompetenzen aufbauen. Konkurrenz war keine da. Der neue Wettbewerb und das Verschmelzen von ICT und Energieversorgung führten jedoch dazu, dass diese neuen Kompetenzen teilweise rasch zugekauft werden mussten, um nicht das Geschäft an andere zu verlieren.

Neue Herausforderungen

Kooperationen und Akquisitionen brauchen Know-how – sowohl im Verwaltungsrat als auch operativ. Yves ist hier der Ansprechpartner. Ist die Entscheidung für eine Akquisition gefallen, arbeiten wir intensiv mit den HR-Spezialisten zusammen. Die kulturelle Integration von neuen, schnelllebig agierenden Individuen und Abteilungen – die ein Projekt auch mal in den Sand setzen – in unser Unternehmen mit relativ konservativen, langfristig denkenden Know-how-Trägern ist jedes Mal eine grosse Herausforderung. Diese Aufgabe wird vor allem vom Management wahrgenommen. Wir im Verwaltungsrat steuern das, indem wir dafür sorgen, dass vor lauter neuen Ideen unsere langfristigen Assets – zum Beispiel unsere Netzinfrastruktur – genug Aufmerksamkeit erhalten.

In einem weiteren Traktandum diskutieren wir über die Nutzung eines Kleinwasserkraftwerks zur Kühlung und Energielieferung von einem Server eines lokalen Unternehmens. Der Server soll auch ins Kraftwerk integriert werden, so von uns energietechnisch betrieben werden und vom Unternehmen zur Datenspeicherung und für Rechenkapazität von einer Blockchain-Technologie genutzt werden. Ein seit einigen Jahren häufig angefragter und neuer Business Case für uns, der uns ganz neue und lukrative Geschäfte eröffnet. Die Unternehmen sind hier oft von den viel schärferen Umweltvorschriften getrieben, die lokale und erneuerbar genutzte Energiequellen stark begünstigen.

Blockchain und Artificial Intelligence – Herausforderung und Chance

Ich erinnere mich gut, wie vor rund 20 Jahren alle versucht haben, Blockchain zu verstehen. Der grosse Hype im Technologiebereich – auch bei Start-ups – waren Artificial Intelligence (AI), Blockchain und Schwarmalgorithmen. Im Zusammenspiel haben all diese Entwicklungen tatsächlich unsere Geschäftsmodelle nochmals stark in Frage gestellt. Die damaligen neu vom Gesetzgeber zugelassenen Zusammenschlüsse von Kleinverbrauchern zu Eigenverbrauchsgemeinschaften und der Austausch von Energie mit dem Nachbarn, der Aufbau dezentraler Quartierspeicher und der Energieausgleich über Schwarmalgorithmen sind heute eine Selbstverständlichkeit. Die Abwicklung läuft über intelligente Messsysteme und Blockchain direkt zwischen den Prosumern, unabhängig von einer zentralen Stelle. Vor 20 Jahren waren einige Hirnwindungen notwendig, um überhaupt zu erfassen, was diese neuen Technologien können und wo und wie sie überhaupt anwendbar sind. Auch die regulatorischen wie administrativen Themen waren eine Herausforderung.

Viele Versorger haben sich damals nur aus der Ferne mit den Themen auseinandergesetzt und wurden dann von externen Anbietern in ihrem ursprünglichen Versorgungsgebiet rasch verdrängt. Sie sind nach wie vor Verteilnetzbetreiber, ihr Geschäft beschränkt sich jedoch auf diesen regulierten Bereich, der noch immer Monopolgewinne abwirft. Auch sind diese Unternehmen mit einer gewissen Grösse und idealerweise im Querverbund organisiert, oft sehr effizient und können Synergien im Pikett nutzen.

Im Energiebereich sind diese Konzepte heute – vor allem Blockchain – auch interessant, da sie Unmengen von Daten und damit Serverkapazitäten und Energie für deren Kühlung brauchen. Das hat sich zwar mit der Zeit und den technologischen Entwicklungen bereits reduziert. Es wurden neue Algorithmen entwickelt, die weniger Speicherkapazitäten benötigten, und diese werden teilweise auch anders gespeichert. Die Menge von Blockchain, Robotern und anderen Technologien nahm generell stark zu. Der Stromverbrauch stieg nochmals entsprechend stark an, trotz Vorschriften der Energieeffizienz und Einsparmassnahmen. Vor einigen Jahren haben jedoch ganze Länder, vor allem im Norden, davon profitiert und Kraftwerkskapazitäten – von Geothermie in Island bis Wasser in Norwegen und Windkraft offshore in der Nordsee – aufgebaut. Die Grosswasserkraftwerke mit Bandenergie wurden wieder attraktiv und können gewinnbringend betrieben werden. Auch die Schweizer Produzenten nutzen diese Chancen teilweise profitabel.

Die Entwicklung der Digitalisierung, Automatisierung und Robotisierung machte unser Geschäftsmodell des Fernkältenetzes, kombiniert mit Fernwärme, früher rentabel als prognostiziert. Die Investition war damals gewagt, bauten wir doch teilweise ein Parallelnetz zum Gas auf. Unterdessen ist vor allem die Kühlung gefragt, zudem ist sie erneuerbar und entspricht damit den hohen Standards vieler Unternehmen und auch privater Konsumenten.

Lokale Aktionäre als Erfolgsfaktor

Unser Unternehmen ist traditionell schon seit mehreren Jahrzehnten grösstenteils im privaten Eigentum der lokalen Bevölkerung. Früher war das nicht so wichtig, denn die lokale Bevölkerung war ja sowieso an den Versorger angebunden, netz- wie energieseitig. Mit der Liberalisierung wurde der Aspekt, Aktionär bei einem erfolgreichen Unternehmen sein zu können, jedoch sehr wichtig. Bezieht ein Kunde heute seine Dienstleistungen im freien Markt beziehungsweise nicht bei uns, dann schwächt er damit die Ertragskraft des lokalen Unternehmens. Ist er Aktionär, hat er eine Bindung zu uns und ist am Erfolg beteiligt. Wir haben diesen Aspekt der Eigentümerschaft früher oft zu wenig beachtet, sind jetzt jedoch umso weitsichtiger und aktiver in der Kommunikation, auch mit unseren kleinen, privaten Aktionären. Selbstverständlich ist es von absoluter Notwendigkeit, dass unsere Produkte und Dienstleistungen mindestens marktfähig sind oder sogar besser, innovativer, einfacher, günstiger, nachhaltiger und lokaler.

Ein Trend kam nicht nur uns, sondern auch allen anderen Versorgern entgegen: Die Konsumenten sind immer sensibler gegenüber langen Wegen von Gütern und Dienstleistungen. Nachhaltigkeit in allen Bereichen wird immer wichtiger, lokale Produktion hat einen wachsenden Stellenwert.

Heute sind wir ein erfolgreicher Player im Markt. Der Weg hierher war nicht immer einfach. Er erforderte von allen die Bereitschaft zur Veränderung und den Mut, neue Wege zu gehen. Mit unserer alten Organisation und Arbeitsweise wäre das nicht möglich gewesen. Wir hatten zum Glück immer visionäre Verwaltungsräte. Sie erkannten schon früh, dass sich für ein EVU viel ändern muss, damit es überleben kann. Es hat sich gezeigt, dass die damals skizzierten Szenarien rascher als erwartet eintrafen und die Realität unsere Zukunftsvisionen sogar noch übertraf. Wir haben diese Herausforderungen gemeistert. Das ist keine Selbstverständlichkeit. Heute können wir stolz auf diese schwierige Zeit zurückblicken.

Fazit

Unser breit gestreutes, privates Aktionariat ist wichtig und richtet das Unternehmen konsequent am Kunden, an Innovation und am Erfolg aus. Genauso relevant sind jedoch die Führung des Unternehmens und ein guter Draht zur lokalen Politik. Welche Punkte sind aus der heutigen Sicht – im Jahr 2035 – für den Erfolg ausschlaggebend?
- Der Verwaltungsrat und das Management waren früh mit zukunfts- und marktorientierten Fachexperten, unternehmerischen Persönlichkeiten und Politikern aus der Region zusammengesetzt.
- Das Handeln und die Diskussionen waren geprägt von:
  · Neugier für das Neue und Visionäre,
  · dem Willen, das eine oder andere auszuprobieren und neue Wege zu gehen,
  · dem Mut, auch ein Projekt wieder sterben zu lassen,
  · positiven Renditezahlen und gesunden Finanzen,
  · marktorientierten Finanzkennzahlen gegenüber allen Stakeholdern,
  · einem permanenten Interesse von allen, das Unternehmen erfolgreich in die Zukunft zu führen.
- Die lokale Verankerung als lokalen Wettbewerbsvorteil nutzen können.
- Die Anstellungsbedingungen waren immer auf die Anforderungen an die Zukunft ausgerichtet (inklusive hoher Löhne und Bonuskomponenten –

wenn aus dem Markt erforderlich – sowie modernen Arbeitsformen und einer gewissen Grosszügigkeit herausragendem Personal gegenüber).
- Die frühe Erkennung und aktive Auseinandersetzung mit neuen Technologien, Trends und Veränderungen im Umfeld.
- Ein Denken und Agieren auch ausserhalb der Branche und die Bereitschaft, sich mit bisher nicht vernetzten Branchen und Produkten zu vernetzen.
- Die auch kulturell erfolgreiche Integration von Start-ups als Mittel, schnell und effizient neue Denkweisen und Produkte zu integrieren.
- Ein offener und freier Umgang und Zusammenarbeit mit Wettbewerbern und allen Marktteilnehmern. Geprägt vom Gedanken «gemeinsam sind wir immer stärker» und nicht «der könnte mir ja was wegnehmen oder sogar besser werden als ich».

Kein Patentrezept für eine vielschichtige Branche

Michael Frank ist Direktor des Verbandes Schweizerischer Elektrizitätsunternehmen. Der gelernte Fürsprecher verfügt über eine breite berufliche Erfahrung in der Elektrizitätswirtschaft und in sich liberalisierenden Märkten.

Die Schweizer Stromversorgung begann als lokales Privileg für Touristen. Ihre Vielfalt und Kleinteiligkeit hat sie bis jetzt beibehalten. Mit dem Umbau des Energiesystems ändert sich aber das Verhältnis des Stromkunden zu seinem Anbieter. Grenzen verschwimmen, auch zwischen Energie- und IT-Branche. Der Strukturwandel kann nicht spurlos an den Grundsätzen der Unternehmensführung vorübergehen. Trends wie Netzkonvergenz und Sektorenkopplung sind eine grosse Herausforderung. Gefragt sind vielseitige Lösungsansätze. Die öffentliche Hand muss ihre Rolle als Eigentümerin hinterfragen und den veränderten Rahmenbedingungen anpassen.

Die Eigentümerstrukturen spiegeln die Kleinteiligkeit wider

Stromlieferung als ganz besondere Dienstleistung für Gäste – damit nahmen die ersten Kraftwerke der Schweiz ihren Anfang. Die ersten Kraftwerke in der Schweiz wurden bereits im 19. Jahrhundert gebaut, zuallererst zur Versorgung von Hotels in den Alpen, die ihren Gästen dadurch zusätzlichen Komfort boten. In weiteren Teilen des Landes entstanden Erzeugungs- und Verteilanlagen in einer ersten Phase oft auf private Initiative hin und lokal begrenzt. Mit dem technischen Fortschritt wurden die Kraftwerke grösser und über längere Distanzen mittels Stromleitungen verbunden. Der steigende Kapitalbedarf ging Hand in Hand mit einem stärkeren Engagement staatlicher Akteure.

Die historische Entwicklung der Schweizer Elektrizitätswirtschaft spiegelt sich in ihrer Struktur. Diese ist geprägt von einer Vielzahl an Verteilnetzbetreibern, die seit Beginn der Elektrifizierung für die Versorgung eines klar definierten Gebietes verantwortlich sind – oftmals nur einer einzigen Gemeinde. In ländlich geprägten Gegenden gibt es Gemeinden mit mehreren sogenannten Elektras, die häufig genossenschaftlich organisiert und ehrenamtlich geführt sind.

Die relativ kleinteilige Struktur der Schweizer Energieversorgungslandschaft spiegelt sich auch in den Eigentümerstrukturen. Die Elektrizitätsstatistik des Bundesamtes für Energie (BFE) weist jeweils die Zusammensetzung des Grundkapitals der grösseren Elektrizitätsunternehmen aus. Im Jahr 2015 befanden sich von den grössten 335 Unternehmen, die für über 80 Prozent des Absatzes und 90 Prozent der Erzeugung verantwortlich sind, 89 Prozent in öffentlicher Hand. Private Eigentümer besassen rund 8 Prozent, in ausländischem Besitz befanden sich gut 3 Prozent.

Der Anteil der öffentlichen Hand dürfte tatsächlich noch grösser sein, da sich unter den über 600 kleineren Werken viele reine Gemeindewerke befinden, die nicht in die Statistik einfliessen. Private und ausländische Eigentümer sind vor allem an den grösseren Werken beteiligt.

Gerade mit den technologischen Entwicklungen und der zunehmenden Dezentralisierung stellt sich die Frage, welche Vor- und Nachteile unsere kleinräumigen Strukturen haben. Und genau da baut sich auch das Spannungsfeld auf: Dezentralisierung kommt einerseits der Kleinräumigkeit entgegen – gleichsam Strom aus dem Quartier für das Quartier –, ist aber andererseits immer mehr auf digitalisierte Instrumente angewiesen, die letztlich von einer globalen und vernetzten Welt getrieben werden. Kleinräumigkeit in den Strukturen der Werke hat dann weiterhin Zukunft, wenn der Einsatz von Technologie und notwendigen Fachkräften professionell sichergestellt ist, ohne dass Dritte langfristig dafür aufkommen müssen.

Eine Reihe von Schweizer Energieversorgungsunternehmen (EVU) hat in den letzten zehn Jahren auch in ausländische Produktionskapazitäten investiert. Die EVU profitieren dabei von den nationalen Fördersystemen, die in den jeweiligen Ländern gelten. Eine physische Stromlieferung des produzierten Stroms in die Schweiz ist in der Regel nicht möglich. Mit dem Stromversorgungsgesetz von 2007 wurde die Swissgrid als neue Akteurin geschaffen. Als nationale Netzgesellschaft ist sie Eigentümerin des Übertragungsnetzes – und als solche für den Betrieb zuständig. Nach Gesetz muss die Netzgesellschaft mehrheitlich Kantonen und Gemeinden gehören.

Eine Branche mitten in einer grossen Zäsur

Der Endkunde bezieht seine Kilowattstunden aus der Steckdose – und bezahlt dann seine Stromrechnung für das vergangene Quartal. Diese Beziehung zwischen Kunde und EVU, über 100 Jahre nicht hinterfragt, ändert sich mit der neuen Stromwelt. Stromkunden werden zunehmend selbst zu Produzenten. Diese «Prosumenten» verbrauchen einen Teil der eigens hergestellten Elektrizität, einen anderen Teil speisen sie wieder ins Stromnetz ein. Der Strommarkt, bereits teilliberalisiert seit 2009, wird dem Endkunden bald noch mehr Wahlfreiheit einräumen. Die Digitalisierung, beziehungsweise der konsequente Einsatz von smarten Technologien, ermöglicht den Wechsel von einer monopolisierten, zentralen Energiewirtschaft hin zu dezentraler Energieproduktion, was politisch ausdrücklich erwünscht ist. Künstliche Intelligenzen können helfen, Lasten viel gezielter zu managen – und Technologien wie die «Blockchain» erlauben dezentrale Abrechnungsmodelle. Strom kann theoretisch wie auf ein Bankkonto virtuell «eingezahlt» und später wieder abgehoben werden. Die neuen technologischen Möglichkeiten erlauben so viel lebbare Wahlfreiheit.

2035 dürften wir in einer Energiewelt leben, die zu einem guten Teil auf dezentralen Strukturen beruht. Zudem setzt sich die Konvergenz von Strom, Gas und Fernwärmenetzen durch. Sie ermöglicht, überschüssige Energie zu speichern und bei Bedarf wieder zu beziehen – gerade nachts oder im Winter. Hausbesitzer dürften beispielsweise ihren Sonnenstrom vom Hausdach im Elektroauto, in Batterien oder in Form von Gas und Wärme speichern. Quartiere werden zu Eigenverbrauchsgemeinschaften zusammenwachsen. Diese Entwicklung lässt sich weiterdenken – und das Geschäft mit fortschreitender Digitalisierung zunehmend virtualisieren. Dieser Wandel beeinflusst entsprechend den Markt, die Konsumenten, die EVU (und deren Eigentümer) sowie den Gesetzgeber. Natürlich koppeln sich dabei auch die aktuell noch getrennt betrachteten Sektoren Elektrizität, Wärmeversorgung, Verkehr und Industrie aneinander. Damit nimmt die sogenannte «Sektorenkopplung» Gestalt an und bringt Synergien sowie Effizienzgewinne.

Über Jahrzehnte war die Strombranche sehr stabil unterwegs. Innovation, neue Technologien, Digitalisierung, neue Anwendungsbereiche, neue Kundenbedürfnisse werden die Stromlandschaft nun einschneidend verändern, und zwar viel mehr als Regulierung und Politik. Neue Akteure werden in den Strommarkt eintreten, dezentrale Speicher/Erzeugung sowie Netzkonvergenz und Sektorenkopplung werden das bestehende System ergänzen. Die Kilowattstunde – so wichtig sie auch bleiben wird – wird als Produkt einen anderen Charakter haben.

In der zu schaffenden Strommarktordnung in der Schweiz sind diese Entwicklungen fester Bestandteil und nicht mehr wegzudenken. «Panta rhei» sagten die Griechen und meinten «alles fliesst». Für die Strombranche lässt sich analog dazu sagen: «Alles wächst zusammen.» An den Unternehmen der Branche, an ihren Eigentümern und übergeordneten politischen Instanzen und Körperschaften – also auch an einem Verband wie dem VSE – geht dieser Wandel nicht spurlos vorbei. Will die Branche bewahren, was sie aktuell hat und leistet, wird sie sich im Kern mitverändern und anpassen müssen. Versorgungssicherheit, Qualität und Zuverlässigkeit der Infrastruktur sowie nachhaltige Wertschöpfung werden zu einer noch grösseren Herausforderung als bisher.

Versorgungssicherheit ist letztlich das Resultat eines jederzeit funktionierenden Systems. Sie erfordert ein komplexes, zuverlässiges Zusammenwirken aller Akteure – und unterliegt ebenfalls dem besagten Wandel. Die neue Energiewelt verlangt deshalb auch nach einem neuen Umgang der Eigentümer mit ihren EVU. Gefragt sind überarbeitete Grundsätze der Unternehmensführung – also eine aktualisierte und adaptierte Corporate Governance.

Anpassen an den grossen Umbau des Energiesystems

Aktuelle Entwicklungen deuten auf eine «Uberisierung» in der Stromwirtschaft hin – ein Kunstwort mit Bezug auf den grossen Taxikonkurrenten Uber. Gemeint ist: Die Grenzen zwischen klassischer Energiewirtschaft und IT lösen sich zunehmend auf. Zum einen werden dem Kunden etwa Apps fürs Smartphone angeboten, mit denen er seinen persönlichen Strommix zusammenstellen kann. Oder Start-Ups bauen Solarfarmen und werben Kunden mit einem attraktiven Teilhabermodell, das genossenschaftlich produzierten Ökostrom garantiert. Wie im Fall von Uber nutzen Unternehmen aus der IT-Branche allgemein die Tatsache aus, dass im Strommarkt ein Angebotsüberhang besteht. Sie positionieren sich folglich als Servicedienstleister für

Konsumenten, die ihren Strom selber produzieren. Das mag den Anschein erwecken, zentrale Kraftwerke wären so oder so ein Auslaufmodell. Aus Sicht der Branche ist die Situation indes komplexer. Der Löwenanteil aller produzierten Elektrizität dürfte noch viele Jahre aus zentraler Produktion stammen. Dezentrale Produktion, Speicher und Verbrauch müssen aber schweizweit effizient eingebunden werden, so dass die Netzstabilität gewährleistet bleibt. Das bedingt – natürlich – eine gut ausgebaute Netzinfrastruktur.

Langfristig strebt die Schweiz mit Nachdruck eine CO_2-arme Energieversorgung und Stromproduktion sowie umweltgerechte Lösungen an – in Einklang mit dem Klimaabkommen von Paris. Dafür ist eine tragfähige inländische Eigenversorgung zentral. Netzausbau, Unterhalt der Anlagen und Investitionen in neue Kapazitäten finden jedoch nur in einem investitionsfreundlichen Umfeld statt. Die europaweit tiefen Strompreise wirken aktuell als grosser Hemmschuh für längerfristige Investitionen.

Im Spannungsfeld zwischen neuen Anforderungen der Märkte, Konkurrenzdruck, technologischen sowie regulatorischen Entwicklungen ist die Strategieentwicklung für Schweizer EVU ein Muss, um weiterhin zu bestehen. Das Bewusstsein dafür ist da: Laut einer Studie des Beratungsunternehmens PricewaterhouseCoopers (PwC) gingen 2015 neun von zehn Energieunternehmen davon aus, dass sich der Markt bis 2030 signifikant verändern wird. Die höchste Priorität habe die Sicherung der Versorgung. 35 Prozent der europäischen Energieversorger gaben in der Studie an, dass ihre Geschäftsmodelle bereits jetzt nicht mehr funktionieren. Das habe auch damit zu tun, dass immer mehr branchenfremde Unternehmen teilnehmen würden.

Standort bestimmen, neue Ziele festlegen, Verantwortlichkeiten klären

Sind heutige EVU und ihre Strukturen gerüstet für die Stromzukunft? Energie Schweiz ist dieser Frage nachgegangen. Anhand diverser Dimensionen wie «Lieferung erneuerbarer Energie», «Vorbildwirkung» oder «Unternehmensstrategie» untersuchte die Studie, inwiefern die EVU einem «idealen Energieversorger im Sinn der ES2050» entsprachen. Die Mehrheit der Stromlieferanten erreichte demnach die gesteckten Ziele zu 40 bis 70 Prozent, im Schnitt zu 54 Prozent. Grosse Stromlieferanten schnitten in der Studie übers Ganze gesehen besser ab als mittlere und kleinere.

In der Dimension Unternehmensstrategie wurde konkret abgefragt, ob die EVU über konkrete Ziele zur Steigerung des Anteils aus erneuerbaren Energien verfügten, eine konkrete Effizienzstrategie verfolgten und innovative Projekte vorweisen konnten – wie etwa Smart-Grid-Pilotprojekte oder Elektrotankstellen. Dabei zeigte sich, dass bereits viele EVU in innovative Projekte investieren, sich in den Bereichen Erneuerbare und Energieeffizienz aber noch strategisch klarer positionieren sollten.

Das Ergebnis dürfte symptomatisch sein für den Paradigmenwechsel, der sich in der Branche vollzogen hat. Für die Unternehmensführung ist der Wandel von der alten zentralen zur neuen dezentralen und konvergenten Energiewelt nämlich dramatisch – und vergleichbar mit Entwicklungen aus der Industriegeschichte. Der Vergleich mit dem bis 1972 meistverkauften Auto der Welt, dem «Ford Modell T», drängt sich geradezu auf. «Modell T» war das erste Auto, das mittels Fliessbandfertigung hergestellt wurde. Ergebnis war ein für damalige Zeiten enorm kompetitiver Preis. Um die Fertigung zu beschleunigen, existierte das Modell T aber ganze zehn Jahre lang nur in Schwarz. Die Farbe «Japan Black» trocknete am schnellsten – und zudem war nur eine Lackierstrasse nötig.

Die Situation in der Stromwelt war über ein Jahrhundert lang vergleichbar: Strom als Produkt, bei dem keinerlei Wahlfreiheit besteht. Die Kundschaft in dieser Hinsicht anspruchslos – und dazu eine Monopolstellung fernab jeglicher wirtschaftlichen Konkurrenz. Wie auf dem Automobilmarkt sind die einfarbigen Zeiten auch auf dem Strommarkt Vergangenheit. Die Kunden haben die Wahl zwischen günstigem Graustrom, Strom aus deklarierter Produktion, Strom aus 100 Prozent erneuerbaren Energien, lokalem Strom aus PV-Anlagen usw. Dazu gesellt sich eine steigende Anzahl an Dienstleistungen – wie das Angebot der Direktvermarktung für Strom produzierende Endkunden – oder Angebote in den Bereichen E-Mobilität und Smart Home.

Die Unternehmen der Strombranche müssen ihre jeweiligen Stärken, Schwächen, Chancen und Bedrohungen heute gezielt analysieren. Sie müssen sich fragen, welche Fähigkeiten ihre Mitarbeitenden künftig brauchen, welche Geschäftsfelder sie allenfalls aufgeben oder neu erschliessen wollen – und inwiefern sie Kooperationen mit anderen Unternehmen eingehen, weil das nötige Know-how im eigenen Unternehmen fehlt. Diese Klärung von Kompetenzen und Verantwortlichkeiten kann bedeuten, dass ein EVU den Wechsel von einer vertikalen zu einer horizontaleren Integration vollzieht. Als Beispiel aus der Industrie erneut der Automobilhersteller: Früher mag es betriebswirtschaftlich sinnvoll gewesen sein, als Autounternehmen auch die eigene Fabrik für Gummireifen zu besitzen – und für diese Fabrik, vorgelagert, eine Fabrik zur Verarbeitung von Kautschuk. Im postindustriellen Zeitalter, ist es effizienter, Teile und Dienstleistungen nach Bedarf zuzukaufen.

Bezogen auf die Strombranche heisst das für Stromversorger, Kooperationen mit Unternehmen aus der digitalen Branche einzugehen – da sich die Kompetenzen im Bereich der Datensicherheit und -verarbeitung längst bei den IT-Unternehmen ballen.

Auch auf Stufe der Eigentümer stellen sich entsprechende Fragen: Ist das eigene EVU optimal aufgestellt? Welcher Organisationsgrad verschafft die notwendige Agilität, um sich den Herausforderungen zu stellen? Wie beeinflusst der immer schnellere Wandel das Verhältnis des Eigentümers zu seiner Firma?

Spannungsfeld zwischen Unternehmenswert und Wertbeitrag

Unternehmen im mehrheitlichen Staatsbesitz befinden sich in einem stetigen Spannungsfeld: Aus unternehmerischer Sicht soll die Firma ihren Wert steigern, ihre Prozesse stets optimieren und in neue Geschäftsfelder einsteigen. In der Rolle als öffentliches Unternehmen müssen Firmen wie die Post, die SBB oder Elektrizitätsversorger auch einem anderen Anspruch gerecht werden: Sie erbringen für die Gesellschaft essenzielle Leistungen – im Fall der EVU sind sie konkret die Garanten der Versorgungssicherheit mit Energie. Der öffentliche Nutzen (Public Value) hingegen lässt sich nicht buchhalterisch und als Funktion des Shareholder-Value beschreiben – er ist vielmehr eine Mischung aus finanziellen wie nicht finanziellen Kennzahlen sowie qualitativen Elementen.

Der akrobatische Spagat der Energiewirtschaft

Corporate Governance in der Energiewirtschaft muss auf die unternehmerischen Ziele ebenso ausgerichtet sein wie auf den Wertbeitrag an die Gesellschaft. Dass dieses Spannungsfeld zu Zielkonflikten führt, wurde in der Schweiz schon mehrfach offensichtlich. Innert zweier Jahrzehnte wurden zum Beispiel 26 Klagen der Wettbewerbskommission gegen die zur Mehrheit dem Bund gehörende Swisscom angestrengt. Sie zogen Bussen von mehreren hundert Millionen Franken nach sich. Pikanterweise hatte das keine Konsequenzen für die Unternehmensleitung. Als Miteigentümer wie Regulator fielen dem Bund gleich beide Aufgaben zu: Bussgeld bezahlen wie Bussgeld kassieren.

Der Bundesrat selbst kommt zum Schluss, dass staatlich beherrschte Unternehmen auf dem Markt bisweilen den Wettbewerb verzerren. In der Studie «Staat und Wettbewerb – Auswirkungen staatlich beherrschter Unternehmen auf die Wettbewerbsmärkte» schreibt er: «Die Tätigkeit von staatsnahen Unternehmen auf Wettbewerbsmärkten ist politisch gewollt, kann aber zu Wettbewerbsverzerrungen und potenziell zu Nachteilen für konkurrierende private Unternehmen führen. Zudem kann der Staat mit verschiedenen

Interessenkonflikten konfrontiert sein. Mittels einer kohärenten und transparenten Corporate Governance sowie mittels einer Regulierung, die einen nicht diskriminierenden Zugang zur Infrastruktur marktbeherrschender staatsnaher Unternehmen, den Verzicht auf eine explizite Staatsgarantie sowie das Verbot von Quersubventionen vorsieht, wurden diese Probleme adressiert und weitgehend gelöst. Wie die Fallstudien zeigen, bleiben aber dennoch gewisse Wettbewerbsverzerrungen bestehen, die untrennbar mit staatlicher Unternehmenstätigkeit verbunden sind.»

Mehrheitlich staatlich dominierte Unternehmen sollen einen akrobatischen Spagat schaffen: Einerseits sind sie den Grundsätzen guter Unternehmensführung verpflichtet, welche die Wertsteigerung und konsequentes Verfolgen eigener Interessen beinhaltet. Andererseits sollen diese Interessen im Zweifelsfall zurückgestellt werden, um dem Gemeinwohl Genüge zu tun. Dieser Spagat wird in einem zunehmend schneller wechselnden und technologisierten Umfeld schwieriger – und muss doch bewerkstelligt werden.

Einfluss des Systemumbaus auf die Corporate Governance

Grosse Energieunternehmen reagieren auf den Umbau des Energiesystems mit einem Umbau ihrer Firmenstrukturen. Die Axpo, zu 100 Prozent im Besitz der Nordostschweizer Kantone und ihrer Kantonswerke, trennt das traditionelle, derzeit stark defizitäre Stromgeschäft (Axpo Power) zum Beispiel von den für Investoren attraktiven Bereichen. Das subventionierte Geschäft mit den erneuerbaren Energien und das administrierte Netzgeschäft wird in der Tochter Axpo Solutions zusammengefasst. Die öffentliche Hand bleibt aber für sämtliche Aktivitäten der Axpo-Gruppe verantwortlich, da sie über die Dachholding weiterhin voll an Axpo beteiligt ist. Anders das Vorgehen des nördlichen Nachbarn: Das Energieunternehmen E.On lagerte das Traditionsgeschäft in eine eigene Firma (Uniper) aus und kotierte diese separat an der Börse. Aktionäre haben gewissermassen die Wahl, ob sie an der «alten» oder der «neuen» Energiewelt beteiligt sein wollen.

Das Beispiel zeigt, dass die Neuordnung von Energieunternehmen in der Schweiz kein einfacher Prozess ist. In den Grundsätzen der Corporate Governance muss die Frage einfliessen, welche Beteiligung und damit Verantwortung staatliche Eigentümer in Zukunft an den Schweizer Energieunternehmen haben wollen. Gerade die Frage der Übernahmeverantwortung ist zentral. Denn sie bedingt bei den Eigentümern respektive deren Vertretern entsprechende fachliche und strategische Kompetenzen. Hilfreich ist in diesem Zusammenhang der Trend zur «Best Practice», also zur Orientierung an Vorbildunternehmen, die zunehmend auch von der öffentlichen Hand diskutiert wird.

Die Regeln einer modernen Corporate Governance von Energieunternehmen sind zu einem grossen Teil von der Eigentumsform abhängig – und hier tut sich bei Schweizer EVU ein grosser Fächer auf. Einige Energieunternehmen sind in der kommunalen Verwaltung als Abteilung integriert, andere sind Aktiengesellschaften, ausgegliederte AGs, weitere Firmen sind teilprivatisiert oder gehören vollständig privaten Eigentümern. Einer Vielzahl an abweichenden Interessen, Strategien und Zielen steht in der Schweiz eine vom Volk beschlossene Energiestrategie 2050 gegenüber. Die Schweizer EVU stehen einerseits unter dem Druck, sich wirtschaftlich in der Energiezukunft zu behaupten – andererseits müssen sie ihren individuellen Beitrag zur Energiestrategie des Bundes ES2050 leisten – also einen Wertbeitrag zu einem versorgungssicheren, bezahlbaren und umweltfreundlichen Energiesystem (www.bfe.admin.ch/energiestrategie2050).

Wie gehen wir in der Unternehmensführung mit diesem doppelten Anspruch um? Unabhängig von der Grösse und Eignerstruktur müssen EVUs in Zukunft noch agiler auf Veränderungen reagieren können – und die nötigen Prozesse für stetige Innovation bereitstellen. Gerade Unternehmen, die Teil einer Kommunalverwaltung sind, dürften damit grössere Schwierigkeiten haben als solche im Privatbesitz. Dabei stellt sich unweigerlich die Frage, ob kommunale Parlamente und Exekutiven die notwendigen Voraussetzungen mitbringen – und eine gute Unternehmensführung im Sinne einer «Best Practice» sicherstellen können. Wenn die angespannte Situation im Strommarkt längerfristig anhält, dürften bei diversen Unternehmen Kapitalerhöhungen oder Verkäufe von Anlagen nötig werden, um die Bilanz zu stabilisieren. Damit könnten auch relevante Veränderungen bei den Eignerstrukturen einhergehen. Die öffentliche Hand muss sich als Eigentümerin deshalb hinterfragen, wenn sie auf zukunftssichere Energieunternehmen bauen will, die sich den Märkten und der technologischen Herausforderung stellen können. Mit Strukturen aus der Zeit des Monopols lässt sich die dezentrale Energiezukunft nicht aufgleisen.

Einflussfaktor Konvergenz: neue Verbindungen entstehen

Netzkonvergenz und Sektorenkopplung sind ebenfalls Treiber eines Wandels in der Corporate Governance von EVU. Konvergierende Energienetze und zusammenrückende Sektoren der Energiewirtschaft schaffen neue Synergien. So kann sich ein Energieversorger etwa mit einem Heizkesselhersteller verbinden, um Hausbesitzern die intelligente Steuerung ihrer Heizsysteme zu ermöglichen. Ein Telekommunikationsunternehmen mag sich für die Vernetzung von Blockheizkraftwerken interessieren, die bei hohen Strompreisen automatisch anspringen. Und im Gebiet der Elektromobilität sind verschiedene Partner aufeinander angewiesen, wenn sich diese Technik flächendeckend durchsetzen soll. Um die Wende weg von fossilen Brennstoffen zu schaffen, müssen Autohersteller, Ladestationenbetreiber, Akkuhersteller, Energieversorger und Flottenbetreiber kooperieren. Zudem dürften nicht nur EVU untereinander zunehmend kooperieren. Auch neuen Formen der Zusammenarbeit zwischen EVU und Wohnungsgesellschaften oder Verkehrsbetrieben sowie Dienstleistern sind gut denkbar. Die daraus entstehenden neuen Unternehmensstrukturen wirken sich naturgemäss auf die Grundsätze der Unternehmensführung aus.

Erklärtes politisches Ziel im Fall der Sektorenkopplung ist die Dekarbonisierung der Energiewirtschaft. Die Elektrifizierung des Verkehrs kann dazu einen grossen Beitrag leisten. Gemäss Schätzung der Fachhochschule Nordwestschweiz dürften im Jahr 2035 schon zwei Millionen Elektroautos auf Schweizer Strassen fahren – 13 bis 20 Prozent aller Autos. Programme zur Förderung der Elektromobilität und des Ausbaus von Elektrotankstellen stehen in immer mehr Kantonen auf der To-do-Liste. Wo die Sektoren Elektrizität und Verkehr zusammenfinden, braucht es neue, ganzheitliche Lösungsansätze. Auch dieser Trend wird sich in neuen Modellen der Unternehmensführung niederschlagen.

Wie reagieren die Verbände auf diese Veränderungen?

Der VSE soll die Branche in Politik, Wirtschaft und Gesellschaft vertreten. Der VSE soll den Meinungsbildungsprozess seiner Mitglieder leiten. Überdies soll der Verband die Verantwortung für die Berufsbildung in der Branche wahrnehmen. Mit den grossen Veränderungen in der Energiewirtschaft stellt sich die Frage, inwiefern sich ein Dachverband anpassen muss, um seine Aufgaben weiterhin zur Zufriedenheit der Mitglieder zu verändern. Theoretisch wäre es denkbar, sich auf einzelne Stufen der Wertschöpfungskette zu konzentrieren – etwa Produktion und Vertrieb –, statt die Energiewirtschaft in ihrer gesamten Breite abzubilden. Doch noch mehr Spartendenken kann in einer zunehmend komplexeren und zusammenwachsenden Energiewelt mit grossen wechselseitigen Abhängigkeiten nicht die Lösung sein. Vielmehr muss der VSE die Entwicklungen in Politik, Wirtschaft und Technologie aufnehmen und in seiner Arbeit abbilden, sich also gleichermassen weiterentwickeln wie Unternehmen, Eigentümer und Politik. Die Messlatte für den Dachverband ist nach wie vor, seinen Mitgliedern weiterhin einen Mehrwert zu bieten.

Verbandsintern sind prioritäre Themen zu definieren, zu denen man Positionen entwickelt. Diese Auslegeordnung beeinflusst direkt die Berufsbildung – also die Ausbildung der Fachleute für die Energiezukunft. Der VSE pflegt in diesem Tätigkeitsfeld längst ein gesamtheitliches Denken. So hat er mit der Ausbildung zum «Dispatcher» als erster Verband eine netz- und sektorübergreifende Ausbildung eingeführt. Sie trägt der Tatsache Rechnung, dass Leitwarten immer näher zusammenrücken. Dispatcher überwachen und steuern die Netze und Anlagen der Strom-, Gas-, Wasser- und Fernwärmeversorgung und zeigen buchstäblich, dass die Netzkonvergenz Realität ist.

Ähnlich verhält es sich mit der VSE-Ausbildung zum ICT Security Expert. Diese Fachleute sind die Schutzpatrone der digitalen Energieinfrastruktur. Sie bearbeiten sicherheitsrelevante Fragen im ganzen Unternehmen. Gemeinsam mit dem Verband ICT Berufsbildung hat der VSE also eine Ausbildung entwickelt, um der übergreifenden Digitalisierung direkt zu begegnen. Ebenso die Ausbildung zum Energie- und Effizienzberater ist eine Reaktion auf die Veränderungen in der Energielandschaft. Diese Berater dürften in Unternehmen, Gemeinden und bei Privaten einen wesentlichen Beitrag leisten, dass die Effizienzziele der Energiestrategie 2050 erreicht werden können.

Auch für Verbände sind Kooperationen mit anderen Verbänden und Bildungsinstitutionen ein wesentlicher Aspekt. Gebündelte Kräfte erlauben mehr Effektivität und Wirkung. Das übergeordnete Ziel ist es, von der Branche weiterhin als kompetente Interessensvertretung, Informationsquelle und Ausbildungsort wahrgenommen zu werden.

Fazit

Die Schweizer Energiebranche ist seit jeher sehr kleinteilig. Die Vielfalt spiegelt sich in den Eigentümerstrukturen wider, wobei die Kontrolle durch die öffentliche Hand klar dominiert. Der Wandel hin zur dezentralen Energiewirtschaft prägt alle Bereiche der Branche, auch die Corporate Governance. Bestehende Strukturen, Prozesse und Verantwortlichkeiten sollen hinterfragt und adaptiert werden. Dasselbe gilt für Verbände – sie müssen ganzheitlich denken und die Fachkräfte der Zukunft ausbilden.

Interview mit Mario Cavigelli

«Eignerziele und Governance müssen
dem Einzelfall gerecht werden.»

Ronny Kaufmann im Gespräch mit Dr. Mario Cavigelli, Regierungsrat GR, Präsident der Energiedirektorenkonferenz der Kantone EnDK

Ronny Kaufmann: Der Bau des Energiesystems der Zukunft erfordert neue Geschäftsmodelle. Neue Geschäftsmodelle erfordern angepasste Public-Corporate-Governance-Strukturen öffentlicher Unternehmen. Teilen Sie diese These?
Mario Cavigelli: Ja, diese Ansicht teile ich. Die Geschäftsmodelle umfassen zunehmend Bereiche, die zu guten Teilen ausserhalb der traditionellen öffentlichen Aufgabenerfüllung (Service public) anzusiedeln sind und zusätzlich teilweise höhere geschäftliche Risiken bergen. Die einen Unternehmen entwickeln sich verstärkt im Haustechnikbereich, andere im Origination-Geschäft, und wiederum andere setzen auf B2B-Dienstleistungen oder Investitionen im Ausland. Die geschäftliche Weiterentwicklung der Stromunternehmen ist bunter geworden. Dies beeinflusst nicht nur die künftigen Anforderungen an die operative und strategische Führung, sondern es löst aus der Sicht der öffentlichen Hand namentlich auch neue Überlegungen aus deren Eignersicht aus. Die öffentliche Hand muss ihr staatliches Engagement in Stromunternehmen weiterhin erklären, aber eben neu unter sich stärker verändernden, vielfältigeren Rahmenbedingungen. Die EnDK, aber auch die Kantone und die öffentliche Hand im Allgemeinen sind sich dieses Strukturwandels und der dadurch ausgelösten Fragestellungen bewusst. Die meisten Kantone und viele Städte und Gemeinden befassen sich deshalb schon seit längerem und vertieft auch mit Governance-Überlegungen. Über die Notwendigkeit zur Anpassung der Public-Corporate-Governance-Strukturen ist letztlich aber immer im Einzelfall – das heisst für ein ganz konkretes Unternehmen – durch die dabei ganz konkret betroffene öffentliche Hand zu entscheiden. Patentrezepte gibt es nicht. Eignerziele und Governance müssen dem Einzelfall gerecht werden.

Ronny Kaufmann: Wie beurteilen Sie die aktuelle Aufgabenteilung zwischen Bund und Kantonen in der schweizerischen Energiepolitik? Was läuft gut, was könnte man besser machen?

Mario Cavigelli: Die Kantone haben im Strombereich keine gesetzgeberischen Kompetenzen, sind aber als Eignerkantone von Unternehmen oder Standortkantone von Produktionsanlagen unmittelbar von der Bundesgesetzgebung betroffen. Die Strommarktordnung, der Wasserzins, ein allfälliges bilaterales Stromabkommen der Schweiz mit der EU und vieles mehr wirken sich verschiedenartig auch auf die Kantone aus, zum Beispiel mit Blick auf die Werthaltigkeit der Wasserkraftanlagen im Zeitpunkt der Heimfälle in zehn oder zwanzig Jahren. Die Kantone bringen sich daher aktiv in die Strompolitik des Bundes ein. Der Austausch zwischen Bund und Kantonen zu den stromrelevanten Themen hat sich gut eingespielt. Eine angestammte Kompetenz steht den Kantonen bei der Energie im Gebäudebereich zu. Sie ist so unbedingt beizubehalten. Das Thema ist technisch komplex und benötigt einen «Hands-on-Approach». Nur so kann erreicht werden, dass energetische Vorschriften und Fördermodelle von der betroffenen Bevölkerung und Hauseigentümerschaft verstanden und mitgetragen werden. Über eine intensive Zusammenarbeit unter den Kantonen wird daher eine Harmonisierung von Vorschriften und Fördermodellen angestrebt, wo sie nützlich ist, aber auch Autonomie belassen, wo diese im Sinn der Subsidiarität und des Föderalismus problemspezifischere Lösungen und somit bessere Wirkung erzielt. Die Kantone verfügen über die nötige politische und fachliche Kompetenz und über eine langjährige, praktische Erfahrung im Gebäudebereich. Trotzdem stellen sie mit einer gewissen Sorge fest, dass der Bund vermehrt über seine Zuständigkeit im Klimabereich auch zu energetischen Bauvorschriften Detailregelungen treffen will.

Ronny Kaufmann: Insbesondere für die Begrenzung des Energieverbrauchs in Gebäuden sind, wie Sie ausführten, die Kantone zuständig. Sie engagieren sich zum Beispiel hoheitlich in der Richtplanung, um die erschliessbaren Potenziale an erneuerbaren Energien festzulegen, und in der Planung der öffentlichen Mobilität. Wo sollte das noch so sein? Und wo nicht?

Mario Cavigelli: Die energetischen Themen im Gebäudebereich sind mit Aufgaben verbunden, die vielfach mit einer Baubewilligung oder dem Betrieb eines konkreten Gebäudes zu tun haben. Es ist sinnhaft, dass in diesen bürgernahen Themen – ganz nach der föderalistischen Wertehaltung in der Schweiz – die Kantone sowie die Städte und Gemeinden primär zuständig sein sollen. Mehr ist dazu nicht zu wiederholen. Die Kantone sorgen im Weiteren dafür, dass insbesondere die für die Nutzung der Wasser- und Windkraft geeigneten Gebiete und Gewässerstrecken im Richtplan festgelegt werden. Sie schliessen bereits genutzte Standorte mit ein und können Gebiete und Gewässerstrecken bezeichnen, die grundsätzlich freizuhalten sind. Gemäss einer kürzlich durchgeführten Umfrage kommen die Kantone dieser planerischen Pflicht aktiv nach. Sie erfüllen damit eine Aufgabe der neuen Energiegesetzgebung des Bundes. Die Entscheide zur Investition sind letztlich selbstverständlich in den Stromunternehmen zu fällen. Der öffentliche Verkehr per Bahn und Bus leistet ganz wesentliche Beiträge zur Reduktion der CO_2-Emissionen. Kantone, Städte und Gemeinden stehen dabei namentlich in Gebieten mit Agglomerationen und im Bereich des Ortsverkehrs vor erheblichen Herausforderungen, die sie aber engagiert und stufengerecht angehen. Darüber hinaus schaffen einige Kantone, Städte und Gemeinden Rahmenbedingungen, um die Elektromobilität und andere alternative Antriebssysteme zu fördern.

Ronny Kaufmann: Die Kantone sind Miteigentümer von Stromproduzenten und Energieversorgern, oft mehrheitlich, und nicht selten von Unternehmen, die in den geöffneten Energiemärkten Europas stark engagiert sind. Macht das Sinn? Lassen sich solche öffentlichen Grossunternehmen überhaupt noch einer demokratischen Kontrolle unterziehen?

Mario Cavigelli: Über die Sinnhaftigkeit einer Beteiligung muss jeder Kanton oder jede Stadt und jede Gemeinde letztlich im Einzelfall und für sich selber entscheiden. Viele Kantone haben jahrzehntelang in die ursprünglich regional tätigen Unternehmen investiert und damit einen Beitrag zur Versorgungssicherheit ihres Kantons und dessen Bevölkerung und Wirtschaft geleistet. Mit dem heutigen Stromversorgungsgesetz und der angedachten Liberalisierung bei der Stromproduktion wird die Versorgungssicherheit vermehrt auf anderen Ebenen gesteuert. Trotzdem: Elektrizität ist nicht nur historisch betrachtet für Gesellschaft und Wirtschaft von grundsätzlicher Bedeutung und daher dem Service public zugedacht gewesen, sondern die Versorgung mit Strom bleibt für Gesellschaft und Wirtschaft auch unter einer schrittweise weiterentwickelten Energiewelt gleichermassen fundamental. Die weiterentwickelte Energiewelt findet daher Eingang in die Eignerziele und Eignerstrategien der öffentlichen Hand für deren Unternehmensbeteiligungen und Governance. Es ist und bleibt dabei zu erklären, welche Erwartungen das Gemeinwesen an dieses Unternehmen hat, und politisch zu erläutern, mit welcher Aufgabenerfüllung das Gemeinwesen seine Unternehmensbeteiligung begründet.

Ronny Kaufmann: Der Kanton Graubünden hält knapp 22 Prozent an Repower. Was waren die Gründe dafür? Gelten diese heute noch?

Mario Cavigelli: Die Beteiligung an grösseren Stromunternehmen mit Sitz im Kanton Graubünden gehört zur strategischen Ausrichtung des Kantons. Im Strombericht 2012 hat sich die Regierung letztmals generell unter anderem mit dieser Frage auseinandergesetzt. Sie hat die bisherige Ausrichtung bestätigt und die Absicht bekundet, im Einzelfall eine Erhöhung von Beteiligungen an Kraftwerksgesellschaften bei sich bietenden Möglichkeiten – zum Beispiel bei Heimfällen – jeweils zu prüfen, ohne jedoch eine Mehrheit anzustreben. Im Fall von Repower war die Beteiligungsquote noch bis vor wenigen Jahren deutlich über 22 Prozent. Im Zuge der kürzlich vollzogenen Neuausrichtung von Repower ist betriebswirtschaftlich eine Einbringung von zusätzlichem, neuem Eigenkapital notwendig geworden und durch neue Aktionäre auch realisiert worden, womit sich zwar die Beteiligungsquote des Kantons, nicht aber dessen finanzielle Beteiligung reduziert hat.

Ronny Kaufmann: Seit 1979 sind die Kantone in der Energiedirektorenkonferenz zusammengeschlossen. Die Energiedirektorenkonferenz erarbeitet und koordiniert die gemeinsamen energiepolitischen Aktivitäten der Kantone. Regional haben sich zudem vier Energiefachstellenkonferenzen gebildet. Wie verstehen Sie Ihre Rolle als Präsident der EnDK im Hinblick auf die – wohl auch vor dem Hintergrund der sich weiter öffnenden Energiemärkte Europas – nötige Governance-Debatte öffentlicher Unternehmen?

Mario Cavigelli: Die EnDK kann als Plattform für einen offenen Meinungsaustausch zum Thema Public Corporate Governance dienen. Es ist aber letztlich immer ein politischer Entscheid jedes einzelnen Kantons, wie er im Einzelfall seine Governance im Verhältnis zu seinen Unternehmen der Elektrizitäts- und anderer Branchen regelt, insbesondere auch welche Strategien und Ziele er für seine Beteiligungen und Engagements verfolgt.

Ausblick

Die anstehenden Umwälzungen im Energiemarkt stellen öffentliche Versorger, deren Führungspersonen und Eigentümer vor Herausforderungen. Nicht überall werden sie bereits in ihrer Tragweite und Bedeutung für das öffentliche Versorgungsunternehmen erkannt. Diese Umwälzungen erfordern einen Umbau der traditionellen Governance von Versorgungsunternehmen.

Namentlich für die Vertreter des Gemeinwesens als Eigentümer stellt sich die Frage, welche Ziele für ein öffentliches Unternehmen in einem zunehmend geöffneten Marktumfeld gesetzt werden sollen. Wo liegt der gewünschte Service public, in welcher Form soll politisch darauf Einfluss genommen werden? Zu welchen Kosten? Angesichts des Margenzerfalls in den Kernmärkten ist zu fragen, in welchen neuen Märkten Chancen gesucht werden sollen und welche Risiken dabei eingegangen werden können und dürfen.

Das weite Feld der möglichen Ausrichtungen des Eigentümers reicht von einer detaillierten politischen Einflussnahme auf die Service-public-Leistungen eines Unternehmens bis hin zu einem Rückzug in die Rolle des Aktionärs oder gar bis hin zu einem (Teil-)Verkauf eines Unternehmens. Sie bestimmen die zu wählende Governance. Bevor also darüber diskutiert wird, sind daher die Ziele festzulegen, welche die öffentliche Hand als Eigentümerin mit ihrem Unternehmen erreichen will. Wozu braucht es das öffentliche Unternehmen?

Die Diskussion wird noch in sehr unterschiedlicher Tiefe geführt. Nicht selten verläuft sie faktisch umgekehrt: Das Unternehmen drängt angesichts rückläufiger Margen im Kerngeschäft auf neue Märkte. Es fordert dazu vom Eigentümer das Einverständnis oder zumindest die Duldung. Wenn dabei nicht grundlegend über Sinn und Zweck des öffentlichen Unternehmens gesprochen und dies nicht in einem demokratischen Prozess legitimiert wurde, laufen die Eigentümer und die Führungspersonen Gefahr, im Vakuum zwischen fehlender Ausrichtung des Unternehmens und strukturell unbegrenzter Marktopportunitäten aufgerieben zu werden. Es ist die Aufgabe des Eigentümers, zusammen mit der strategischen Führungsebene eines öffentlichen Unternehmens, die Geschäftsfelder verbindlich zu definieren. Auf der Ebene des Eigentümers lauten dabei die zentralen Fragen: Welches öffentliche Interesse will ich mit dem Unternehmen verfolgen? Wo endet dieses? Welchen Risikoappetit trägt der Steuerzahler dabei mit? Für die strategische und operative Führung des Unternehmens leitet sich daraus der mögliche Handlungsspielraum und die zu erfüllenden Aufgaben ab. Nicht überall werden diese Fragen gestellt und in der nötigen Disziplin beantwortet. Verschiedene Skandale und Fehlleistungen zeugen davon. Bislang blieb der Schaden für die Allgemeinheit noch relativ begrenzt.

Öffentliche Unternehmen sind von zwei Seiten her unter Druck. Einerseits nimmt der regulatorische Druck auf die Monopoltätigkeiten zu. Regulatoren und Preisüberwacher prüfen die zulässigen Gewinne und erschweren bisweilen langfristige Investitionen. Andererseits ist das Verhalten kartell- und wettbewerbsrechtlich reguliert. Themen sind der Missbrauch von Marktmacht oder das europäisch auch für die Schweiz geforderte Verbot staatlicher Beihilfen an einzelne Unternehmen, das zum Beispiel Steuerbefreiungen für öffentliche Unternehmen in Frage stellt. Weiter ist an die europäische Forderung zu denken, die Verteilnetze rechtlich in einen eigenen Rechtsträger zu überführen. Das ist gerade für kleine Unternehmen ein erheblicher Mehraufwand und erhöht deren Effizienz nicht. Auf der anderen Seite sind die Chancen in neuen Märkten nicht ohne Risiken zu haben. Die ergeben sich etwa daraus, dass noch nicht bekannt ist, welche Technologien sich durchsetzen. Zudem herrscht in vielversprechenden Märkten entsprechende Konkurrenz. Sie kommt dabei keineswegs bloss aus der klassischen Versorgungswirtschaft. Gerade die Digitalisierung macht Anbieter unabhängiger von klassischer Netzinfrastruktur. Private Anbieter – auch aus dem Ausland – können sich dabei frei von politischen Eigentümerinteressen bewegen. Sie sind mit entsprechendem privatem Kapital in der Lage, grössere Investitionen mit spekulativem Charakter einzugehen. Der Risikoappetit ist bei öffentlichen Unternehmen naturgemäss begrenzt. Aufgrund des technologischen Wandels kämpfen daher in Zukunft möglicherweise nicht wenige grosse allein um Marktanteile. Vielmehr ist damit zu rechnen, dass die klassischen Versorger Konkurrenz von agilen, digitalen Anbietern erhalten. Die Energieversorgung der Zukunft fusst dann nicht auf 600 Netzbetreibern, auch nicht auf 200, sondern eher auf 2000 Unternehmen im Energiesektor. Die Eigenverbrauchsgemeinschaften und die sich darum herum bildende Dienstleistungsindustrie ist bloss ein Beispiel dazu.

Für öffentliche Versorger bedeutet das, dass der Unternehmenszweck in diesem Umfeld neu diskutiert und ausgerichtet werden muss. Die Diskussion soll sich an den künftigen Herausforderungen orientieren – nicht an althergebrachten Bequemlichkeiten wie den lieb gewonnenen Gewinnausschüttungen. Erst auf Basis eines klaren Unternehmenszwecks ist die Governance zu definieren, die zum Unternehmen passt. Soll es im Sinne der Leistungsverwaltung Dienstleistungen im Monopolbereich anbieten, ist eine andere Governance richtig, als wenn es auf Geschäftsfelder ausgerichtet wird, die im internationalen und branchenübergreifenden Wettbewerb stehen. Für die Ausrichtung eines öffentlichen Unternehmens besteht grosse Freiheit. Sie ist bewusst und umsichtig zu nutzen, um den Ansprüchen zwischen Service public und Unternehmenswert langfristig gerecht zu werden.

Die Herausgeber
Ronny Kaufmann und Stefan Rechsteiner